A Full and Exact Collation of About Twenty Greek Manuscripts of the Holy Gospels

Deposited in the British Museum, the Archiepiscopal Library at Lambeth, &c.

FREDERICK HENRY AMBROSE SCRIVENER

CAMBRIDGE UNIVERSITY PRESS

CAMBRIDGE UNIVERSITY PRESS

Cambridge, New York, Melbourne, Madrid, Cape Town, Singapore,
São Paolo, Delhi, Dubai, Tokyo

Published in the United States of America by Cambridge University Press, New York

www.cambridge.org
Information on this title: www.cambridge.org/9781108007474

© in this compilation Cambridge University Press 2009

This edition first published 1853
This digitally printed version 2009

ISBN 978-1-108-00747-4 Paperback

CAMBRIDGE LIBRARY COLLECTION

Books of enduring scholarly value

Religion

For centuries, scripture and theology were the focus of prodigious amounts of scholarship and publishing, dominated in the English-speaking world by the work of Protestant Christians. Enlightenment philosophy and science, anthropology, ethnology and the colonial experience all brought new perspectives, lively debates and heated controversies to the study of religion and its role in the world, many of which continue to this day. This series explores the editing and interpretation of religious texts, the history of religious ideas and institutions, and not least the encounter between religion and science.

A Full and Exact Collation of About Twenty Greek Manuscripts of the Holy Gospels

The first major publication by the distinguished biblical scholar Frederick Henry Scrivener, this is a collation of twenty-three Greek manuscripts of the gospels. The Greek text is preceded by detailed introductory chapters in English, illustrating Scrivener's criteria for selecting the manuscripts, the methods he adopted to edit and collate the texts, and his critique of contemporary biblical scholarship. The introduction also provides comprehensive background information for each of the manuscripts, including details on location, condition and the likely date of origin, and offering valuable context for any study of the texts. First published in 1853, at a time when many ancient manuscripts were being rediscovered, this landmark book will fascinate all those interested in biblical textual studies and the history of the Greek Bible.

COLLATION OF GREEK MANUSCRIPTS

OF

THE HOLY GOSPELS.

A FULL AND EXACT

COLLATION

OF ABOUT TWENTY GREEK MANUSCRIPTS

OF

THE HOLY GOSPELS,

(HITHERTO UNEXAMINED),

DEPOSITED IN THE BRITISH MUSEUM,

THE ARCHIEPISCOPAL LIBRARY AT LAMBETH, &c.

WITH A CRITICAL INTRODUCTION.

BY THE

REV. FREDERICK HENRY SCRIVENER, M.A.,

OF TRINITY COLLEGE, PERPETUAL CURATE OF PENWERRIS, CORNWALL,
AND HEAD MASTER OF FALMOUTH SCHOOL.

LORD, WHAT LOVE HAVE I UNTO THY LAW:
ALL THE DAY LONG IS MY STUDY IN IT.

CAMBRIDGE:

PRINTED AT THE UNIVERSITY PRESS.

LONDON: JOHN W. PARKER AND SON.

1853.

ADVERTISEMENT.

I am anxious to return my respectful thanks to the Syndics of the Cambridge University Press, for the liberal aid they have afforded me in defraying out of the Funds at their command, the expense of printing the present work.

FALMOUTH, *January* 31, 1853.

CONTENTS.

INTRODUCTION.

INTRODUCTION.

CHAPTER I.

ON THE EXISTING STATE OF THE GREEK TEXT OF THE NEW TESTAMENT.

THE following pages comprise an humble yet earnest attempt to revive among the countrymen of Bentley and Mill some interest in a branch of Biblical learning which, for upwards of a century, we have tacitly abandoned to continental scholars. The criticism of the text of Holy Scripture, though confessedly inferior in point of dignity and importance to its right interpretation, yet takes precedence of it in order of time: for how can we consistently proceed to investigate the sense of the Sacred Volume, till we have done our utmost to ascertain its precise words?

Now to whatever cause we may attribute this strange and scarcely creditable neglect on the part of English Divines, it certainly cannot arise from a paucity of unwrought materials, or exhaustion of the subject. On this point, however, in the room of any statement of my own, I will lay before the reader the ingenuous confession of one of the highest living authorities on Biblical Criticism, in one of the most recent of his publications. " Ut enim dicam quod res est, ex omnibus qui collati sunt codices, soli illi Alexandrinus [A], Ephraem. Syri [C], Cantabrigiensis [D], Dublinensis [Z], Sangallensis [Δ] et Dresdensis [G. Paul.] ita sunt excussi, ut quid scriptum singulis locis teneant quid non, scias" (Scholz, Commemoration Address at Bonn, 1845, p. 2).* A melancholy summary indeed of the labours of two centuries in a field of study, where all that is not scrupulously exact is useless at the best: yet no one who has ever compared two or three manuscripts with the representations of them contained in Mill's or Wetstein's or Griesbach's or Scholz's own edition will hesitate to admit its literal truth. To collate an ancient copy of the New Testament is a task requiring more time, care, and patience than men are very willing to bestow on such an object; to describe its external condition, to glance over a few chapters and so form a random guess at its recension or internal character, is far easier, and will swell a catalogue just as well. I have cited above the calm and mature judgment of Professor Scholz (unquestionably one of the most industrious, if not the most brilliant, of the great editors of the Greek Testament) as to the results of what has been already accomplished for the sacred text: there was a time when he held far different language; when he could speak of his own achievements in such terms as these, " omnibus fere, qui adhuc supersunt, testibus exploratis, *eorumque lectionibus diligenterconquisitis*," (Præf. N. T. Vol. I. p. 2, 1829): yet even then his own Prolegomena would have sufficed to shew how large allowance we must make for the ardent temperament of the writer. It will be convenient, in the present volume, to confine our attention to the Four Gospels. To the 286 Evangelia and 57 Evangelisteria known before the publication of his edition, his indefatigable diligence and extensive travels have added 210 Evangelia and 121 Evangelisteria: in fact, he has nearly doubled the list.

---

* Tischendorf's zeal has very recently enabled us to add a few items to this meagre list.

But while Dr Scholz is entitled to our gratitude for having opened to us so many veins of precious ore, it must not be dissembled that he has in a great measure left the toil of working them to his successors. Of the 331 documents he has discovered in the libraries of the East and West, he has collated entire only eleven, in greater part sixteen, in a few places or cursorily two hundred and twenty-two, while eighty-one are merely inserted in his catalogue without remark. Such a course surely could do little towards advancing a strict, accurate, and critical acquaintance with the sacred original.

But our knowledge even of those manuscripts which have been described the oftenest and inspected the most repeatedly is more loose and unsatisfactory than would be imagined prior to investigation. Three of the copies I have collated for the present volume are found in Griesbach's list (gjm): how little he really knew of their contents I shall have occasion to state in the next chapter. I am sure that I may allege the testimony of Mr Tregelles to the same effect, since he has been compelled to examine afresh even such principal authorities as the uncial MSS. EGUX, for his forthcoming edition of the New Testament. On the whole, then, I conceive the case to be simply this : while every reading actually cited from this mass of documents by Griesbach or Scholz may be relied on as genuine with tolerable assurance, very seldom will the readings quoted amount to one in three, often not to one in ten, of those which each copy contains ; the omissions consisting chiefly of such rare or singular or minute variations as best enable us to determine the genius and value of the manuscript which exhibits them, and are consequently even more important to the critic than those that are given. If any exception needs be made to this general statement, it should be in favor of Matthæi's collations, which (though never verified, so far as I am aware) present every internal mark of a precision and accuracy not unworthy of the accomplished scholar to whom we are indebted for them.

If exact collation be the true basis of all sound criticism (and few will absolutely deny *this* proposition) whence arises it that the criticism of the New Testament should have made so little real progress during a whole century; for a century has now passed since the publication of Wetstein's great work? I believe that the main cause of this state of things is neither remote nor obscure; it is the fruit of that premature devotion to theories of recensions which has seduced so many of our editors and critics from their proper task. I say advisedly a *premature* devotion, for I do not doubt that much good service may hereafter be rendered even in this department; but it does seem unreasonable to attempt to classify and arrange, and estimate the relative worth of documents, with whose contents we are in a great measure unacquainted. The natural order of proceeding surely is, first to accumulate facts, and then to draw inferences from them: should we reverse that order, it will be wonderful indeed if our conclusions be safe or valid. Rash and partial induction is in no wise better than pure conjecture.

These general remarks apply with peculiar force to such a system of recensions of Griesbach's, built as it is on a deliberate preference of the evidence of a few well-known records over the *supposed* testimony of the vast majority of copies, to which he has paid no adequate attention. Perhaps, however, it may be convenient to preface the few observations I shall submit to the reader on the various principles, which learned men have laid down for our guidance in the revision of the sacred text, by reminding him of the phænomenon on which their theories are founded, and for which they are designed to account.

Every one who has consulted the materials collected by Wetstein and his successors must have observed, that certain manuscripts and versions bear some affinity to each other; so that one of them is seldom cited in support of a various reading (not being a manifest and gross error of the copyist), unaccompanied by one or more of its kindred. Now it appears a very fair presumption that documents which are thus connected, have sprung from a common source, distinct from the great mass of authorities, from which they thus unequivocally withdraw themselves. And if these *families* could be shewn to have existed at a very early period (that is to say, within one or two hundred years after the death of the Apostles); and were it to appear moreover that certain peculiarities characterised the manuscripts of certain countries; it is plain that we should have then made important advances in our knowledge of the history, and consequently of the relative values of the various recensions. We should thus have some better guide in our choice between contending readings, than the very rough and unsatisfactory process of counting the *number* of witnesses produced in behalf of each. Such is the leading idea on which our several theories of recensions are grounded : I believe that Griesbach and Scholz, Lachmann and Tischendorf has each failed in his attempt to classify the manuscripts of the Greek Testament, yet I am not blind to the advantages of such a classification, nor doubt that it will be accomplished by some scholar in the next generation, who shall freely avail himself of the patient labours of other and obscurer names. But *we* will not endeavour to reap, till the fields are seen to be white and ripe for the harvest.

The researches of Griesbach, prosecuted (we cheerfully admit) with unwearied diligence during the course of many years, led him to the conclusion that the several families into which our critical authorities are divided, may be reduced to three great classes, the Alexandrine, the Western, and the Byzantine, recensions. The standard of the Alexandrine text he imagined he had discovered in Origen, who, though he wrote in Palestine, might be presumed to have brought with him into exile copies of the Scriptures, similar to those in ordinary use in his native city. The text of the Western Church would naturally be drawn from the Italic version and the Latin Fathers; while the large majority of manuscripts, versions, and ecclesiastical writers followed the readings which prevailed in the Patriarchate of Constantinople. He then proceeded to attribute to each of these families an equal influence in correcting and settling the text; or rather, he considered the testimony of the Byzantine class inferior in weight to that of either of the others. Consistently with these principles, the evidence of the very few ancient manuscripts of the Alexandrine class still extant (e.g. Wetstein's ABCLM); or of the Latin versions, and of one or two old Latinising manuscripts (e.g. D or Codex Bezæ), if supported by the Fathers of the two families, and sufficiently probable in itself; may balance or even outweigh the unanimous voice of hundreds of witnesses of every kind, should they happen to belong to the unfortunate Byzantine recension. A single example will serve to shew the violent revolution this refined theory must have wrought on the text of the New Testament, had Griesbach carried it out in practice with the same vigour and unhesitating boldness as he con-

çeived and propounded it.   In Matth. xix, 17, in the place
of the common reading τι με λεγεις αγαθον; ουδεις αγαθος, ει
μη εις ὁ Θεος· he and Lachmann have adopted this impor-
tant variation, τι με ερωτας περι του αγαθου; εις εστιν ὁ αγαθος.
And what is their authority for a change, involving *doc-
trinal* considerations of no small moment? Against several
hundreds of MSS, both the Syriac versions, and a legion of
ecclesiastical writers, he sets up six MSS (BDL 1. 22. Mat-
thæi's x, in part), the Latin and Coptic versions, and
Origen. The process by which he arrives at so improbable
a conclusion is clear enough, nor can it be resisted save
by denying his premises.   He conceives that the combined
evidence of Codices BL. 1. 22, Origen, and the Coptic ver-
sions is decisive of the testimony of his Egyptian family;
while the Codex D, the Italic and Vulgate almost make
up between them the Western recension.   Hence there-
fore he infers that their joint influence will more than
counterbalance the venerable Peshito Syriac and the whole
mass of Byzantine documents of every kind: although they
numerically exceed, in the proportion of about ninety to
one, the vouchers for both his other classes united.   Such
is Griesbach's scheme of recensions.

It will be readily perceived that this ingenious and
elaborate system involves and pre-supposes the truth of at
least three several propositions; first, that the Egyptian
family may be discriminated from the rest by comparing
each manuscript separately with the Scriptural quotations
found in Origen's work; that Father being thus made the
standard of the Egyptian recension: secondly, that there
is a real, well-defined line of demarkation between the
Alexandrine text and that prevailing in the West, so that
they must be regarded and *estimated* as distinct inde-
pendent authorities: and thirdly, that the Byzantine docu-

ments present us with a text in all important features essentially one; that, namely, which was used in the public services of the Church throughout the whole Patriarchate of Constantinople. On this last head (which is assumed in Scholz's theory quite as much as in Griesbach's) I hope to speak presently; the first, relating to Origen and the recension he employed, has been fully and most patiently discussed by the late Archbishop Laurence ("Remarks on Griesbach's Systematic Classification," 1814) who has proved, in my judgment, most conclusively, that this idea of the agreement of that eminent Father with what are called the Alexandrine MSS. is the very reverse of the actual fact *. One other proposition yet remains to be noticed, the alleged distinction between the Egyptian and Western families; but here I believe Griesbach stands alone: however deep the impression (I can scarcely call it conviction) which other portions of his theory have made on the minds of Biblical students, no one has yet been able to detect that broad and characteristic difference between the readings of the two classes, which is indispensable to the very existence of his whole scheme. Indeed the task is so hopeless on the very face of it, that I hardly know whether it has been so much as seriously attempted.

It is precisely at this point that Scholz undertook to reconstruct the imposing theory which was obviously crumbling already into dust. Abandoning in well-grounded despair the plan of a triple recension of the sacred text, and uniting under the general name of the Alexandrine

---

* Taking Codex A as a fair specimen of the class to which Griesbach assigns it, the Archbishop shews that while it agrees with Origen against the received text in 154 places, and disagrees with the two united in 140, it agrees with the received text against Origen in no less than 444 passages. See the Appendix to his "Remarks."

family, the documents which his predecessor had divided
into the Egyptian and Occidental classes, he marshalled
anew their confederate bands against the host of Byzan-
tine copies, by which even now they were vastly out-
numbered. A still more important innovation is the pre-
ference accorded by Scholz to that very recension which
it had been Griesbach's great aim to disparage and neg-
lect. He contends that the Constantinopolitan or common
text (which he supposes to be not far removed from the
printed textus receptus) approaches much nearer to the
sacred autographs than does the text of Alexandria; both
on account of the internal excellency of its readings, and
because it has been the public and authorised edition of
the Greek Church, from the earliest ages to the present
hour. "Codices qui hoc nomen habent," he writes, "parum
inter se dissentiunt; conferas quæso longe plerosque quos
huic classi adhærere dixi, atque lectiones diversas viginti
trigintave in totidem capitibus vix reperies, unde conjicias
eos esse accuratissime transcriptos, eorumque antigrapha
parum inter se discrepasse" (*Proleg. N. T.* § 55). It might
have occurred to the learned editor that this marvellous
concord between the different MSS. of his Byzantine class
(which indeed is striking enough as we turn over the pages
of his Greek Testament) is just as likely to have originated
in the haste or carelessness of collators, as in the scrupu-
lous accuracy of transcribers, or the purity of the records
from which they copied. I can only say, that I have met
with very few documents which, when diligently examined,
have exhibited but twenty or thirty variations in the course
of as many chapters: in fact I know of none such, except
where the close affinity of two or three MSS. to each other
is too visible to be mistaken at the very first glance. No
one for instance would dream of estimating lmn or qr (to

be described in the next chapter) as separate and independent witnesses in favour of any reading ; yet even they differ more widely from each other than Scholz supposes to be the case with the whole class of documents to which he would refer them. To his argument, then, from the imaginary identity of the Byzantine copies I confidently rejoin, *collate your materials more exactly and this identity will in a great measure disappear.* I am not concerned to deny that after all, certain authorities group together into classes or families ; I may even hope that this tendency will become more and more observable the further we push our investigations : but for the present we must waive speculation and accumulate facts : the science of Biblical Criticism, so far as the Greek Testament is concerned, is awaiting the unwearied industry of its Keplers : it is scarcely ready for the genius of its Newton.

The notion that a pure and primitive text might be found in the lectionaries and service-books of the Eastern Church is in itself both plausible and perfectly rational. It had crossed the mind of one in whom the love of these studies amounted to a passion ;—the master passion of an unhappy life. At the opening of his long career as a collator of Scripture manuscripts, Wetstein eagerly seized his first Evangelisterium in the Colbert Library, "sperans," says he, " me inventurum constantem et publicè receptam in Ecclesiâ Græcâ lectionem." Yet what was the result? "At eventus expectationi meæ non respondit, *nam et ipsos inter se,* et a nostris editionibus non raro dissentire, deprehendi." (Wetst. *Proleg. N. T.* p. 81, ed. Lotze). How natural the presumption, yet how complete the failure! Indeed we shall often find that the widest divergencies from the ordinary text abound in Evangelisteria, which are useless except for public worship (e. g. Codex y, to be described in Chap. II), or in copies which are furnished the most completely with liturgical apparatus, or even with marks in the text or margin to distinguish the beginnings and conclusions of the lessons (e. g. Scholz's KM. and several of the MSS. described in this volume). On the whole then we are bound to hesitate at the least before we adopt a theory, which seems less and less probable the more we grow acquainted with the facts for which it professes to account.

The views propounded by Tischendorf (*Proleg. N. T.* 1841. *2nd edition* 1849) and carried out by Lachmann (*Evangelia*, 1842) seem recently to have met with some acceptance in the eyes of scholars. Their leading principle is a decided preference of the older manuscripts *as such* over all the testimonies of later ages; and to such a length is this doctrine insisted on by Lachmann, that in revising the text of the Gospels he has absolutely rejected every copy, version, and ecclesiastical writer, of a lower date than the fourth century. For what reason this particular epoch should be assigned, beyond which all authorities are to be treated as worthless, Lachmann has not thought it necessary to explain; but so rigorously does he act upon this arbitrary rule, that the evidence of Chrysostom, the prince of the Greek Fathers, is excluded from his work "ne ad quintum sæculum descenderemus" (Præfat. N. T. p. xxi); I suppose because, though he flourished in the fourth century, Chrysostom chanced to die in the eighth year of the fifth.

The consequences of this strange restriction may soon be told. Out of about 750 manuscripts of the Gospels, or portions of them, enumerated by preceding critics, Lachmann makes use of but seven: the Alexandrine MS. (A), the Vatican (B), the Codex Ephraemi (C), the Dublin

uncial palimpsest of St Matthew (Z), the Wolfenbuttel frag-
ments published by Knittel (PQ), and the Borgian frag-
ment of St John (T). To these we ought perhaps to add
the Codex Bezæ (D), whose testimony he admits for cer-
tain purposes, although it is posterior to the fourth cen-
tury, as indeed we may reasonably suspect are most of the
other seven. Of the versions he employs the Italic and
Latin Vulgate alone, for though the elder Syriac* and the
Sahidic are certainly within his self-imposed limits, he has
not taken the pains to master the languages wherein they
are written. Such a scheme, one would imagine, could
satisfy no one except its author.

But though Lachmann's work may have little appreci-
able influence on the public mind, the idea (the fallacy,
as I must consider it) on which it is grounded seems widely
prevalent among Biblical students. There is a tone and
manner often observable when manuscripts of the Greek
Testament are spoken of, as if it were taken for granted
that their value is in direct proportion to their date †: as
though the testimony of a document of the twelfth or four-
teenth century were, of necessity and as a matter of course,
far inferior in weight and probability to that of an uncial
copy some five hundred years older. Now I wish not to deny
the existence of a certain amount of *presumption* in favour
of the more ancient authority: the nearer we approach the
Apostolic times, the fewer stages that have intervened be-
tween the inspired autographs and the manuscript before

---

* To palliate his neglect of the Peshito Syriac version Lachmann pleads that
its most antient and trustworthy copies are as yet uncollated (*Præfat. N. T.*
p. xxiv). I had once hoped to contribute something to this department of
sacred learning, but laid aside my design on finding that so eminent a scholar
as Mr Cureton was preparing a critical edition of the Peshito. It is indeed
most urgently required.

† This assumption forms the groundwork on which Mr Alford has con-
structed the text of his Greek Testament.

us, the less chance is there of error or wilful alteration on
the part of copyists. But what I complain of is this; that
instead of looking upon the case as one of mere presump-
tion, of *primâ facie* likelihood, such as other circumstances
may limit or correct or entirely remove, it is regarded from
the first as a settled point, that unless a monument be up-
wards of a thousand years old, it is hardly worth the trouble
of collating. "Ante omnia," says Lachmann, " antiquis-
simorum rationem habebimus;.....fine certo constituto
recentiores, item leves et corruptos, recusabimus" (Præf.
p. vi). And to what cause shall we attribute it, that the
oldest manuscripts are *necessarily* the best, while the more
recent ought to be despised as " corrupt and of little con-
sequence?" Will Lachmann undertake to assert that our
modern Byzantine documents are but bad copies of the
Alexandrian, the Vatican, or Beza's MS.? Yet no supposi-
tion short of this will answer the purpose of his argument.
The remark is so trite one is tired of repeating it, that
many codices of the tenth and following centuries were
very probably transcribed from others of a more early
date than any which now exist ; the incessant wear of the
older copies in the services of the Church, rendering a
fresh supply indispensable. In what way, then, does he
meet the obvious suggestion, that our present cursive
manuscripts are but the representatives of venerable docu-
ments, which have long since perished ? He grants that
it *might* possibly be true, but declares that in reality it
is not so. " Since the oldest manuscripts still extant,"
says he, " wonderfully agree with the citations of the most
ancient writers ; ... why should we think that Irenæus and
Origen used more corrupt copies, than Erasmus and the
Complutensian editors "? (Præf. p. vii). With Lachmann's
last statement I cheerfully join issue. We need only refer

once more to Archbishop Laurence's " Remarks " (see above
p. xvi) to prove that Origen at all events does not agree with
his favourite authorities against the more common text.
If the small portion of Irenæus' works yet extant *in Greek,*
or the surviving writings of other early *Greek* Fathers, lend
their exclusive countenance to any class or family of recen-
sions, I must confess my ignorance of the fact, and (in the
absence of any thing approaching to demonstration) cannot
help deeming it in the highest degree improbable.

Perhaps, however, those who reject or think lightly
of the later manuscripts, are influenced by another reason,
in their opinion more decisive than the far-fetched specula-
tions indulged in by Lachmann. They may suppose the
examination of those cursive documents, which are scat-
tered so plenteously throughout our public libraries, would
prove but a fruitless labour, on account of the insigni-
ficant number and slight importance of the variations which
they exhibit. Nor is this notion void of plausibility, if we
derive our ideas of them from what we see cited in the
popular critical editions. On this point, therefore, I shall
merely request the reader to suspend his judgment, until
he has considered the contents of the following pages,
which I believe will afford him a more correct view of the
real character of such copies than any hitherto within his
reach. If he shall there find the variations from the com-
mon text few or uninteresting (" one or two in a chapter
and those of no moment "!) ; if he shall discover that to
know one manuscript is pretty much the same as to know
fifty ; nothing I can say either can or ought to move him.
But I am addressing men who love truth more than their
own theories or vague impressions, and I fully believe that
my labours in this department will be owned by a candid
inquirer to be neither useless nor superfluous.

The present volume is complete in itself, and has been arranged with all care and diligence, in the earnest hope of securing in some degree such accuracy as may befit the sacred subject whereof it treats. What errors it contains (for in such a multiplicity of small details I dare not flatter myself it is exempt from them) are those of human infirmity, so far at least that they cannot be imputed to mere haste or heedlessness on the part of the compiler. Whether I shall proceed to publish the collations I have made on other parts of the New Testament, or prosecute the critical study of Scripture by further investigations among the mass of copies yet unexamined and uncared for, must depend on circumstances I can neither foresee nor control. What I have completed is beyond the reach of fortune, and it becomes me rather to be thankful for past opportunities, than to look onward too anxiously to the future. It is something if the hours I have withdrawn from laborious engagements, shall have enabled me to throw a little light on the history of the inspired text, and to contribute, according to the measure of my ability, to the defence and elucidation of God's Holy Word.

CHAPTER II.

ON THE MATERIALS EMPLOYED IN THE PRESENT VOLUME.

THE manuscripts of the Gospels, a full collation of whose readings with the Elzevir text of 1624 I am about to exhibit, have not been chosen with a view to the promotion of any theory of recensions, or the advocacy of individual opinions, but have been taken up almost at random, as they happen to be arranged in the catalogues of the British Museum and Archiepiscopal Library at Lambeth. The mass of unpublished materials is still so vast, that it would be easy, by skilful selection, to derive from them arguments in behalf of any of the several systems I have glanced at in the preceding chapter, and to allege proofs in support of each of them, which might seem irresistible, until conflicting evidence had been produced. The method I have adopted is doubtless attended with one inconvenience, that documents of inferior value will occasionally take the place of those of higher interest and importance, but this seems comparatively a slight objection to a plan which affords us the best chance of estimating, through the medium of a specimen and on a small scale, the probable results of a complete examination of the whole body of existing manuscripts. In this, as in all other branches of enquiry, it is clear that the inferences we draw from the facts before us, will be trustworthy and conclusive very much in proportion to the degree of impartiality wherewith the facts themselves shall have been culled and brought together.

Ten of the manuscripts of the Gospels which I have collated are deposited in the Lambeth Library, no less than eight of them (a—f,u,v) belonging to the Carlyle collection. These valuable documents were brought to England by the Rev. J. D. Carlyle, Professor of Arabic at Cambridge, with a view to a critical edition of the Greek Testament, and were procured by him in Syria, the Greek Islands, and at Constantinople. Not to mention other parts of Holy Scripture, he had ten manuscripts of the Gospels, of which six still remain in this country. Having justly assumed as a fundamental principle that "collation is the true basis of all Biblical criticism," but feeling unequal to the examination of all the materials before him, Professor Carlyle adopted the novel and somewhat unpromising plan of sending one of his manuscripts to each of his clerical friends, who might be willing to undertake the task of collating it. The whole scheme was broken up by his death in 1804, and now that the labors of his corps of volunteers are brought together (Lambeth MS. 1255), we may see at a glance the futility of trusting to the inexperienced zeal of beginners in this employment. Out of eight or nine attempts at collation which lie before me, one by the Rev. W. Sanderson of Morpeth seems executed with scholar-like accuracy, though I cannot test it, since its prototype is no longer in the Library. Of the rest I will only say, that their omissions of various readings are so repeated and their carelessness so intolerable, that I soon discovered their entire uselessness, except for the purpose of enabling me to revise my own collation; nor am I ashamed to own that in this respect I found them of the utmost service*. On Professor Carlyle's death, the manuscripts

---

* Often during this occupation did I call to mind Woide's list of requirements for an accurate collator: "Silentium, secessum, undique liberum animum, attentionem, patientiam, serena lucis spatia, visum acriorem et usum microscopiorum frequentem deposcit" (Præf. Cod. Alex. p. xxx.). I cannot, however, say with him, "parum hic labor mellis, et absinthii multum habet;" I should rather adopt as my motto: "Suaviter austerum studio fallente laborem."

were purchased by Archbishop Manners-Sutton for the library of the see which they now enrich : but in 1817 seven of their number (including four of the Gospels) were claimed by the Patriarch of Jerusalem, as having been lent, not given to their learned collector. They were returned as a matter of course, but I regret to add they were returned in a great measure uncollated, so little real interest seems to have been felt about them. At some period prior to this last transaction, Dr Charles Burney commenced the collation of seven copies of the Gospels in parallel columns, with copious descriptive Prolegomena : his papers are now at Lambeth (MSS. 1223, 1224), but he completed only the Gospel of St Mark in five manuscripts (abdef) and its first three chapters in two (cv), to which he added the celebrated passage John vii. 53—viii. 11. I have carefully used this collation, so far as it goes, yet I have used it not to supersede but to correct my own. It may give the uninitiated some notion of the difficulties of this task when I state that even this eminent scholar has committed 42 errors in his collation of a single copy (a) for the one Gospel of St Mark. To me, at least, the fact has taught a lesson of mistrust in my own exactness, which I hope I shall not soon forget.

a. LAMBETH 1175. This volume is a quarto of 418 pages, beautifully written on vellum in a clear bold hand and in double columns. Dr Burney refers it to the 10th or 11th century, Archdeacon Todd to the 11th or 12th ; the former date I deem the more probable. It begins at Matthew i. 13 τον ελιακειμ, and is remarkable for not containing the section John vii. 53—viii. 11, which is added at the end of the book in a coarse, later hand. It has breathings and accents, tolerably but not uniformly correct : ν εφελκυστικον is not frequently affixed to verbs ; it occurs

but once in the first eleven chapters. The ι *ascriptum*
is found about twice (Luke iv. 8; v. 10), ι *subscriptum*
never. From itacisms, or the interchange of vowels, this
manuscript is remarkably free; perhaps not more than one
or two will be met with in an ordinary chapter. Such
modern Greek forms as επροφητευσε occur in Matth. vii. 22;
xi. 13; xv. 7; Mark vii. 6; John xi. 51; but no Alexan-
drine inflection except ψυχρουν Matth. x. 42 (*with* bdsy);
θυγατεραν Luke xiii. 16. On the whole very few rare or
noticeable readings will be found in this document, which
approaches as nearly to the received text as many of a
much lower date. Of the usual liturgical apparatus Codex
a has the larger κεφαλαια prefixed to the last three Gospels
(the volume being mutilated in the beginning), capital
letters at the commencement of the Church lessons in gold,
the Ammonian sections in the margin in red ink, and refer-
ences to the Eusebian Canons in blue. It was brought by
Carlyle from some monastery in the Greek Archipelago,
but an inscription at the end (apparently in the same hand
as John vii. 53—viii. 11) proves that it was once at Con-
stantinople*. It was collated entire for Prof. Carlyle, by
the Rev. J. Farrer of Carlisle, in 1804.

b. LAMBETH 1176. This copy of the Gospels is written
on vellum in small quarto on 417 pages, in a very minute but
graceful hand. The liturgical apparatus consists of Euse-
bius' letter to Carpianus and his Canons, prefixed to the MS.
and written on *paper*, the tables of larger κεφαλαια, and some
poor illuminations prefixed to each Gospel. The Ammo-
nian sections are given in the margin, and the contents of

---

* επακουσον ἡμων ὁ θ̄σ̄ ἡ ελπις παντων των περατων της γης και των εν
θαλασσῃ μακραν· και ρυσαι κ̄σ̄ ὁ θ̄σ̄ ἡμων την πολιν ταυτην και χωραν των
χριστιανων απο λιμου λιμου [λοιμου] σισμου καταποντισμου πυρος μαχαιρας
επιδρομης αλλοφιλον πολεων· δαιμων(?) ἡμων επακουσον και ελαιησον.

the κεφαλαια at the top and bottom of the pages. Directions
for the Church lessons are perpetually found in the margin,
and occasionally intruded into the text (e. g. John iii. 17 ;
xiii. 17). There is appended on paper a Synaxarion, or
abridged notice of Saints' Days throughout the year, with
their proper lessons *. This manuscript is assigned by Todd
to the 13th century, by Burney to the 11th. The truth
may lie between them, though it appears somewhat more
recent than Cod. a. It is however far more valuable for
critical purposes, and well merits Burney's commendation
" eximiæ notæ." N εφελκυστικον occurs perpetually, though
it has been often erased by a later hand, whose indiscreet
diligence has been very busy throughout the whole book.
The accents and breathings are pretty constant, but not
very correct; we have in John i. ὁπισω vv. 15, 27 ; ἑστηκεν v. 26.
I observed ι ascriptum but twice (Luke viii. 40; John i. 39), ι
subscriptum never. The usual itacisms ε for αι, ι or ει for η, υ
for οι, ο for ω and vice versâ are found in great abundance,
being full six times as numerous as in Codex a: ἰδασιν John
x. 4; xviii. 21 is very strong. The initial letters of the
lessons and lesser sections are inserted in red ink (secundâ
manu) even where they had been previously given in black
ink by the scribe who wrote the manuscript. The para-
graph John vii. 53—viii. 11 is completely omitted, though
this document sometimes agrees with the common text where
comparatively few others do (e. g. Matth. iii. 8 ; v. 27). It
is very partial to glosses or additions: in the single chapter
Matth. vii. see vv. 21, 27, 28, 29 where few MSS. or versions

---

* Συναξαριον is thus defined by Suicer in his *Thesaurus*, and employed in
MSS. d, l, n and others described below. Scholtz's definition seems less cor-
rect, "indices lectionum ita exhibet, ut anni ecclesiastici et uniuscujusque
evangelii ratio habeatur" (N. T. Vol. i. p. 454), viz. a Table of Lessons for
every day in the year. Certainly, in *our* sense of the term, synaxarion and
menology are nearly synonymous.

countenance it : it is better supported in Matth. viii. 13 ;
xxvi. 40. Of grammatical or orthographical peculiarities
we read εισελθατε Matth. vii. 13 (*with* y); προσεπεσαν vii. 25
(*with* dksu); ανεπεσαν Mark vi. 40 ; John vi. 10 (*with* cfhx);
εμπροσθε Matth. x. 32 (*with* k); δραγμη Luke xv. 8 *bis*; 9.
In itacisms it is often found in connexion with x (described
below), in more important readings with Wetstein's BC and
the elder uncials (e. g. Matth. viii. 28). But for the fre-
quent recurrence of clauses lost through the ὁμοιοτελευτον I
should have described the scribe as careful and competent.
At the end of the vellum MS. itself he adds χ̅ε̅, δωρησε τω
ποθω κτησαμενω ευρωστειαν αφεσιν αμπλακηματων· και το ξεσαντι *
κληρικω νικολαω την ευζωιαν και λυσιν των σφαλματων. After the
Synaxarion on paper is a curious list of our Lord's appear-
ances to His Apostles from the time of Stephen down to
St Peter's martyrdom.

c. LAMBETH 1177. The collation of this strange and
troublesome manuscript was commenced by Burney, and at
the end of the third chapter abandoned in despair : "men-
dis erratisque ita scatet, ut scriptorum imperitiæ et osci-
tantiæ luculentissimum fiat argumentum" is his emphatic
sentence of condemnation. I certainly never met with a
copy of the Gospels written with such irreverent and scan-
dalous negligence, but this is only one instance out of a
thousand of the danger of judging hastily from first appear-
ances. Had Dr Burney patience or leisure to have com-
pleted the examination of Codex c, he would have found it
abound, far beyond any other in the whole collection, with
novel and remarkable readings, which (in spite of its un-
promising appearance) would have amply repaid all the
diligence he could have bestowed upon it. It is a small
quarto of 420 pages, written in a miserable scrawl on the

* το ξεσαντι i.e. τῳ γραψαντι as I understand it. Dr Burney read τοξ-
ευσαντι of which I cannot see the meaning.

coarsest parchment, and not a few leaves are lost. The hiatus are Matth. iv. 1—vii. 6 (two-thirds of the next leaf being torn, up to v. 22); xx. 21—xxi. 12 (the leaf inserted, but in a later hand*); Luke iv. 29—v. 1; v. 17—33; xvi. 24—xvii. 13; xx. 19—41; John vi. 51—viii. 2; xii. 20—40; xiv. 27—xv. 13; xvii. 9—xviii. 2; xviii. 37—xix. 14. Todd assigns it (probably enough) to the 12th century, Burney says "a diversis librariis, annisque variis scribitur." Yet I am not sure that it is not all in the same hand, capriciously varied from an open and straggling scrawl to a small and cramped one, each careless and inelegant beyond example: possibly however the first seven leaves are *not* written by the same scribe as the rest of the volume. It contains fragments of the greater κεφαλαια of St Matthew, the same κεφαλαια or τιτλοι in the margin of each page, the Ammonian sections and dirty red capitals at the beginning of each, with marks at the opening and end of each Church lesson. There are scattered fragments of a Synaxarion at the end of the book. In compound words the breathings are placed over each member separately; ν εφελκυστικον is not often absent, ι *ascriptum* is found several times in John iv. and v. but only there (ζητωι John v. 30). Two disputed passages are obelized in the margin, Luke xxiii. 39—41; John vi. 4. As regards itacisms, though unequally distributed over the MS. (there is but one in John xi. 6—18) they occur for the most part as thickly as in almost any known copy, often at every second or third word for verses together. Under these circumstances I have noted none that may not *possibly* be various readings, or may tend to shew the similarity of Codex c with some other of my manuscripts (especially e, x, and y), or may for any other cause seem worthy of notice. All peculiarities of inflection I have carefully indicated, and

* The readings of this leaf I have denoted by c.

they are neither few nor trifling. The accusative singular of the 3rd declension ends in -αν Matth. xii. 10; 13; xxvi. 57; xxvii. 28; 31; Mark iii. 3; vi. 27; xii. 19; Luke vi. 8; xiii. 16; John xx. 25. The second aorist indicative ends in -ας, -ατε, -αν Matth. xi. 8; xxv. 36; xxvi. 55; xxvii. 46?; Mark viii. 11; xiv. 48; 62; xv. 34?; Luke xi. 52; xxii. 52; John vi. 10: we read γεναμενος Luke vii. 4; 20; x. 13; 32; xiv. 21: πεσωτα Luke x. 18; 36; συναγουντε Matth. xxiv. 28; κυμψας Mark i. 7; John viii. 6; 7; 8; ανταλαγμα Matth. xvi. 26; Mark viii. 37; μασθοι Luke xi. 27; xxiii. 29; οσφυαι Luke xii. 35; κατεγελουν Mark v. 40; επηρωτουν x. 2; 10; επετιμουν ib. 48; ενεβριμουντο xiv. 5: neuter plural κοπριαν Luke xiii. 8; μεγαν (neuter) xiv. 16: but θυρα (accus.) John xviii. 16: neut. pl. comparative in -ων John i. 51. The augment is sometimes though rarely omitted, Mark v. 32; John xi. 21. The accusative is put for the dative after certain classes of verbs: e. g. Matth. ii. 8; 11 (with dp); iii. 15; xiii. 13; xv. 35; xvi. 17; 27; xviii. 32; xxviii. 17; Mark i. 43; iv. 2 (with km*oy); vi. 1; 39; vii. 32; Luke iv. 5; vi. 28; xii. 37; xiv. 6; xv. 30; xix. 15; xxiii. 36; John vi. 7; xx. 6. These specimens may suffice as regards mere forms: the various readings will perhaps be found more numerous than those of any other copy in the present collation except y. Whatever we may ultimately decide respecting their approximation to the sacred text as it came from the hands of the inspired penmen, when countenanced (as they frequently are) by other and more ancient authorities, they deserve our anxious consideration, and, to say the least, merit any treatment rather than contempt or neglect.

d. LAMBETH 1178. The external appearance of this copy presents a striking contrast with that of the preceding; it is indeed one of the most splendid manuscripts extant, and is probably as old as the 10th or 11th century. It is a large quarto of 616 pages on good vellum in a fine bold hand. Illuminations are prefixed to the three later Gospels in purple, red, and gold, but the first leaves are lost, the MS. commencing at Matth. i. 8. Prefixed is a full list of Church lessons throughout the year, and at the end of the volume is a synaxarion and other tables. The larger κεφαλαια before St Matthew are lost: in other respects the usual liturgical arrangements are complete, and the subscriptions to each gospel long and curious. This noble document has accents and breathings (even with ρρ) tolerably correct, ν εφελκυστικον but not *very* frequent, no ι *subscriptum*, but *ascriptum* often, though still oftener neglected: it is sometimes wrongly placed, especially with verbs, e.g. Matth. xxi. 27; Luke xx. 13; John ix. 5. St Matthew's Gospel and the first eight chapters of St Mark were collated for Prof. Carlyle in 1804 by the Rev. John Forster, whose papers, however destitute of the accuracy required in these studies, are much more creditable to his diligence than those of most of his coadjutors.

The text of this copy differs from the Elzevir edition far less than that of Cod. c, yet it contains many remarkable variations, such as Scholz would refer to his Alexandrine recension. The itacisms are not very numerous, and of an ordinary character, much resembling those of Cod. a. They are strewed more thickly on a leaf of coarse paper containing Luke v. 30—vi. 4, which is lost in the original MS.* This copy often agrees with g or p (described hereafter) against all the rest which I have collated. Luke xxii. 43, 44; John v. 4 are obelized in the margin: it is not easy to distinguish the changes introduced *primâ* from those *secundâ manu*. We meet with a very few such forms as θυγατεραν Luke xiii. 16; προσεπεσαν Matth. vii. 25; ανεπεσαν

---

* I have indicated the readings of this leaf in my collation by *d*.

Mark vi. 40. Among the more unusual readings of d we may note Matth. xxiii. 27; Mark v. 5; vi. 1; 2; 18; 56; xvi. 19; Luke iv. 7; v. 22; vi. 9; ix. 46; xi. 50; 52; xiii. 25; xiv. 32; xvi. 3; 8; 25; xvii. 17; xix. 11; 38; xxi. 14; John ii. 14; iv. 48; vii. 26; viii. 28; 53; xii. 45; xiii. 15; xiv. 30; xvii. 20; xix. 21. Many of these instances are unique, so far at least as Scholz can be depended on.

e. LAMBETH 1179, is a copy of the Four Gospels in a very dilapidated state. It commences at Matth. xiii. 53, but the first few leaves are scarcely legible for dirt and damp. There are also the following hiatus: Matth. xvi. 28—xvii. 18; xxiv. 39—xxv. 9; xxvi. 71—xxvii. 14; Mark viii. 32—ix. 9; John xi. 8—30; it ends John xiii. 8. It is a small quarto of 352 pages, written on vellum in a neat hand. Burney describes it "charactere unius formæ, nitido et pulchro," and assigns it to the 10th century, Todd to the 12th, but the earlier date seems quite probable, as in general style it bears much resemblance to Codex o, described below. It was brought by Carlyle from the Trinity Monastery in Chalkè, one of the Greek Islands. So far as it is complete, this MS. has all the Liturgical apparatus, κεφαλαια majora before each Gospel, and at top of each page, the Ammonian sections with references to the Eusebian Canons in the margin, rubric capitals at the beginning of each section, marginal notes at the beginning and end of the Church lessons, &c. I observed but one instance of the use of ι *ascriptum* (Matth. xxvii. 42), of ι *subscriptum* none: ν εφελκυστικον is so constant that it is seldom omitted: the accents and breathings are given fully but carelessly, each portion of a compound word often having its own. There is a general tendency to the modern Greek practice of softening the aspirates (Matth. xv. 31, 32; xxv. 15 &c.), yet they are often put wrongly; e. g. Luke x. 20; John x. 16; 27. The itacisms are very frequent indeed, yet not perhaps of the grossest kind: e and x will often be found together in such cases. We have the third declension accusative in -αν Mark i. 16; Luke vi. 8; xiii. 16. For critical purposes this is no common manuscript, but is full of variations from the received text, perpetually agreeing with Codices c and y, which are beyond question the most remarkable of all I have collated; and nearly as often with Codices d and p, where they diverge the most widely from the general mass of authorities, especially in the transposition of words. For the peculiarities of Codex e see Matth. xvi. 3; xviii. 14; 21; xxvii. 41; Mark iii. 9 (*with* b); v. 22 (*with* c); viii. 11; 17; ix. 33; 44; xiii. 6; 14; 20; xiv. 18; 25; 37 (*with* c); 69; Luke ii. 37; 42; iii. 7; iv. 24; v. 10; vii. 25; xi. 7; 51; xii. 14; xviii. 29?; xx. 10; 38; xxi. 12; xxii. 14; xxiii. 15; 32 (*with Griesbach's MS.* 33); John i. 13; iv. 24; viii. 20; 43; xii. 18; xiii. 1. These are almost or entirely unique. In the following this copy accords with the oldest uncials (ABDK &c.) where few others do: Matth. xxiii. 26; xxvii. 34; Mark ii. 18; xi. 19; xii. 20; xiv. 40; 53; xv. 12; Luke ii. 26; iv. 2; vii. 11; xi. 40; xx. 13; xxiii. 53; John xi. 54; xiii. 2. The red capitals cause the variation of reading in Luke xxiv. 1; John vii. 28.

f.   LAMBETH 1192. This is another manuscript of the four Gospels on vellum in *large* quarto of 272 leaves. It is beautifully written, and on the whole in fair condition, though somewhat inferior in appearance to Codex d. With Todd and Burney I refer it to the 13th century: it was brought by Prof. Carlyle from Syria. Nine leaves are lost, containing Mark iii. 6—21; Luke xii. 48—xiii. 2*; John xvi. 8—22; John xviii. 37 to the end*. All except John xvi. 8—22 are supplied by a rude and more recent hand (per-

---

* The readings of the later hand are here indicated by *f*.

haps of the 14th or 15th century) on coarse cotton paper,
very carelessly written. These fragments contain far more
itacisms than the MS. itself, which does not much abound
in them, though they are perpetually *introduced* by a later
hand that has been very busy on this document (ἐορακα in par-
ticular is constantly substituted for the proper form ἑωρακα).
So true it is that such itacisms were not so much errors of
the scribe or of dictation, as the usual modes of spelling
prevalent at the time. This copy also has most of the
liturgical apparatus; tables of κεφαλαια majora before three
Gospels (those of St Matthew are lost); the same repeated
in red or green ink at the top and foot of each page; the
Ammonian sections and capitals at their beginnings in red;
references to the Eusebian Canons in blue or green; αρχαι,
τελη and other marks of Church lessons in the margin; and
slight illuminations before each Gospel. There is no ι *sub-
scriptum* in this MS, but ι *ascriptum* occurs 21 times; the
accents and breathings are complete and tolerably accu-
rate (compounds usually having each member accented
separately), though ούτε, ἠκουσθη, ὀλιγοι, ἡσπαζοντο, &c. are
sometimes met with. The ν εφελκυστικον recurs so incessantly,
that half the variations from the received text are of that
description. The general character of the readings in
Codex f is quite of an ordinary stamp, so that none of the
Carlyle series (excepting perhaps Cod. a) is of less critical
value. In St Luke's Gospel, however, especially the latter
half of it, it becomes far more interesting and important,
to an extent which one who had merely collated a few
chapters in other places could not have anticipated; thus
affording one plain proof out of a thousand of the mere
fallacy of a *partial* examination of Biblical manuscripts. We
find ειπαν Luke xix. 39 ; xxii. 70 ; ανεπεσαν John vi. 10 ; γεναμεναι
Luke xxiv. 22. Rarer readings are Matth. i. 20 ; xxvii. 33 ;

Mark x. 17; xv. 7; Luke i. 34; xiv. 12; 22; 27; xv. 7;
xvi. 2; xviii. 6; 39; xix. 2; 46; xx. 3; 4; 12; 24; 25;
28; 31; 38; 47; xxi. 22; 27; xxii. 17; 46; 47; 56; 68;
xxiii. 27; 38; 53; John vi. 58; 70; x. 23. At the begin-
ning of the book and bound up with it is one leaf of vellum,
about the age of the MS., containing a series of Scripture
texts περι ανεξικακιας (Luke vi. 27) &c.

g. EPHESIUS, LAMBETH 528 (Wetstein's 71). This manu-
script contains the Four Gospels in small quarto on vellum,
265 leaves, in a neat hand and good preservation. At the
end in red ink we find ετει απο χριστου αρξ (A. D. 1160).
This copy once belonged to an Archbishop of Ephesus, and
was brought to England in 1675 by Philip Traheron, British
Chaplain at Smyrna. Traheron also made a careful colla-
tion of this MS. with Fell's Oxford edition of 1675, two
several transcripts of which are extant in his own hand,
the one now in the British Museum (Burney 24), and a
fairer copy (a most beautiful specimen of calligraphy) at
Lambeth (528 b). As the critical editors from Mill down-
wards have cited this MS., I had not originally intended to
examine it; but happening on a cursory inspection to ob-
serve that of its 29 various readings in the first six chapters
of St Matthew, Griesbach cites it but for 5 and Scholz for
3, I felt that such inaccuracy could do nothing but injury;
in fact, the distinctive features of the document, which
abounds in novel and remarkable readings, are so entirely
lost in Scholz's edition, that he dismisses it with the slight
remark "familiæ plerumque adhæret Constantinopolitanæ."
With Traheron's collation, therefore, open before me, I
have spent several days in studying the MS. for myself,
and I believe the readings are few indeed which our united
vigilance has overlooked. This was evidently Traheron's
single MS. (for his occasional notes shew much ignorance

of general criticism), and as he bent his whole mind to
its illustration, I have very seldom detected him in abso-
lute error.   He has neglected to distinguish readings *a
primâ manu* from the corrections of a later pen both in
the text and margin, and this strange oversight I have
taken special care to remedy.   Thus the real character of
the Codex Ephesius is now for the first time made known
to the Biblical scholar.   Few MSS. of the 12th century
will be found to equal it in weight and importance.

Codex g contains the usual liturgical matter; the Epistle
of Eusebius to Carpianus and his Canons; tables of κεφα-
λαια and slight illuminations before each Gospel, κεφαλαια
majora at the top and foot of each page, the Ammonian
sections and references to the Eusebian Canons; also notes
respecting Church lessons, αρχαι and τελη.   One leaf is
lost (containing Matth. xiv. 13—xv. 16), yet Traheron
possessed and collated it.   We see ι *subscriptum* in a few
places (e. g. Luke x. 28; xxii. 34; xxiii. 43; John v. 4),
but not *ascriptum*.   The breathings and accents are pretty
correct, yet we read αὔριον, ἑστη, ἀλωπηξ, ἀλεκτωρ, and απο-
στελλῶ for the future in Matth. xxiii. 34; xxiv. 31.   Ν εφελκυ-
στικον is rare, and the few itacisms are of the common kind.
This MS. uniformly has βαραβας, κηππος, κηππουρος: we read
also θυγατεραν Luke xiii. 16; ειπαν xix. 25; πεσατε xxiii. 30;
ηγαπησες John xvii. 26; μελαινα (accus.) Matth. v. 36; so
πτερνα John xiii. 18.   The accusative is often put for the
dative after λεγω and the like, e. g. Matth. viii. 21; x. 1;
Mark xii. 38; Luke v. 14*.   Many clauses are omitted by
the ὁμοιοτελευτον, otherwise it is a carefully written copy.
Every page of the present work will exhibit Cod. g cited

---

* So in b, John xi. 20; d, Matth. ii. 2; iv. 9; Mark iv. 38; Luke xx. 15;
e, Luke xxii. 5; John ix. 38; f, Matth. x. 5; k, Matth. xviii. 27; l, John xix. 3.
Those occurring in c have been given above, p. xxxi.

alone for variations which are either unique (e. g. Matth. xvi. 11; Luke vi. 49; x. 24; xix. 21), or supported only by such authorities as Scholz's BDK or our x, or Matthæi's r (e. g. Matth. xxiv. 45; Mark vi. 49; xi. 32; John viii. 38; xx. 16). It sometimes stands alone or nearly so among my MSS. in upholding the common text: e. g. Luke x. 22; xvii. 26; xxiv. 18; 27; John i. 42; ii. 17; iii. 25; viii. 3; xii. 2. The minute study of this MS. cannot fail to be full of instruction.

The ARUNDEL Collection in the British Museum contains one manuscript of the Four Gospels and two Evangelisteria. They were brought to England by the great Earl of Arundel who died in 1646, and is well known from Clarendon's masterly but unfavorable sketch of his character (Hist. Rebell. I. 98). They bear a stamp importing that they were presented by Henry Howard, Duke of Norfolk, to the Royal Society, from whose apartments at Somerset House they were removed to the Museum in 1831. One Evangelisterium of the 13th century (Arund. 536) I have not yet collated: the other, a noble uncial copy of the highest worth, as old as the 8th or 9th century, will be described in its place (x). It remains to speak of the manuscript of the Four Gospels.

h. ARUNDEL 524 is a small quarto of 218 leaves. There is an hiatus at John xi. 18—41. Mr Forshall in the Museum Catalogue conjectures its date to be the 10th century; perhaps I might be inclined to place it a little later. The vellum is coarse and discolored through age, the ink very pale, the handwriting on the whole clear and neat, though careless in some places (e. g. Matth. xi). Elsewhere it resembles the better portions of Codex c, but there is no such *formed* style as the scribes of later times exhibit, and is seen in Codices m, q, or r. This MS. contains all the liturgical ap-

paratus described under Codex g, with the addition of a
list of the Proper Church Lessons throughout the year
(εκλογαδιν), and a full menology of saints. The accents and
breathings are complete, but very unskilfully placed ; the
aspirate being perpetually substituted for the smooth
breathing (e. g. John viii. 26 ; 40 ; 48 ; 57) and *vice versâ*.
The ι *subscriptum* is no where found, ι *ascriptum* chiefly in
τωι, τηι, αυτωι, αυτηι, and sometimes quite wrongly (e. g.
Matth. vi. 10 ; xii. 5 ; Luke ii. 37 ; John xix. 40). Ν εφελ-
κυστικον is usually, yet not invariably, read : e. g. eight times
in Matth. ii. The itacisms are neither numerous nor un-
usual. In the first fifteen chapters of St Matthew there
are but 21 ; viz. η for ι seven times, ο for ω four, ω for ο four,
αι for ε twice, ι for ει, ει for ι, ι for η, ει for η once each.
Even συ for σοι Luke vii. 14, and μυχοι for μοιχοι Luke xviii.
11, are but traces of the modern Greek practice of sound-
ing η, υ and οι alike as $\bar{e}$ long. The only harsher form I
note is ανεπεσαν John vi. 10. There are occasional alterations
in an ancient but later hand. The text of this MS. much
resembles that of the Elzevir and received editions, though
by no means so closely as do Codices l, m, n. It often ac-
cords with Cod. a, which is of about the same age. It con-
tains some remarkable readings ; such as Matth. xiii. 27 (τα);
xx. 6 ; xxvi. 29 ; Mark vi. 35 ; Luke xi. 46 ; xii. 9 ; xxi. 16 ;
28 : where it is countenanced only by such authorities as
Wetstein's D, or our gqr. In the following Codex h seems
to stand alone : Mark ii. 8 ; iii. 10 ; Luke ii. 51 ; xiii. 11 ;
xvii. 27 ; xxi. 29 ; John xix. 12. Of all the copies I have
examined this alone obelizes the doxology, Matth. vi. 13.
It is somewhat partial to glosses, as in Matth. xxvi. 40 ;
Luke ix. 50 ; xi. 15 ; xii. 21 ; xix. 21 ; 22 ; xxii. 47 : and is
almost singular in omissions at Matth. xiv. 12 ; Mark ii. 24 ;
Luke xviii. 23 ; xx. 35 ; John vi. 32.

j. COTTON, TITUS C. xv. This document, like Codex g, *ought* not to have been reserved for me. It is well known to Biblical scholars as being one of the oldest (except the Vatican B, perhaps the very oldest) of all extant copies of any part of the New Testament. It has been so repeatedly described in common books that its form, material, and color are generally known: I shall only say that it appears to me not later in date than the 5th century: it could scarcely be much earlier, as it contains references to the Eusebian Canons, under the Ammonian sections. One would have imagined that so precious a record, about which so much has been written, would have been at least carefully collated, the rather as it consists of only four leaves, containing Matth. xxvi. 57—65; xxvii. 26—34; John xiv. 2—10; xv. 15—22. Such, however, is not the case. It was examined by Wetstein in 1715; but of the 57 various readings which it contains, Wetstein cites but five, and the later editors simply copy from him. Yet some of the variations thus overlooked are of great importance, and the authority of other MSS. is freely cited in support of them. I presume that Wetstein's papers relating to the two leaves of St Matthew's Gospel were mislaid when he arranged his materials for the press, but none of his followers so much as suspected a deficiency. This fragment contains a few pure Alexandrine forms, as παραλημψομε John xiv. 3; δυνομεθα John xiv. 5; ειχοσαν John xv. 22: the changes of ει into ι, αι into ε and *vice versâ* are very frequent: it exhibits not more various readings than Cod. A; not half as many as Cod. D (or Beza's). More cannot well be said of so few leaves*.

k. LEBANON, BRIT. MUSEUM, ADDITIONAL MS. 11,300.

---

* Since the above was written Tischendorf has published this MS. in his *Monumenta Sacra Inedita*. He refers it to the end of the sixth century, and considers it a fragment of the same book as Γ of St Matthew in the Vatican, and N of St Luke at Vienna.

This copy of the Four Gospels is one of the most elegant
and neat I have seen, being written in a clear square hand
on thin vellum, small quarto, 268 leaves. It was purchased
for the Museum in 1838, and is stated to have come from
the library of the Bishop of Cæsarea Philippi, at the foot
of Lebanon. This account seems to be confirmed by the
following marginal note on Matth. i. 5 : εξ εθνων το κατα σαρκα
ὁ κυριος σωζομενος· και του εξ ιουδ· τις ουν εστιν το ξυλον του
λιβανου ; ῥουθ ἡ μωαβιτις· αὑτη γαρ τετοκε τον ιωβηδ· εξ οὑ ιεσσαι·
φορειον τοινυν εστιν το σωμα (see Canticles iii. 9, LXX). Simi-
lar expository scholia, but far more rational, occur Matth.
xi. 17; Mark ix. 37; John i. 11; 15. The liturgical matter
is precisely the same as we have described under Codex g;
the supplementary words at the beginning of each Church
lesson are also placed in the margin or over the text; all
these additional materials being written in very bright ink,
scarlet, crimson, and blue. There are some neat ornaments
at the head of each Gospel, and the initial letters are in
gold : it contains no synaxarion. The Greek text is broken
up into judiciously arranged paragraphs, which I do not
remember to have seen elsewhere. There is no ι *ascriptum*
or *subscriptum*, but the breathings and accents are com-
plete. One peculiarity must be noticed in this valuable
manuscript. In all other copies which I have collated the
demonstrative pronoun αὐτου, αὐτη, αὐτων is always substi-
tuted for the reciprocal αὑτου, αὑτης, αὑτων, even when the
sense most clearly requires the latter. I say *always*, for
the few instances which I have noted to the contrary are
clearly accidental : e. g. Matth. ii. 18, a; viii. 30, απ᾽ αὑτων
f ; xxiii. 34, xxiv. 29, xxvii. 49, e; Mark xiii. 27, b;
John vi. 66, vii. 10, xxi. 24, x. Hence Mr Field (Chrysost.
Hom. in Matth. tom. iii. p. 7) undertakes to prove "*pronomen*
αὑτου *reciprocum e sacri N. F. codice penitus extirpandum*

d

esse." Now it is perpetually found in the Lebanon MS.,
though even here not in the earlier pages; the first example
I believe to be Matth. xviii. 35; but it is afterwards read
full one hundred times. In this copy most Hebrew proper
names (except αβρααμ) have the aspirate, as ἐλιακειμ, ἐλιουδ,
ἐλισαβετ, &c. The itacisms are very few; I count but 14
in the first twenty chapters of St Matthew. The passages
John v. 4; vii. 53—viii. 11 are obelized in the margin in red
ink; various readings also arise from the rubric capitals in
Mark xv. 7; 11; Luke xi. 43; 52; xiv. 28; xix. 29. A *re-
cent* hand has made alterations in Mark xv. 25; Luke i. 35;
John i. 28. Ν ἐφελκυστικον is chiefly used with such words
as εστιν, ειπεν, ειδεν: the augment is sometimes omitted, as
in ιδεν Matth. viii. 14: where ἑορακα is not found *primâ manu*,
ἑωρακα is often changed into it *secundâ manu*, as in Codex f.
I have marked but two forms which can be called Alexan-
drine, προσεπεσαν Matth. vii. 25; εμπροσθε Matth. x. 32, 33;
where many other copies read the same. On the whole, the
text of Codex k is a full stage more removed from the
common editions of Elzevir, &c., than Codices a and h. It
is often found in company with c, not rarely with o and p,
and those MSS. which differ most widely from the printed
text (D M 33, &c. of Wetstein), as may appear by studying
the following passages: Matth. i. 11; iv. 15; ix. 18; 27;
xiii. 27 (τα, *with Elzev.*); xv. 18; 21; xvi. 2, 3; xviii. 17;
xxii. 44; xxiii. 26; xxiv. 14; xxv. 13; xxvi. 60; xxviii. 3;
Mark iv. 37; vii. 2; viii. 3; ix. 33; xii. 6; 32; xiv. 24;
34; xv. 41; Luke i. 21; v. 23; vi. 10; ix. 12; 55, 56;
x. 35; xi. 8; xvi. 2; 18; xvii. 11; 29; xviii. 22; xxi. 17;
27; xxiii. 32; xxiv. 24; John iv. 3; ix. 19; 22; xiii. 12;
xv. 20; xviii. 29; xx. 19; some of which readings are
pretty rare. The following seem unique: Matth. iv. 10;
vi. 30; ix. 14; xiv. 5; xviii. 27; xxii. 2; xxiv. 10; xxvii.

32; 34; 61; Mark i. 2; 45; ii. 19; iii. 27; ix. 30; xii. 27 ;
Luke v. 7; viii. 44; ix. 40; x. 40; xiii. 16; xxiii. 39; John
iv. 27; xvi. 22 ; xviii. 39.

1. CODEX WORDSWORTH. All the preceding MSS. con-
tain only the Four Gospels, but that now before us com-
prises the whole New Testament except the Apocalypse ;
the Catholic Epistles preceding the Pauline, as in many
more ancient copies. Codex l belongs to the Rev. Christo-
pher Wordsworth, Canon of Westminster, to whose cour-
tesy I am indebted for the opportunity of collating it. It
was bought by him in 1837 of a London bookseller who
seems to have known nothing of its history : it bears the
stamp "Bibliotheca Suchtelen." This is a small quarto, beau-
tifully written on vellum, and is said to be of the beginning
of the 13th century; its text, however, bears a very strong
resemblance to that of Codices m and n, whose dates are
ascertained to be late in the 14th. In handwriting it much
resembles Codex b, and is in good preservation. So careful
was the scribe, that I have remarked only one omission by
ὁμοιοτελευτον, John x. 9. Before each Gospel is a table of
κεφαλαια majora, and a slight illumination : in the margin are
the Ammonian sections, contents of the κεφαλαια, marks at
the beginning and end of the Church lessons, and capitals in
rubric at the commencement of each. In the margin of the
Gospels are many scholia by Ammonius, Chrysostom, &c.
There is no ι ascriptum nor ι subscriptum except ἤδει John
xiii. 11: breathings and accents are given with remarkable
correctness, nor have I noticed one instance of ν ἐφελκυ-
στικον. There cannot well be fewer itacisms in a document
of that age ; I have detected but 61 in the whole MS., and
those of the most ordinary character, the common inter-
changes of ο and ω, αι and ε, η ει and ι. At the end of St
John is a table of lessons both in the Gospels and Prax-

*d*2

apostolos throughout the year, followed by a synaxarion or menology. Other tables are appended relating to the Acts and Epistles, to each of which is prefixed an ὑποθεσις of its own. Throughout the whole volume are many erasures and alterations, made with great neatness by a later hand. The text of this MS. approaches more closely to the received editions than any I am acquainted with except its kindred m and n; in fact it almost gives us the standard text, with the exception of those few places in which the Elzevir New Testament differs from the vast majority of documents of every kind. Hence I regard the Codices l, m, n as representatives of the ordinary Greek copies in general use for two centuries before the invention of printing. Codex l stands alone, or nearly so, in Matth. xi. 21; Luke xii. 7; xxii. 56; John xix. 3. It deserts mn for the Elzevir text Matth. ix. 36. The united readings of these three MSS. which present any peculiarity will be given under Cod. n.

m. BUTLER 2. BRIT. MUSEUM, ADDITIONAL MS. 11,837 was purchased (with a few other Biblical MSS.) for the British Museum from the heirs of Dr Samuel Butler, late Bishop of Lichfield, by which Prelate they were briefly described for Horne's Introduction to the Scriptures. It is one of the very few copies of the *whole* New Testament now extant, being written on thick vellum, in large folio, on 492 leaves, in a fine clear hand, and is in excellent preservation. As in Codex l the Catholic Epistles follow the Acts. At the end of the Epistle to the Hebrews is the following subscription: ετελειωθη μηνι οκτωβριω ζ, ινδικτιωνος ιᾱ, ετους ϛωξϛ· μεθοδιου χειρ του θυτορακενδυτου [priest-monk?]. This year 6866 of the æra of Constantinople is A.D. 1357 *. The Apocalypse

---

* The Museum Catalogue says, A.D. 1358, Birch 1359, but I follow the rule of Sir Harris Nicolas, (*Chronology of History*, p. 9) "From September 1

(apparently in the same hand) succeeds this date, and
abounds in various readings: in fact it contains more than
all the Gospels put together. This splendid volume was
originally at Florence, and is described by Birch, Nov.
Testament. *Prolegomena,* p. liv ; Wetstein had previously
copied an account of it from Jo. Lamy de Eruditione Apost.
Florence 1738, p. 218; Griesbach inserted it in error twice
over in his catalogue of MSS. of the Gospels (107 and 201);
it is Scholz's Evan. 201, Acts 91, Paul 104, who adds,
" cursim collat. a Birchio et Scholzio." Cursorily enough,
certainly, for he did not observe that it contains the Apo-
calypse, and never cites it (so far as I can detect) save at
John vii. 53—viii. 11, which (after Birch) he states to be
obelized in the margin, at Acts xx. 28, κῦ και θῦ, and 1 Tim.
iii. 16, θσ̄. For all practical purposes, therefore, this MS.
has been left entirely unexamined. Prefixed to St Mat-
thew's Gospel is a table of the daily lessons from the whole
New Testament throughout the year. Tables of κεφαλαια
majora (in gold) precede each Gospel; the same κεφαλαια,
the Ammonian sections, references to Eusebian Canons, be-
ginnings and times of Church lessons, and many capitals,
are scattered over the ample margin ; the illuminations be-
fore each Gospel are in purple and gold. There are many
notes before and after each book, which would be worth
extracting if the plan of my work permitted it. Before
each Epistle is an ὑποθεσις, but not before the Acts or Apo-
calypse. The accents and breathings are pretty correct;
ν εφελκυστικον occurs only twice in the Gospels, Matth. xii.
50; John xiii. 31 : ι *subscriptum* is perpetually used, espe-
cially with verbs, ι *ascriptum* (I think) never. The ita-

to the end of the year, subtract 5509 from the given number to obtain the year
of Christ." The indiction for 1357 he sets down as 10, not 11; but this also
changed on Sept. 1.

cisms are not at all more numerous than in Codex l, and of the same familiar kind. This document approximates to the received text even closer than l, and differs from the copy next described (n) only in the following 92 places throughout the Gospels: Matth. vi. 1; 25; viii. 5; 34; ix. 5; 18; x. 25; xii. 44; 45; xiii. 20; 27; xiv. 13; 36; xviii. 18; 33; xx. 23; 29; xxi. 3; xxii. 23; 37; xxvi. 26; 45; 53; 59; 65; xxvii. 15; xxviii. 6; Mark iii. 8; iv. 2; 11; 30; vi. 16; 45; vii. 11; 18; viii. 10; 25; ix. 20; x. 2; xi. 22; xii. 7; 11; 27; 41; xiii. 20; Luke i. 11; iii. 18; 26; 35; vi. 35; viii. 26; ix. 27; 42; 57; xi. 33; xii. 18; 28; xvi. 26; xvii. 6; 14; 21; xviii. 4; 5; xix. 27; xx. 34; xxi. 9; xxii. 32; xxiv. 1; 10; 18; John i. 32; ii. 16; 22; iii. 21; iv. 35; 46; vi. 29; 30; viii. 14; ix. 14; xii. 49; xiii. 18; xiv. 26; 30; xvi. 16; 27; xvii. 3 ?; 7; 18; xviii. 37; xix. 27; xx. 19. A later hand has altered many of these passages in m into conformity with the readings of n.

n. BURNEY 18. The ancient MSS. of Dr Charles Burney, which were purchased for the British Museum in 1818, include six of the New Testament, all of which I have collated (noprsy). In external appearance, nothing can be more superb than Codex n. It contains the Four Gospels and two leaves of St Paul's Epistle to the Hebrews (ch. xii. 17 to the end), in large folio, on 222 leaves of fine white vellum. Into the covers of purple velvet are inserted two circular silver-gilt plates, beautifully chased, representing the visit of the shepherds to our Lord, and the adoration of the Magi. At the end of the volume is the subscription, θεου το δωρον και πονος ιωασαφ· ετει ͵ϛωοδ [A.D. 1366]. Though but nine years posterior to Codex m, the writing looks much more modern; its decorations are as splendid as those of Codex d, and the volume is in admirable preservation. Here again we see the usual Liturgical matter; tables of

κεφαλαια before each Gospel, though not repeated at the
head of the pages; in the margin in gold, the Ammonian
sections, references to Eusebian Canons, στασεις (see Suicer's
Thesaurus), marks of beginning and end of lessons, initial
letters in capitals, &c.   At the end is a table of Proper
lessons (αποστολοευαγγελια), followed by a συναξαριον or μηνολο-
γιον, both terms being used.   There are four instances of
ν εφελκυστικον, Matth. viii. 24; Mark xiv. 22; Luke iv. 31;
xxiii. 35 (erased).   The examples of itacism in the Gos-
pels amount to 37, or not less than in Codex l.   The breath-
ings and accents are complete and pretty regular; ι *ascrip-
tum* never occurs, ι *subscriptum* about 13 times in St Mat-
thew, chiefly with verbs.   There are a few corrections in
a later hand, and one in gold, Luke xii. 28.   The connec-
tion between m and n is too close to be accidental, and I
can only conjecture that they were written in the same
monastery, though by different hands: the similarity of
style and decoration alone is very striking.   Nearly as they
approach the standard or printed text, they still exhibit
some remarkable and rare readings.   The following list
refers to lmn collectively, unless the contrary be expressed,
and they will often be found in company with BCDKL of
Wetstein, &c.   Matth. v. 31; vii. 19; viii. 4 (mn); ix. 11; 15;
x. 2(mn); xii. 22; 23; xiii. 2; xiv. 36; xvi. 20; xvii. 18;
xxiii. 8; xxiv. 1; 18; xxvi. 1; 26 (m); 46; xxvii. 1; Mark ii.
9; iv. 24; viii. 14; xi. 30; xiii. 2; 33; xiv. 40; Luke i. 55;
63; ii. 11 (mn); iii. 12; v. 1; 19; xi. 53; xii. 28 (n); xiv. 9;
xviii. 4 (mn); xx. 28; xxiv. 10 (ln); 19 (mn); John iv. 5; v. 1
(mn); 44 (mn); 46; vi. 12; 58; 70; x. 39; xi. 56; xiii. 22 (mn);
xviii. 39; xix. 28; 36; xxi. 1 (mn).*   The following readings
of n *alone* seem unique: Matth. vi. 1; ix. 5; xx. 29; xxvi.

---

* In many of the most unusual of the above readings lmn are supported
by MS. 18 of Wetstein and his successors, a copy of the whole N. T. now at
Paris (Reg. 47), and written at Constantinople, A.D. 1364, very nearly at the
same time as m and n.

65; Luke i. 11; xvi. 3 (*secundâ manu*); xvii. 6; John xiv. 30: and of lmn, Luke ix. 48; John i. 28 (l *secundâ manu*, t). In St John's Gospel t is often found to accord with lmn in unusual readings, and sometimes also c and e. Codices mn three times in Mark v. support what Scholz calls the Alexandrine text (*Proleg.* N. T. Vol. i. p. xx.), and this I take to be a fair average specimen of the mode in which they uphold and depart from the printed editions.

o. BURNEY 19, of the Four Gospels is remarkable for being one of the few manuscripts that are destitute of Liturgical apparatus; the only traces of which are red capitals in the margin at the commencement of each lesson, a marginal mark at John xiii. 31; the obelus at Luke xxii. 43, 44; and half a page of writing erased at the end of St John. It is a clean, elegant copy, quarto, on 210 leaves of vellum, in fine condition; before each Gospel is a picture of its writer, of no very high order of art, but curious enough. The unformed style of the handwriting, together with the absence of all notes, κεφαλαια, &c., favors Mr Forshall's conjectural date, the 10th or 11th century. Two inscriptions state that it belonged in 1809 to the Library of St Laurence in the Escurial; yet I cannot recognise it as one of the twelve copies seen there by Moldenhauer (Birch, Nov. Testament. *Proleg.* p. LXIV—LXXXIV). The breathings and accents are complete and tolerably correct; there is no ι *subscriptum* but *ascriptum* in Mark xiv. 14; John v. 22, and a few other places. Itacisms are scarcely more frequent than in Codex a, but ν εφελκυστικον occurs almost always with verbs, and sometimes with the dative plurals in ι. Erasures and corrections by a later hand exist, but are not very frequent. The only remarkable forms I noticed are κραβατγον Mark ii. 12; vi. 55*; and έορακα, είστηκει per-

---

* On comparing John v. 8—12, I now doubt whether the scribe did not intend to write κραβαττον in all places.

petually. The variations of Codex o from the received
text are not considerable in number, but they are chiefly of
an unusual character : it most assimilates with cdepy and k
in its rarer readings. See, for instance, Matth. ix. 18;
Mark v. 18; 19; Luke vi. 45; vii. 38; xii. 38; John iii. 5;
xix. 12, &c. The following variations of Codex o seem
unique : Matth. xii. 19; xix. 24; Mark xiii. 12; xv. 36;
Luke iv. 29; v. 17; xxi. 24; 25. In many cases where o
stands alone in this collation, it will be found in company with
authorities of the first class, in greater or less numbers;
e. g. Matth. vii. 4; x. 3; xiv. 24; xxiv. 6; xxvii. 30; Mark
iv. 22; 32; xi. 23; Luke ii. 7; iii. 22; vi. 26; xvii. 14;
xxiv. 42; John vii. 12; xiv. 28. I am disposed to attach
much weight to its evidence.

p. BURNEY 20, though not of early date, exhibits more
numerous and bolder variations than any of our copies, ex-
cept Codices c and y. It contains the Four Gospels, in small
quarto, on 647 *pages* of fine thin vellum, in a clear but inele-
gant hand, being in pretty good condition, but much faded in
parts. On p. 592 we read ετελειωθη κατα τον μαϊον μηνα εις τας
τριακοντα(?)· ημερα τεταρτη της ενισταμενης· ετους ͵ϛψϞγ. ινδικτ. ιγ.
followed by a few wretched iambics, requesting our prayers
for the writer, Θεοφιλου ιερομοναχου πανευτελους τε και αχρειου τοις
πασιν. The date is 6793 of the æra of Constantinople, or
A. D. 1285, but some silly person has changed the ψ into υ
(very awkwardly), which would throw it back to A.D. 985.
There are tolerable pictures of the Evangelists, and an illu-
mination before each Gospel. Here again is abundance of
Liturgical matter; the Eusebian Canons, tables of κεφαλαια
majora (*following* each Gospel, and at the top of each
page), their numbers being placed in the margin with the
Ammonian sections, and references to the Eusebian Canons.
The commencements of Church lessons, and the days on which

they are used also help to fill the margin, and each lesson begins with a capital letter. At the end of the volume are an εκλογαδιν or lesson-table, and a συναξαριον of Saints' days in a later hand, the same which has made many marginal alterations throughout the MS. The breathings and accents are full but careless, sometimes varying even in the same verse: e.g. αβρααμ in Luke iii. 8. We find comparatively few itacisms in this MS.; only 18 in Matth. i.—xv., of which the only instance at all unusual is κοποιωντες, ch. xi. 28 ; so οις for εις, John vi. 17. Ν εφελκυστικον appears 20 times in Matth. i.—xv., chiefly with ειπεν, &c.; but becomes more frequent from the middle of St Luke: ι subscriptum is never met with, ascriptum only at Matth. iv. 21 ; xiii. 28 ; xviii. 6; Mark vi. 2; John xviii. 16. The corrections, secundá manu, contain more itacisms than the original text. Theophilus, the scribe, was far from an accurate copyist; there are many errors of the pen, and the omissions through the ὁμοιοτελευτον and like causes are met with much more frequently than usual in Codex p. It abounds also with rare grammatical forms: e.g. Luke ix. 9, εζητειν ; ib. 16, εδιδουν, 3rd pers. sing. (compare Iliad, Γ. 388 ; Ψ. 691); εγνω (1st pers.), Matth. vii. 23; ανεπεσαν, Mark vi. 40 ; εισηλθατε, Luke xi. 52; χειραν, Matth. xxvi. 23 ; χηρα (acc.) Luke xviii. 5. Sometimes there is an inconsistency in spelling: e.g. ναζαρεθ, John i. 46, ναζαρετ, ib. 47 ; κραββατον, Mark ii.; κραβαττον, John v. Transpositions of words occurper petually; simples and compounds are interchanged, and synonymous words constantly substituted. The list of lectiones singulares is tolerably large; such are Matth. vii. 18; viii. 22; x. 30; xv. 23; xvii. 25; xxii. 6 ; xxv. 17; xxvi. 7; 10; 22; xxvii. 7 ; Mark i. 16; v. 35; 38; vii. 18; viii. 7; x. 29; xiii. 27; Luke i. 21; 75; iv. 24; v. 5; vi. 15; 16; vii. 11; viii. 32; x. 32; xi. 52; xiv. 32; xvi. 25; xviii. 32; xxii. 64; John ii. 11; iv. 21; 39; 42;

x. 12; xiii. 34; xiv. 25; xvi. 14; xvii. 4; xviii. 20.   In
the following passages, Codex p agrees with the oldest uncial
MSS., or with but a few others, in uncommon or notable
readings; Codices cdeg also will often be found in unison
with it: Matth. i. 6 (B); 10 (BCM); v. 16; vi. 19; vii. 13 (L);
14; viii. 15 (L *and Elzevir*); xv. 32; xvi. 27; xxi. 1; 4 (LZ);
xxii. 13; xxiii. 28; xxiv. 6 (D *only*); 9 (C); xxvi. 24 (DZ
nearly); 45 (BE); 53 (C); xxvii. 19; 52 (AC); xxviii. 9;
Mark i. 33; ii. 7 (B *only*); iv. 10; 17; 41; x. 30; xi. 4; xiii.
25 (ABCD); Luke i. 17 (CLV); 37; 61; v. 7 (M *only*); vi.
9 (D); vii. 25 (DK); viii. 4; xi. 40 (CD); 53 (LSV); xii. 30;
45 (K); xiii. 35 (ABK); xiv. 32 (BK); xvi. 3 (K); xviii. 39
(AK); xxi. 14 (M); xxiii. 42 (BDLM); xxiv. 39; John v. 37
(ABDKL); vi. 31 (L); 33 (AK); vii. 4 (BL); 8 (DK); 9
(DKLT); 10; xi. 41 (AK); xii. 28; xiv. 30 (K); xvi. 4 (L);
xvii. 20; xix. 3 (BL); 11 (ADL); xx. 21 (DL).   Hence it is
easy to see the character of this document.

   q. CODEX THEODORI.⎫ As these two copies were writ-
   r. BURNEY 21.   ⎭ ten by the same scribe, at the
same place, within a few years of each other, and nearly
coincide in the text which they present, it is advisable to
consider them under the same head.   Codex q contains
the whole New Testament, excepting the Apocalypse, and
ends with the subscription ὁ δὲ γραφεὺς ταπεινὸς Θεοδωρος ὁ
ἁγιωπετριτης*, ετους ϛωγ (æra of Constantinople 6803, A.D.
1295).   It is contained on 360 leaves of vellum, octavo, and
once belonged to Cæsar de Missy, the French chaplain of
George the Second, afterwards to the Duke of Sussex, at
the sale of whose library it was purchased by Mr Pickering,
the eminent bookseller, who kindly lent it to me.   It con-

---

* Pettigrew in his description of this MS. *Bibliotheca Sussex.* Vol. I. Pt. i.
pp. xlii—iv reads ἁγιων πατριτης, "the fellow country-man of the saints,"
quod mireris potius quam sequaris.

tains the usual Liturgical materials; prefixed to the Gospels are a table of ecclesiastical lessons, Eusebius' Epistola Carpiano and Canons: the contents of the κεφαλαια majora stand before each Gospel and the Acts, whose beginnings are neatly illuminated. The margins of the Gospels contain the κεφαλαια majora, Ammonian sections, commencements of church lessons, &c. in red ink. Prefixed to the Acts is the tract of Euthalius the deacon, περι χρονων, and to it and every Epistle an ὑποθεσις. After the Epistle of Jude is a menology and various tables of lessons. The hand-writing is small, but very distinct and regular; the breathings and accents are full and correct; there is no ι subscriptum, and the ν εφελκυστικον is rare; itacisms are not at all numerous nor remarkable. A later hand has made *very* many erasures and changes throughout this MS., the tendency of which is to bring it nearer to the common text, so that in citing Codex q it is important to note whether the readings be *primâ* or *secundâ manu*. The original writing of Theodore corresponds far the closer with Codex r.

r. This document contains only the Four Gospels, written in folio, on 515 pages of thick paper, the *charta Damascena*, I believe, which was in common use a full century earlier (Hallam, *Literature of Europe*, Vol. I. 74). It has been so much injured by damp, as to be nearly illegible in parts; otherwise it is very clear, being written in the same style as q, only that the character is much larger. There is a table of lessons at the beginning, and before each Gospel (what is somewhat rare) an ὑποθεσις as well as a list of κεφαλαια: the margin is filled as in Codex q, and in all peculiarities of writing they are (as might be expected) perfectly identical. Both MSS. contain some poor Hexameter verses, which are curious only as specimens of the taste of the age. This copy concludes with certain eccle-

siastical tables and the subscription τετραευαγγελιον μετα του
πράξαποστολου (?) δια χειρος καμου ταπεινου Θεοδωρου ἁγιωπετριτου*
ταχα καὶ καλλιγραφου· ετους ςͺω [A.D. 1292].   Codices q and r
differ from each other (mere errors and itacisms excluded)
in the following 183 places: Matth. ii. 22; iii. 5; 9; iv. 10;
v. 15; 16; 30; 39; 45; vi. 2; 25; 31; viii. 9; 32; x. 16;
19; 24; xi. 5; xii. 9; 23; xiii. 4; 49; xiv. 22; 32; xv.
11; 21; 33; xvi. 27; 28; xvii. 4; xviii. 6; 12; 20; xix.
5; 19; 21; xx. 25; 27; xxi. 3; xxii. 37; xxiii. 3; 36;
39; xxiv. 2; 32; xxv. 3; xxvi. 2; 8; 15; 19; 35; 40;
xxxvii. 42; xxviii. 1; Mark ii. 9; 10; 14; iii. 14; 31;
iv. 21; v. 10; 20; 34; vi. 32; 33; 34; vii. 7; 8; viii. 3;
14; 16; 25; 35; 38; ix. 7; 43; 47; x. 14; 27; 29; 43;
51; xi. 5; 14; 24; 29; xii. 11; 13; 29; xiii. 11 (*twice*);
21; 33; xiv. 12; 15; 30; xv. 2; 10; 15; 32; 43; xvi.
3; Luke i. 13; 55; 62; ii. 36; 48; iii. 2; 25-6; 31; iv.
4; 16; v. 11; 30; vi. 7; 12; vii. 6; 7; 20; 21; 22; viii.
5; 33; 51; ix. 11; 28; 50; 55; x. 25?; xi. 4; 25; xii.
22; 23; 30; 58; xiii. 34; xiv. 5; 31; xv. 20; 22; 23;
29; 30; xvi. 26; xix. 4; 39; 40; xx. 5; 23?; 24; xxi.
27; 32; xxii. 52; xxiii. 17; John i. 28; iii. 12; 20; iv. 31;
v. 4; 7; vi. 20; vii. 31; viii. 6?; 9; 19; 21; 27; 33; ix. 24;
xi. 25; xii. 12; 30; xiv. 13, 14; xvi. 17; 19; 32; 33; xviii.
26; xix. 4; 7; 35; 38; xx. 20.   I have been thus care-
ful to record the differences between these twin MSS. (which
are double those subsisting between codices m and n), for
the sake of drawing the following inference:—how utterly

---

* Montfaucon *Palæogr. Græc.* p. 94, speaks of Andreas Leantinus θυτος
Hagioprocopites, "quod fuerit sacerdos Ecclesiæ Sancti Procopii." Hence by
analogy I venture to conjecture that ἁγιωπετριτης is a person attached to the
monastery of Sancta Petra, at Constantinople.   See Montfaucon, pp. 39, 110,
305, who cites Cod. Lambecc. IV. p. 81 :

> ἡ βιβλος αὑτη της μονης του Προδρομου,
> της κειμενης αγχιστα της Ααιτιου
> αρχαϊκη δε τη μονη κλησις Πετρα.

futile is the idea of a standard text of the Constantinopo-
litan recension, when the same official scribe (καλλιγραφος),
in the same monastery, within the space of three years,
produces copies which exhibit so many, and occasionally
such wide variations. Codices q and r are decidedly more
interesting than lmn, but they come next to them, I think,
in resemblance to the Elzevir edition; not, however, without
many remarkable and unusual readings. Such are, for
example, Matth. ix. 22; xviii. 30 (L); xx. 6; Mark iii. 32;
v. 22; xi. 26 (D); xii. 12.

s. BURNEY 23. This is a manuscript of the Four Gos-
pels, of about the 12th century, carelessly written in a bold
unequal hand on 456 pages of thin soiled vellum in small
quarto. It is sadly mutilated, ending at John viii. 14, and
having lacunæ at Luke v. 22—ix. 32; xi. 31—xiii. 25; xvii.
24—xviii. 4, at which last place some leaves have also been
misplaced by the binder. These losses are the more to be
regretted, as the copy is rich in what are commonly called
Alexandrine readings. The volume commences with a table
of ecclesiastical lessons; then follows Epistola Eusebii Car-
piano, and the larger κεφαλαια to St Matthew (the other Gos-
pels also have their proper κεφαλαια before them) all stained
and torn or imperfect. There are poor illuminations before
each Gospel, and in the margin in red ink the Ammonian
sections (but no references to the Eusebian Canons), the
contents of the larger κεφαλαια, and capitals at the beginning
of each section. The breathings and accents are complete
but very inaccurate, e. g. Matth. xiii. 2; 33; xxiv. 41;
xxv. 6; Mark v. 3; 4; vi. 26; Luke xxiv. 6; John vii. 30: in
compound words they are usually doubled. There is no ι *sub-
scriptum*, but *ascriptum* in Matth. xxvi. 52; John i. 40; 41:
ν εφελκυστικον gets very frequent as the MS. proceeds, and is
often destroyed *secundâ manu*, even so as to produce an

hiatus (e.g. John v. 25; vii. 6; 27). Indeed a neat later
hand is very busy in the margin, supplying the omissions
through ὁμοιοτελευτον of the first scribe, or altering the
original readings. There are more itacisms in this MS.
than in many others, yet it does not conspicuously abound
in them; perhaps it is on a par in this respect with Codex
b. There occur a few uncommon forms: προσεπεσαν Matth.
vii. 25; ὑπαγατε xx. 4; τριχαι x. 30; θυρα (accus.) vi. 6;
μεγα (neut.) xxvii. 60, &c. Codex s will often be found in
company with p and y in supporting changes which rest
on little other authority; it contains its full share of *lectio-
nes singulares*, of which I subjoin a sample: Matth. iv. 18;
x. 13; xiii. 4; 54; Mark ii. 26; iii. 32; iv. 6; xiii. 30 (*with*
c); Luke ix. 41; x. 7; 17; xi. 19; John iv. 53 (*with* t).
The following are more or less rare; Matth. vi. 8; 14 (BD);
15; vii. 12; viii. 2; ix. 15; x. 14; xiii. 3; 55; xvi. 1; xxi.
32; Mark iv. 39; xii. 6 (BL); xiv. 50; Luke x. 1; 28; xi.
15; xxi. 8; 30 (D); xxiii. 29 (BC); John vii. 3; 44. The
decided tendency of s to receive marginal glosses into the
text renders its support of the Elzevir readings in such
cases as Matth. v. 27; vi. 18 of the less weight. Even the
corrections *secundâ manu* often deserve attention in this
manuscript: see especially Matth. ix. 22; 37; xi. 20; xii.
13; 23; 39; xiii. 1; 14; xxiii. 2; Luke v. 6; 17 (AD). The
rubrical gloss at Matth. xix. 16 is in a coarse scrawl, totally
different from the other marginal changes.

t. LAMBETH 1350, contains St John's Gospel only, neatly
written on oriental paper, of about the 14th century. It is
appended to an earlier manuscript (also written on paper
with an oriental reed) of St John Damascene's treatise "De
Fide Orthodoxâ." St John's Gospel is in the same hand as
the table of κεφαλαια of the treatise "De Fide." As the
Lambeth catalogue is silent respecting this copy of the

Gospel, I am indebted to the Rev. Dr Maitland, the late
librarian, for my knowledge of its existence. The volume
contains the following inscription, " T. Wagstaffe ex dono
D. Barthol. Cassano e sacerdotibus ecclesiæ Græcæ, Oct.
20, 1732." This document is preceded by an ὑπόθεσις of St
John, and has κεφαλαια and a few rubrical directions in the
margin, but no other Liturgical apparatus. At the end we
read, with much other scrawl, the following in a coarse late
hand : εν τοις ρυθροις σημερων του ιορδανου γεγονως ὁ κσ, τω ἰωαννη
εβοα, μη δειλιασης βαπτισαι με, σωσαι γαρ ἡκο αδαμ τον πρωτοπλαστων.
This copy abounds with omissions in consequence of clauses
having the same beginning or end, and many words are
written in error twice over (e.g. x. 11); most of which instances
of gross carelessness are corrected by a later scribe. There
is no ι subscriptum, ι ascriptum occurs twice at John iii. 36,
and is erased even there. I know no example of ν εφελκυστι-
κον except vi. 61 (erased), and the breathings and accents
are pretty correct. Itacisms are not very frequent, ave-
raging about two or three in a chapter, but there are a few
peculiarities of spelling, e. g. απεκρυθην and its persons in 17
places; ταυθα ii. 16; βαραβας xviii. 40; ηλθα viii. 14; τεθηκαν
xix. 42; καϊαφα (accus.) xviii. 24. The pronouns ἡμεις and
ὑμεις are so perpetually interchanged that the testimony of
Cod. t is of the less weight in maintaining good variations
of this kind; e. g. xviii. 39. A glance at our collation will
exhibit this manuscript very often associated with Cod. p,
and even with lmn in their peculiar readings. On the
whole, therefore, Codex t is of a higher character than its
first appearance might lead us to suppose. In the follow-
ing places it seems unique: iv. 27; v. 24; 47; vi. 41; 62;
xii. 19; xx. 15, &c. Nor are these ordinary readings:
i. 28; iv. 5; 46; 53; x. 39; xiv. 27; xvi. 4; xviii. 28;
xxi. 1.

The next two manuscripts (uv) formed originally a part of the Carlyle collection, being two out of the four copies of the Gospels returned in 1817 to the Patriarch of Jerusalem (see above, p. xxvi) at Constantinople. The portions of them that happened to be collated before their return are all I am able to present to the reader.

u. C. 4 of Todd. I can discover no clear description of this copy in Archdeacon Todd's rather superficial " Account of Greek MSS., chiefly Biblical" of Professor Carlyle; nor did he insert it in the Lambeth Catalogue (1812), as it was always known not to belong to the Library. It contains the Four Gospels, but St Matthew and St Mark alone were collated with Mill's Greek Testament by the Rev. Geo. Bennet, the very worst of Carlyle's coadjutors. His miserable incompetency is the more to be deplored since it is now past remedy. I have brought together the variations he extracts from C.4 in his papers at Lambeth (1255, No. 25), but must warn the reader that his *silence* is no presumption whatever as to the true reading of his manuscript. Sometimes I can scarcely guess at his meaning, so indistinct or uncertain is his note; in which case I have simply copied it; see Matth. xxiv. 40; Mark xiii. 3; 5. When the same word occurs twice in a verse, he seldom marks to which he refers; see Mark vi. 3; 56. So far as we can judge of C. 4 by such a representation, it appears to be an interesting copy, with pretty many instances of itacism and the ν εφελκυστικον. The following readings are not common: Matth. iii. 9; viii. 24; xiii. 19; 57 (*with* Z); xv. 36; xvii. 5; xix. 3; Mark i. 11 (BDL); 45; iv. 34; v. 5 *bis*; 11; xi. 8, &c.: and a few seem quite singular, e. g. Matth. v. 32; xix. 15; xxii. 46; Mark i. 8; v. 41; xiii. 2; 28.

v. LAMBETH, 1180. Although this MS. was restored

at the same time with Codex u, it had been previously in-
serted in the Lambeth Catalogue by Todd, described by
Burney (Lamb. 1224) and collated by him for Mark i. 1—
iv. 16 ; John vii. 53—viii. 11 with Griesbach's New Testa-
ment, London, 1809 (Lamb. 1223 ; see above, p. xxvi).
Codex v is a copy of late date (Todd conjectures the 14th
century) on paper, of 246 pages, much injured by damp
and worms. It comprises the Four Gospels in a rude cha-
racter: there is no table of κεφαλαια before St Matthew,
but before the other Gospels they are written in vermillion.
In the margin are the contents of the κεφαλαια repeated,
the Ammonian sections, references to Eusebian Canons and
to Church lessons. I much regret that Dr Burney so soon
broke off his collation of this MS.; late as its age may be,
I am sure it would have proved one of the most important
of all that lay before him. In the very few chapters of St
Mark which he did examine, there are found the following
notable variations both from the printed text and the com-
mon herd of copies: Mark i. 8 (*with* P); 13 (LM) ; 22
(CM) ; 25 (GL); 38 ; 39 ; 45 ; ii. 4 ; 10 ; 20 ; 23 (CL);
iii. 3 ; 4 (L); 6 (C); 7 *bis;* 17 ; 20 ; 34 ; 35; iv. 12 : be-
sides these, which appear unique: Mark i. 6 ; 16 ; 34 ;
ii. 2 *bis;* iii. 8. The case of John vii. 53—viii. 11 is so pe-
culiar, that I draw no inference from its readings there. Co-
dex v contains pretty many itacisms (all which I have care-
fully noted), and instances of ν εφελκυστικον : it is constantly
in agreement with c, the other document which Dr Burney
so unaccountably threw aside; as if the multitude of dif-
ferences from the *textus receptus* detracted from the *inter-
est* of the copy which exhibits them.

My two remaining documents xy are Evangelisteria,
or transcripts of Church lessons in the Gospels throughout
the year.

x.   ARUNDEL, 547.   This MS. is written in uncial letters, being the only copy in my list (except j) that is so.   It is a noble record, in large quarto, on 328 leaves of vellum. The handwriting is large and elegant, though the ink is much discoloured; otherwise it is in good condition, excepting that after leaf 9 one is lost, containing John xx. 19—31; another after leaf 205, containing John xiii. 31— xiv. 1; and a leaf after fol. 266, embracing lessons from John i. 42; Mark v. 32: fol. 295 is torn at Luke vii. 28; 29; Matth. xi. 4; 7.   Forshall (Catalog. Arund. MSS.) refers this splendid copy to the 9th century: from the simple, round, and separate formation of the letters, I should be inclined to conjecture the 7th or 8th, but that I remember Montfaucon's caution (Palæogr. Græc. p. 260) that in Liturgical books for the use of the choir or clergy, the older form of the letters was kept up somewhat later than in other documents*.   The breathings and accents are given in the rudest style, without any pretensions to correctness, and many words are destitute of them; another presumption in favour of an early date.   In no MS. I have seen are the itacisms so numberless and of so decided a character; I have set down every one that occurs in St Matthew's and St John's Gospels, and all of the slightest importance elsewhere, so that the reader may form his own judgment respecting them.   They are very unequally distributed over the different parts of the MS., but are often much thicker than in the Codex Alexandrinus (A), and almost as many as in Codex Bezæ (D), only the change of ι into ει is not so perpetual as in these venerable books. There is no ι *ascriptum* or *subscriptum* in Codex x.   This manuscript contains all the Church lessons from Easter

* Thus the uncial Evangelisterium, Harl. 5598, bears date A.D. 995, and one in the Hon. R. Curzon's collection at Parham, A.D. 970.

to Pentecost, the Gospels for every Saturday and Sunday
for the rest of the year, with all the lessons for the Holy
Week and the chief Feasts and Saints' Days. It ends ab-
ruptly at John xx. 9, being the 7th of the ευαγγελια αναστα-
σιμα εωθινα: after which is one leaf containing John viii.
12—19; 21—23*; also in uncial letters, but a widely dif-
ferent style, with thicker downstrokes and very thin up-
strokes, in an angular and (I conceive) a somewhat later
hand. In this volume are pictures of the four Evangelists,
and many illuminations in colours and gold; the first page
is in red and gold, the rest in black ink, much faded in
parts, with numerous rubrical directions and purple capitals
in the margins. The chief stop is + rubro, and there are
many marks in red ink, seemingly to guide the reader's
voice. We meet with some erasures and corrections in a
later hand; a few are quite modern, others arise from the
red letters (e.g. Matth. vi. 30). Ν εφελκυστικον occurs almost
constantly, as do the grammatical forms usually considered
Alexandrian: such are ανεπεσαν John vi. 10; εξηλθατε Matth.
xi. 7; 8; 9; xxvi. 55; Luke vii. 24; 25; 26; xxii. 52;
εωρακαν Luke ix. 36; κονοπαν Matth. xxiii. 24; θυγατεραν Luke
xiii. 16; θυρα (acc.) John xviii. 16; μεγα (accus. masc.) Matth.
xxvii. 60: of the same character are δραγμην Luke xv. 8;
μονογενου John i. 14; εξωθε Matth. xxiii. 27; εμπροσθε Matth.
v. 16; Luke x. 21; οπισθε Luke xxiii. 26; εκαθερεισθη Matth.
viii. 3, passim; ενεπεξαν Matth. xxvii. 31; παραδιδουντα John
xiii. 11, duobus locis; ενφοβων Luke xxiv. 5. As in Codices c, g,
and some others, the accusative is often put for the dative,
with verbs that properly require the latter; e. g. Matth.
xxiii. 31; Luke xxii. 5; xxiii. 9; and vice versâ Matth. v. 2;
xxii. 41. Yet in spite of these peculiarities, Codex x ap-
proaches much closer to the Elzevir text than many of our

* The readings of this fragment I have denoted by x (2).

copies of much later date and less promising appearance :
I should say that it bore pretty nearly the same relation
to the printed editions as the Codex Alexandrinus does;
the variations which each exhibits being neither very
marked, nor *comparatively* numerous. Still there are not a
few readings in x which will deserve attention, wherein
it will be found repeatedly to coincide with the best of the
other uncials, ABCDKLM : e. g. Matth. vi. 32; vii. 2 (*as
Elzevir*); 12; 13; viii. 18; ix. 22; 27; xviii. 14; xxii. 13;
xxiii. 10; 25; 27; 28; xxiv. 6; xxvi. 71; xxvii. 41; 45;
Mark i. 9; xiii. 9; xvi. 9; Luke i. 65; ii. 25; iii. 16; iv.
16; 25; ix. 31; 33; xii. 7; 8; 11; 12; xviii. 21; 43; xxii.
47; xxiii. 15*; 28; 38; 48; xxiv. 10; John xii. 34; xiii.
2; xix. 27. The following seem unique : Matth. ii. 15;
iii. 16; ix. 10; xvii. 17; xx. 5; xxiii. 35; xxiv. 4; 42; 43;
xxvii. 1; 56; Mark i. 7; vi. 8; 10; 16; xii. 30; 32; xiii. 11;
xv. 26; 33; Luke vii. 24; 28; x. 1; xi. 7; xiii. 31; 33;
xxii. 64; xxiii. 7; 12; 28; John i. 29; vii. 41; viii. 44;
xii. 20; 35; 47; xv. 8; xviii. 33. On the whole, I re-
gard Codex x as perhaps the most valuable manuscript I
have collated.

y. Burney 22, is an Evangelisterium, containing all the
Church lessons throughout the year, including those for the
Holy Week, Saints' Days, &c. It is written in folio, on
494 pages of vellum, in a large clear hand, but so care-
lessly that half of many words is omitted. At the end we
read ετελειωθη το παρον άγιον ευαγγελιον κατα την κζ του ιαννουαριου
μηνος της ωκζ [read, of course, ͵ϛωκζ] εγχρονιας, i.e. A.D. 1319 :
but I doubt a little whether this be in the same hand as

---

* So the Peshito Syriac : ܘܐܡܪ ܠܗܘܢ ܗܢܘܢ αυτον προς αυτου·
but Scholz cites only one Greek MS. of the 10th century, to support this read-
ing, in itself so probable.

the MS. itself, which looks as old as the 12th century.
On p. 1 we find an inscription, "De la Bibliothèque de la
Chevaliere Deon." Part of the first leaf (containing John
i. 11—13) is on paper, and by a recent hand; several
leaves are misplaced by the binder, and should be read in
the following order, pp. 195—6; 203—4; 199—201; 197
—8. This book is in excellent preservation, has a gold
illumination and title, the liturgical directions are usually
in red ink, as are the stops and pauses (+): it has but few
traces of a second scribe employed in altering it. The
breathings and accents are given in full (those in com-
pound words separately), but most inaccurately: e.g. οὔσης,
οὖν, ὀθονια, in John xx. Itacisms and ν εφελκυστικα are almost
innumerable (even υ is put for οι), but (as in Codex x) are
scattered more thickly in some places than others: many
words are spelt strangely where there is no itacism. There
is no ι *subscript*, except in John i. 12, but *ascript* in Matth.
xxi. 19; xxvi. 40; Luke vi. 49; xii. 10; xiv. 21. This
copy is more full of various readings than any other I have
collated; so full indeed, that it were vain to produce spe-
cimens of the peculiarities and *lectiones singulares*, which
cover every page; as in the case of Codex c, I content
myself with stating the fact once for all. I suppose it
approaches as nearly to Codex Beza (D), and its associates
LZ, as any volume for Church use well can do. As we
might expect, it supplies a plenteous harvest of unusual
grammatical forms: the accusative 3rd declension in -αν
occurs Matth. x. 37; Mark vii. 30; Luke xiii. 16; but -α
stands for -αν Matth. i. 2; John xviii. 40; μειζω (masc.) Matth.
xxiii. 17; μεγαν (neut.) Luke xiv. 16. In verbs, we have
γεγοναν Mark xiii. 19; ηλθατε Matth. xxv. 36; xxvi. 55;
Mark xiv. 48; ειπαν Mark xi. 6. These too are somewhat
rare: ὑμος Matth. xxiii. 38; εκαθερισθη Mark i. 42; Luke iv.

27; ηνεγκεσε Matth. xiv. 22; καφαρναουμ John vi. 17; αντ-
αλαγμα Mark viii. 37. Codex y often omits the article after
a preposition, and puts the accusative for the dative (see
pp. xxxi, xxxvii, lx): e.g. Matth. viii. 2; xii. 16; xx. 13;
Mark iv. 2; John v. 38 : and *vice versâ*, Matth. v. 42; xv.
23; xxvi. 16. There is also a tendency to change verbs in
-οω and -αω into the form -εω : see this relic of the Ionic
dialect in Matth. ix. 24; xv. 20; 23; (c in Mark v. 40):
so παραδιδουντα John xiii. 11 (*with* fx). Frequent as is the ν
εφελκυστικον in Codex y, it is *very often* omitted where its
absence produces an hiatus; another species of negligence
which pervades it is the loss of clauses by the ὁμοιοτελευτον.
It sometimes accords with the Elzevir text against nearly
all my copies, e.g. Matth. xviii. 28.

In collating these two Evangelisteria xy, I have not set
down the introductory words and proper names inserted at ·
the opening of Church lessons, nor the omission or change
of adverbs of time or place, unless there is a *possibility* of
their being various readings. Those versed in these stu-
dies are well aware that certain portions of the Gospels
occur in Evangelisteria more than once (John xix. 25—27
is read in x four times). Now, so far as I have observed,
there is not the least consistency, either as regards ita-
cisms*, or more important points, between the readings of
the same passages in different parts of the same MS. This
strange diversity I have marked by citing "x*semel*," "y*se-
mel*," or "*bis*," which denotes that in another part of the
volume, the testimony of the copy favours another lec-
tion.

These twenty-three manuscripts I have collated, with
all possible care and diligence to secure accuracy, with

---

* In John xvi., for instance, x differs from itself in another place, as
regards itacisms alone, twenty-four times, and y sixteen times !

the Elzevir edition of 1624, which has gradually come to
be looked upon as the standard of the *textus receptus*.   I
have disregarded three obvious misprints (λεγων Matth.
xxiv. 34; ὁ μαθηται Mark viii. 27; δουλος John iv. 51), and
14 slight errors in the breathings, accents, or ι *subscriptum*.
Elsewhere I have abided by the Elzevir text, even where
it is inconsistent with itself.   Thus I retain ἱεριχω Matth.
xx. 29; Luke x. 30; xviii. 35; xix. 1; but ἱεριχω Mark x.
46, *twice*: μαμμωνα Matth. vi. 24; but μαμωνα Luke xvi.
9; 11; 13: γεννησαρετ Matth. xiv. 34; Luke v. 1; but
γεννησαρετ Mark vi. 53: ναζαρεθ Matth. xxi. 11; Mark i. 9;
Luke i. 26; ii. 4; 39; 51; iv. 16; John i. 46; 47; though
ναζαρετ is found Matth. ii. 23; iv. 13, and in nearly all the
MSS. everywhere.   I have even maintained ν εφελκυστικον
before a consonant, Matth. xv. 27; xxiv. 5; xxvi. 18; Luke
x. 32; John iii. 31; and the hiatus in Mark xi. 18.

In arranging my collation for the press I have adopted
for my guidance the following rules :—

1. To overlook all mere errors of the pen, unless they
may *possibly* be various readings, or tend to shew some
affinity between different copies, or be in any other way
remarkable.

2. To overlook all itacisms which cannot *possibly* be
various readings, or unless they be unusual, or unless they
enable us to trace a connexion between the several MSS.
But I have given all those contained in x for the Gospels
of St Matthew and St John, and construed this rule very
liberally throughout; so that I rather fear that I have erred
in excess than otherwise.   The condition of each copy, as
regards itacisms, has been carefully stated under its proper
head.

3.   The superfluous ν εφελκυστικον is never noticed, ex-
cept for some special reason.   The case of each MS. in

this respect is described separately in the present chapter. But where ν ἐφελκυστικον is thrown away, so as to produce an hiatus, the fact is always stated.

4. I have neglected peculiarities of punctuation (if any worth notice occur, which I do not believe) except in the following passages: Matth. xx. 12; xxvi. 2; 40; xxvii. 42; Mark i. 24; viii. 18; xi. 22; xv. 31; Luke vi. 9; ix. 55; xii. 1; 49; xix. 46; xxiv. 12; John viii. 13; xiii. 30; xiv. 11; xx. 16.

5. As regards breathings and accents also, I have described the condition of each document separately, and only put down in the collation a few characteristic or re- markable anomalies. The following forms, being common to nearly all my documents, I have not hitherto noticed, preferring to reserve them for this place.

ἀβρααμ, not ἀβρααμ, is the *usual* reading of all our MSS. except x, in which, however, it is found Matth. viii. 11; and i. 1 *secundâ manu*.

ἡλιας is the form usually employed, not ἠλιας.

ὧδε is almost universally found, not ὧδε : yet Codex a reads ὧδε every where except in Luke iv. 23.

I have specified several copies which have separate accents and breathings for the separate parts of compound words : yet all, or nearly all, have ἐπᾶν, ὁτᾶν, ὡσᾶννὰ, ὡσαῦτως or ὡσαῦτως, οὐκέτι : and some μῆδὲ, οὐδὲμίαν, &c.

On the other hand, the preposition or adverb, and its noun, are often written as a single word. This is most frequently the case with απαρχης, απαρτι, αχρισου, διολου, εωσου, εκδεξιων, εξευωνυμων, επαληθειας, καθημεραν, κατιδιαν, κατοναρ, κατονομα. These forms are mostly neglected in my collation, but occur in every page of all the MSS.

Kipling, in his very unsatisfactory Preface to the Codex Bezæ (p. xiv), reckons οὑτως for οὑτω before a consonant, an

Egyptian form*. It is met with in every manuscript I have seen; in most of mine it is quite the ordinary usage; while in a few (such as mn), it is but occasional. I have sometimes, but not uniformly noted it, as it is peculiar to documents of no single period or recension.

* So even Scholz (*Commemoration Addr.* p. 6).

CHAPTER III.

GENERAL OBSERVATIONS UPON THE RESULTS OF THIS COLLATION.

IN the present chapter I purpose to collect under a few general heads the chief inferences I would draw from the materials made use of in the compilation of this work.

I. And the first remark I would offer is this:—how fallacious an idea the mere date of a manuscript will often convey respecting its critical and intrinsic value. And herein I may be expected to state what I mean by a *valuable* manuscript. I include under that appellation not only those documents which approach the closest to the original text, so far as it can at present be ascertained (in which sense the value of each copy must of course vary with the taste or judgment of individuals); but yet more such as contain unusual, or numerous divergencies from the common editions; such as exhibit readings either striking and probable in themselves, or pregnant with hints for the solution of that hitherto dark problem, the true theory of families or recensions. Regarded in this point of view no one could well hesitate to prefer our Evangelisterium y to x; yet the latter is a noble uncial of the 8th or 9th century at the latest; the other bears what appears to be its own date, A. D. 1319. Or to take another instance: Codex o is an important record, scarcely later than the 10th century, or nearly as early as a copy in cursive characters can be; it presents us too with a pure text, and some interesting various readings; yet how inferior are its claims on our attention to those of Codex p (A.D. 1285), which is full three centuries later ? The same observation will be forced upon us on examining the two Lambeth MSS. a and c. Of these a is decidedly the elder by several generations; it is in every respect a better looking document than the other; in fact no one, prior to actual collation, would dream of instituting a comparison between them; yet no person who turns over the following pages can question the great superiority of the more recent and contemned c, at least for critical purposes. Examples such as these can be multiplied almost indefinitely, even with our present most imperfect acquaintance with the great majority of cursive records: and to my mind such phænomena are absolutely fatal to the scheme of those persons who have persuaded themselves that a process of gradual change and corruption of the inspired writings was silently yet steadily flowing onwards *in the same direction* during the middle ages, till the sacred originals passed from the state exhibited in the most venerable uncials ABC or even D, into the stereotyped standard of the Constantinopolitan Church, whereof our Codices lmn may be looked upon as fair representatives. Thus easily is rooted up from its foundations the system which would revise the text of the New Testament on the *exclusive* authority of the most ancient books.

II. Indeed I see no cause for believing that such supposed Byzantine standard text had any existence, save in the imagination of certain modern theorists. If such a text were fixed, either by public authority or general usage, in what direction shall we look for it now? Confining our attention to the documents which are furnished with complete liturgical apparatus, and have evidently been employed in the services of the Church; is it to be found in such as approximate the closest to the Elzevir editions, or in those that depart from them the most widely (e.g. cepy), or in the more numerous class where the readings fluctuate between the two extremes (e.g. afhx)? But,

strictly speaking, no two manuscripts present a text iden-
tically the same; between almost every two of them many
characteristic differences may be readily discerned; and
the circumstance noted with reference to Codices q and r
(above, p. liv), where the very same scribe is inconsistent
with himself after the lapse of but three years, seems to
point to a conclusion which cannot well be evaded or
mistaken.

III. I would next say a few words about *itacisms*.
Respecting the minute yet significant variations of this
description I observe two almost opposite opinions main-
tained. On the one hand Tischendorf considers it a mark
of high antiquity in his Codex Ephræmi (C), that "ejus-
modi vocalium commutationes (præter ει et ι antiquissimas
illas et usitatissimas) in codice nostro raræ atque raris-
simæ sunt" (*Prolegom.* p. 20); and this I believe to be very
near the truth; *the older the manuscript, the fewer the
itacisms;* the great Codex Vaticanus has scarcely any, so
far as we are aware*. Scholz, on the contrary, perceiving
the perpetual and numberless vowel changes which prevail
in Codices ADZΔ and others of that class, imputes their
existence to the ignorance of the Alexandrian scribes, who
might have written from dictation, and were not very
familiar with the Greek language. The commencement
of this tendency to itacisms he dates from the 5th or
6th century (*Commemor. Address*, pp. 2, 3). So far all is
rational and not very inexact: the next sentence involves
a statement which fairly astonishes me: "nec satis in

---

* Lachmann (Præfat. N. T. p. xl.) speaks pretty much to the same effect
of the seven very ancient MSS. on which his text rests: "De omnibus iis
quibus nos utimur exemplaribus certissimum est, ea ι vocalem et ει diphthongon
prope pari loco habere; ε et αι *Vaticanum non sæpe*, sed Regium [C] et
cætera frequenter confundere, reliquas autem alia numquam, alia rarissimè,
permutare."

scribendis Græcis exercitati et diligentes fuisse videntur codicum illorum quos Alexandrinos vocamus scribæ, utpote qui scripserint voces eodem modo, quo pronuntiabantur: quod facere non consueverant scribæ diligentes, *minime ii, a quibus scripti sunt codices familiæ Asiaticæ;*" and so he goes on to infer that these Asiatic or Byzantine copies must needs afford the best text, because they are so free from permutations of vowels.

Whence could have sprung so strange a misconception on a plain matter of fact? Scholz, of course, had consulted many cursive MSS., more perhaps than any man now living*; but he had neglected to mark down, perhaps hardly noticed at the time, the itacisms wherewith the very purest of them abound, and so in lapse of time had come to reason upon the causes of their supposed absence. If my reader will but refer back to the preceding chapter, he may discover that no document I have collated is free from these vowel changes, though the extent to which they appear does vary considerably, and that without reference (so far as I can detect) to the kind of text exhibited by each several copy, or to the age in which it was written. They are scattered the most thickly throughout Codex x, whose reading Scholz could not call Alexandrian, and next to it in Codex y, an Evangelisterium of the 14th century. Of the others in my list Codex c contains more than any; in character it is certainly far removed from the common editions, yet it is undoubtedly very little anterior to y. In Codex f, as I remarked above (p. xxxv), many itacisms are actually introduced by a later hand, which would have been

---

* While this sheet is passing through the press, Dr Scholz's death is announced. That diligent and estimable scholar had promised to afford his patient consideration to my views when they should come to be published, and I regret that my errors (if indeed I shall prove to be in error) may no longer be corrected by his calm and candid judgment.

an absurd course indeed, were they mere errors of the scribe. But we possess the fullest evidence that this was the ordinary mode of spelling prevalent in those ages, as in some degree it still is with the Greeks of our own time. If any one will turn over the pages of a modern Greek Testament he will readily see a more natural explanation of the phænomenon in question than Scholz's "pronuntiatio dictantis et imperitia negligentiave scribentis." If any difference can be traced between the elder and later itacisms, it may perhaps be this, that the earlier copies are more partial to the commutation of ι and $\epsilon\iota$, while MSS. of subsequent ages more frequently confound o and ω. I know of no other distinction.

IV. Another of Scholz's proofs of the inferiority of his Alexandrian to the Constantinopolitan family has respect to the use of ι either ascript or subscript. "Omittunt sæpe sæpius codices Alexandrini et propterea certe vituperationem subeunt" (*Comm. Addr.* p. 7). Who would not hence infallibly conclude that manuscripts of the other recension as constantly represent them? Yet nothing can be farther from the truth than such a supposition. I have diligently noted in the preceding chapter, which of the copies I have collated retain, and which reject the ι. In the great majority ι ascriptum is found but rarely; in all it is far oftener neglected than inserted (see Codex d, p. xxxii): ι subscriptum is seldom met with at all except in m and n, and even in them I must make the same reservation; *it is still more frequently omitted.*

V. Some persons have imagined that the genius and family of a manuscript may be judged of by the frequency or rarity of its placing ν εφελκυστικον before a consonant (Scholz *ubi supra*, p. 6); I have therefore mentioned the usage of each copy severally in this particular.

It seems to me, however, to be a matter of mere local custom or individual taste. No MS. except cex has it more perpetually than Cod. f, which is in no other respect at all remarkable.

VI. Better expectations may be formed from close attention to those unquestionably Alexandrian corruptions of the Attic Greek, whereof so many instances occur in some MSS. of the Greek Testament, and in nearly all those of the Septuagint. Such are the forms of the accusative singular in -a for -αν and *vice versâ*; the first aorist termination appended to a second aorist root; the Cilicism (if such it be) -αν for -ασι in the active perfect; and the merely orthographical variations like κυμψας, ανταλαγμα, διδραγμα, εμπροσθε, &c. These I have anxiously set down in my collation and briefly noticed in the preceding chapter. They occur the most repeatedly no doubt in copies the farthest removed from the Elzevir text, but by no means exclusively in them; so that even this test must be applied with great caution. We find ενατος, μελλει (for μελει), ούτως before a consonant, and a few others in documents of every age and class. The prepositions συν and εν unchanged in compounds belong to the same class: see Luke xxii. 55; xxiii. 48; 51, &c.

And now to sum up in a few sentences the general conclusions to which our investigations have led us. If we consider the Codex Bezæ and its kindred documents on the one side, and such authorities as our Codices lmn on the other, the line of distinction between them is so broad and unmistakable, that if all other copies of the Greek Testament had perished, we should have felt no hesitation in treating them as separate recensions, differing not a little in character, and presenting us with many grave deviations in the sense. But as other manuscripts come to light, the subject grows much more intricate; one after the other they take each its proper place in the void between the two extremes, which seem at length to be linked together by a continuous chain of authorities, each one akin to, yet somewhat diverging from its neighbour, and helping on the transition from the one recension to the other so gradually, that it is quite impossible to determine at what precise point the one ceases and the other begins.

Then comes the reflection that nine-tenths at least of our materials are most imperfectly known. The only chance of escape therefore from our existing perplexity must rest in a thorough review and (if needs be) a complete recollation of the whole mass of our critical authorities; a work doubtless of much toil and magnitude, but under all the circumstances absolutely indispensable, unless indeed the further prosecution of Biblical criticism is to be laid aside altogether. At present we are acquainted with but a few principal readings or notable peculiarities of our cursive copies; when all the minuter variations shall have been noted, the *lectiones singulares* (as they now seem) of each faithfully recorded, then and not before will the basis of the science be firmly laid, and the edifice no longer be liable to be overthrown from time to time by the accession of new facts, or the pressure of unlooked-for difficulties.

It is hardly for us to conjecture what may be the final results of an examination which as yet is barely commenced. The theory of a twofold division into recensions, such as that advocated by Scholz, must at any rate be abandoned: as little consistent with ascertained phænomena is an exclusive devotion to any single class of records, however venerable or important. Nor can I refrain

f

from expressing—I would rather call it my suspicion than a deliberate judgment—that all extant Manuscripts, versions and ecclesiastical writers, will eventually form themselves into FIVE or SIX principal classes, the origin of which may have been either purely accidental, or beyond our ability to trace; though the diligent comparison of their agreeing and conflicting testimonies will serve to bring us nearer than modern students have yet approached to the *ipsissima verba* of the Holy Evangelists and Apostles.

SANCTORUM EVANGELIORUM
VARIÆ LECTIONES.

Catalogus Librorum Manuscriptorum, Sancta Evangelia complectentium, cum editione Elzevir. 1624 a me collatorum.

Nota bene. + aliquid textui adjectum indicat, at – aliquid subtractum.

* literæ superpositum lectionem a primâ manu indicat, at ** lectionem a secundâ manu.

? literæ suffixum lectionem indicat dubiam, subrasam, aut alioqui incertam.

S. MATTHÆI EVANGELIUM.

Ευαγγελιον του κατα Ματθαιον b. ευαγγελιον (+ ἁγιον k) κατα Ματθαιον ghk. το κατα Ματθαιον ἁγιον (−ἁγιον p) ευαγγελιον lmnprsv. CAPUT I. vv. 1, 2. ἀβρααμ hlmnpqrsx *alii*. v. 2. ιουδα y. v. 3. −τον *secund*. y. v. 4. αμιναδαμ *bis* chpqrs. αμηναδαβ *bis* y. αασσων *bis* g. vv. 4, 5. σαλωμ c. v. 5. ῥαχαμ cp. ιωβηδ *bis* cg. ωβηθ *prim*. r. οβηδ *bis* y. v. 6. −εγεννησε *prim*. y. −ὁ βασιλευς gp. σολομωνα bfghklmnopqr suxy. v. 7. αβεια *prim*. x. vv. 7, 8. ασσα b. v. 10. τον μανασην c. τον μανασσην lmnr. αμων· αμως y. αμμων *bis* bcf. αμως *bis* p. +τον ιακειμ· ιακειμ δε εγεννησε (*ante* τον ιωσσιαν) g. vv. 10, 11. −τον ιωσιαν· ιωσιας δε εγεννησε y. v. 11. ιωσσιας g. εχονιαν c. ἰεχωνιαν ry. +τον ιωακειμ· ιωακειμ δε εγεννησε (*ante* τον ιεχονιαν) ks. μετοικησιας fhk*o. vv. 11, 12. βαβιλωνος m*. v. 12. μετοικησιαν fhk*ox. ἰεχωνιας ry. −τον σαλαθιηλ· σαλαθιηλ δε εγεννησε b*. εγενησε *prim*. x. v. 13. ελιακιμ *bis* b*c*fox. ἐλιακειμ *bis* ksy. v. 14. σαδακ *bis* p. −τον σαδωκ· σαδωκ δε εγεννησε x. αχιμ *bis* aboxy. εγενησε *tertium* x. vv. 14, 15. ἐλιουδ k. v. 15. −εγεννησε *prim*. d*. ματθατ *bis* a. v. 16. εγενηθη c. v. 17. −αἱ c. γεννεαι *prim*. x. *tria priora* c. ἀβρααμ d *alii, passim*. μετοικησιας *bis* afh**k*o. *secund*. hx. −της *secund*. y*. v. 18.

1

γενησις c. μνηστευθησης b*x. μνηστευθησεις y.   v. 19.
ηβουληθη s. v. 20. ενθυμιθεντος c. ενθυμουμενου p. κατο-
ναρ mn alii. φαινεται f*. εφανει y. φοβηθης ps. −γαρ y.
γενηθεν kx. ἁγιου εστιν y.   v. 21. τεξετε x. λαων c.
v. 23. καλεσεις y. εμανουηλ c.   v. 24. διεγερθης c. −ὁ
prim. kp. εποιησαν x.

CAPUT II. v. 1. +χριστου (post ιησου)o. γενηθεντος c.
ιλῆμ‾ ko. v. 2. τεχθης b*. ιδομεν px. αυτον (pro αυτῳ) d.
v. 5. οὑτως acdf hklmos. −γαρ s.   v. 6. η (pro ει) b*gu.
ἡγεμωσιν y. +μοι (post εξελευσεται) bp. ποιμανη u. −τον
y*. των λαων c.   v. 8. ἐπ᾽ ἀν adfgho. εὑρηται u. fin. αυτο
(pro αυτῳ) cdfp.   v. 9. ιδον b*x. +οὑ (post ἑως) o. ἑστη
dk.   v. 10. ιδοτες b*. εχαρισαν c.   v. 11. ιδον bkx. ειδον
acdfghlmnopqrsuy (pro εὑρον). πεσωντες x. αυτο (pro
αυτῳ prim.) cdp. ληβανον c.   v. 12. κατωναρ x. διαλης c.
v. 13. κατ᾽ οναρ φαινεται x. τῳ ιωσηφ κατ᾽ οναρ (initio
pericopes) y. κατοναρ k alii. +νυκτος (ante και φευγε) y.
εισθι c. εισθη x. ισθη y (pro ισθι).   v. 15. ὁπως (pro ἱνα) x.
v. 16. ενεπιχθη b. επεπεχθη y. εθημωθη c. αποστηλας c.
βηθλαιεμ x. κατωτερων b. κατοτερων c. κατοτερω x.
ηκριβωσεν ἡρωδης (pro ηκριβωσε) c. v. 17. δια (pro ὑπο) g.
v. 18. ῥαμμα b. κλιουσα b*x. αὑτης a. εθελεν u.   v. 19.
φαιναιτε x. εγυπτω c. v. 20. εγερθης c. −τεθνηκασι γαρ
usque ad finem versûs 21. f* (habet marg.) v. 22. −επι
acqy. απελθην c. ανεχορησεν d. ανεχωρισεν y.   v. 23.
πολην x. ναζαρεθ cdx. ὁπος c.

CAPUT III. v. 1. εν εκειναις ταις ἡμεραις (−δε) f. −δε
hop. −ὁ p. βαπτηστης x.   v. 3. εστην ὁ ῥηθης c. ετημα-

σατε c. +του (*ante κυριου*) y.   v. 4. γαρ (*pro δε prim.*) k.
καμιλου cf*. δερματηνην x. οσφην x.   v. 5. εξεπορευοντο
c. +πασα b +ἡ g (*ante ιεροσολυμα*). –και *prim.* s. –ἡ
(*ante ιουδαια*) arx. –πασα *secund.* f. περιχορος b*.   v. 6.
εβαπτηζοντο cx. +ποταμω (*post ιορδανη*) abdgqr.   v. 7.
σαδουκαιων c. ερχωμενους c. βαπτησμα c. οιπεν c. με-
λουσης c.   v. 8. καρπον αξιον adfghklmnopqrs. καρπον
(*sic*) u.   v. 9. δοξηται f*. +ὁτι (*ante πατερα*) r. εχωμεν
c. ἁβρααμ d*bis*. δυνατε cm*. +και (*post θεος*) u.   v. 10.
–και *prim.* b*. του δενδρου c. κειτε b*c.   v. 11. βαπτη-
ζω c. –μου *secund.* b. εστην ου ουκ ειμη c. βαπτησει c.
–και πυρι adfklmnoqru.   v. 12. χειρη p*. περικαθαριει
d*.   v. 13. εις (*pro επι*) y. ιωανην c.   v. 14. διεκολυεν
f*xy. χριαν x. βαπτιστηναι c. ερχει y   μαι (*pro με*) s.
v. 15. αποκριθης c. ειπεν αυτον c. ειπεν αυτῳ y (–προς).
οὑτως abfk. ουτο c. οὑτος p. πρεπων y. εστην c. αφιεισιν
y.   v. 16. ιδεν kxy. εμεινεν (*pro ερχομενου*) x. προς (*pro
επ'*) g.   v. 17. εκ τον ουρανον y. εστην (*pro εστιν*) c.
ηυδοκησα by. ηυδοκισα x.

Caput IV. v. 1. τω καιρω εκεινω ανηχθη ὁ ιησου
c. ανηχθη ὁ ιησους f.   v. 3. –αυτῳ k. γενονται by.   v. 4.
+γαρ (*post γεγραπται*) b. +ὁ (*ante ανθρωπος*) k.   v. 5.
παραλαμβανη y. –εις την ἁγιαν πολην y. πολην x. ει-
στησιν x.   v. 6. εντελειτε περισσου x. του επι χειρων
(–και) g. –μηποτε ad *fin.* vers. b.   v. 7. εκπειρασης g.
v. 8. ὑψιλον x. δικνυσιν x.   v. 9. προσκυνησεις b*k*x.
με (*pro μοι*) d.   v. 10. –τοτε k. +οπισω μου (*post ὑπαγε*)
adfghlmnpqrsxy. –γαρ q. προσκυνησης b*r.   v. 11.

προσηλθον αυτω και διηκονουν b.   v. 12. –ὁ y. παρεδω-
θη x.   v. 13. καταλιπον n*. καταληπων x. ναζαρεθ dhx.
vv. 13, 15.   νεφθαλιμ b*fkox (at x νεφθαλημ v. 15).   v.
14. ῥιθεν x.   v. 15. –γη secund. gks. ὁδων b.   v. 16.
ιδεν b.   v. 17. κηρυσσιν x.   v. 18. περιπατον x. –δε x.
–ὁ ιησους abdfghk*lmnopqrsu.   ιδεν b*x. λεγωμενον x.
καλουμενον h. +εν τω πλοιω (ante βαλλοντας) s. ἁλιης
b*. ἁλιεις (sic v. 19) f*p.   v. 20. και (pro οἱ δε) h. –ευ-
θεως u. δικτοια x.   v. 21. ιδεν b*x. –τον (post Ιακωβον)
x.   v. 22. –ευθεως ad. ἠκουλουθησαν m.   v. 23. περι-
ηγεν ὁ ιησους εις ὁλην γαλιλαιαν (init. peric.) y. –αυτων
y. θεραπευον x. νοσων p*. –εν secund. y.   v. 24. εχωντας
d. ποικιλοις y. συνεχομενοις fg. –και δαιμονιζομενους και
σεληνιαζομενους g. σελινιαζομενους y. –και σεληνιαζομε-
νους f.   v. 25. απο της γαλιλαιας οχλοι πολλοι p.

CAPUT V. v. 1. καθησαντος b*xy.   v. 2. –αὑτου k.
αυτοις (pro αυτους) x.   v. 6. πινωντες b*x. διψοντες f*.
v. 10. δεδιογμενοι x. ἑνεκε s.   v. 11. ὁτ᾽ ἀν ο. ονειδησω-
σιν xy. ἡμας l*. καθ᾽ ὑμων k. ἡμων b.   v. 12. πολλοις x.
οὑτως (sic vv. 16, 19, 47) dk.   v. 13. ἁλας p. μορανθη f.
v. 14. εσται x. κριβηναι m* (vid. Cap. I. vv. 11, 12).   v. 15.
–αυτον f*ry. επι (pro ὑπο) y. αλλ᾽ εν τη λυχνια p.   v. 16.
εμπροσθε x. ιδωσι τα καλα ὑμων εργα pq. δοξασουσιν x.
ἡμων (pro ὑμων tert.) p. των εν x.   v. 18. νομησητε hry.
νομησειτε x. v. 18. κερεα p. –αν secund. p.   v. 19. αν (pro
εαν) bg. –ουν bf*py. ουν εαν s. οὑτως n ουτος asy (pro
οὑτω). διδαξει bis y. ποιησει b*y.   v. 20. περισσευσει y.
περισευση b*f*. ὑμων ἡ δικαιοσυνη dfgkopqrsy. –ὑμων b.

γραμματαιων sy. εισελθηται s. v. 21. ερρηθη (sic vv. 27, 31, 33, 38, 43) af**klo*p. φονευσης y. v. 22. Ab initio usque ad τη κρισει deest in s* (habet marg.). οργηζομενος y. εικει y. ῥακκαι d. v. 23. -ουν d. προσφερεις pqsy. και εκει abdhklmnopqrsy. μνησθεις goy. κατα σου τι y. v. 24. +και (post πρωτον) o. διαλλαγηθη b*. v. 25. ισθη hy. εννοων y. οὐ (pro ὁτου) y. φυλακιν p. βληθησει y. v. 26. εκεισε (pro εκειθεν) y. οὐ (pro αν) bqr. το (pro τον) y. κονδραντην n*. v. 27. -τοις αρχαιοις adfghklmnopqruy. μοιχευσης gm*n*. v. 28. επηθυμησαι n*. επιθυμισαι y. αυτην (pro αυτης) abdfghklmnopq r**uy. v. 29. -δε y. -ὁ prim. y. σκανδαλιζη y. απωληται dfqrs. απολλυται y. βληθηναι (pro βληθη) qr. +την (ante γεεναν) y. v. 30. -ει y. σκανδαλιζη b*. απωληται dfrs. απολλυται y. βληθηναι q. v. 31. -δε almnp. απολυσει gy. δωτω y. v. 32. πας ὁ απολυων (pro ὁς αν απολυση) uy. (-ὁ u). -αν d*. -παρεκτος λογου y. πορνιας b. -εαν y. γαμησας y. μοιχατε b. v. 33. -παλιν y (init. peric.) επιωρκισης y. -τῳ hu. ὁρκους h. v. 34. ὀμωσαι s. ὀμωσαι y. ὁλος k. v. 36. ὀμοσης k. ωμοσης s. ομωσεις y. -ὁτι y. -η y. μελαινα g. μελανην y. v. 37. -ὁ λογος y. το ναι ναι και το ου ου y. εστι y. v. 39. ὡστις d. εις (pro επι) dry. δεξειαν f*. -σου almno**py. αλλ᾽ εαν τις σε ῥαπιση επι την σιαγονα σου την δεξιαν b. v. 40. το θελοντι s. χιτονα y. δος (pro αφες) b. αυτο y. fin. +σου qr. v. 41. αγγαρευση b*. αγκαρευσει qr. μηλιον s*. v. 42. σοι (pro σε) y. αποστραφεις y. v. 43. αγαπεσεις u. v. 44. καταρομενους

y. τοις μισουσιν abdfghklmnoqrsuxy. −καλως ποιειτε
τους μισουντας ὑμας p. προσευχεσθαι sx. επιρεαζωντων
x. ὑμων (pro ὑμας tertium) s.   v. 45. ἡμων (pro ὑμων)
pry. +τοις (ante ουρανοις) adfklmn**pqr. ανατελη x.
βρεχη x.   v. 46. το αυτω x.   v. 47. ασπασησθαι x.
φιλους (pro αδελφους) abdfghklmnopqrsxy. μονους b. το
αυτο (pro ουτω) b. ουτως xy passim.   v. 48. ὡς (pro
ὡσπερ) s. +και (post ὡσπερ) ap. ἡμων (pro ὑμων) p. ου-
ρανιος (pro εν τοις ουρανοις) ap. τελιος p.

CAPUT VI. v. 1. +δε (post προσεχετε) qr. −μη (ante
ποιειν) n. ποιην x. το εν d.   v. 2. οτ᾽ ἀν d passim. −ουν
b*. ποιεις f*sxy. σαλπησεις x. +γαρ (ante λεγω) u.
+ὁτι (ante απεχουσι) q.   v. 3. γνωτο y.   v. 4. ελεημω-
συνη x. −αυτος asu.   v. 5. εσει y. γονιαις xy. ἑστωτες h.
−αν puy. −ὁτι secund. u.   v. 6. ταμειον m*nxy. κλησας
x. την θυρα s. −σου secund. b. προσευξον s. προσευξε y.
βλεπον x. +σε (post βλεπων) g. αποδωση x. −εν τῳ
φανερῳ u.   v. 7. βαττολογειτε b. βατολογησητε x.
εθνηκοι fgm*sxy.   v. 8. ὁμοιωθηται s. ειδε (pro οιδε) g.
ἡμων (pro ὑμων) y. +ὁ ουρανιος (ante ὡν) s. χριαν x.
αιτῖσαι y.   v. 9. προσευχεσθαι s. αγιασθητο x.   v. 10.
γενηθητωι h.   v. 12. αφιωμεν b.   v. 13. εισενεγκεις xy.
Doxologiam habent omnes, at in marg. h obelis notata.
δυναμεις x.   v. 14. −γαρ p. αφειτε sy. αφισει a. αφηση
k. −ὑμιν s. −ὑμων a. fin. +τα παραπτωματα ὑμων b.
v. 15. αφειτε sy. +ὁ ουρανιος (ante αφησει) s.   v. 16.
γινεσθαι n*. ὡς (pro ὡσπερ) b*. ἑαυτων prim. s. −ὁτι u.
v. 17. αληψε x. νιψε x.   v. 18. φανεις y. βλεπον x. −εν

τῳ φανερῳ abdf*ghklmnopqrux [*habent* sy].　　v. 19.
υμεις (*pro* υμιν) p. βρωσης (*sic* v. 20) x. διωρυσσουσι x.
διορυσουσι (*sic* v. 20) b*.　v. 20. –δε p. ου (*pro* ουτε
prim.) f*. ουτε *secund.* h.　　v. 22. –ουν s. ῃι (*sic* v. 23)
h. *Transfert* b ῃ *in locum post* ουν. φωτηνον x.　v. 23.
ει (*pro* ῃ) g. σκοτινον x. v. 24. μησισει x. ου δυνασθαι x.
μαμωνα abdfghklmnpqrsxy.　v. 25. μει (*pro* μη) x.
πιετε g. το σωματι ox. ενδυσεσθε ahlm**nr. πλειων
almnpx.　v. 26. πετηνα f*. πετινα x. σπηρουσιν y.
+τας (*ante* αποθηκας) ap.　v. 27. προσθηναι fkoqrsxy.
ηλικειαν x.　v. 28. αυξανη x.　v. 30. *init.* ειΤε (T *rubro*)
x. ιδε g. αυριον (*sic* v. 34 *bis*) g. κληβανον bx. πολλων
y. μαλλων n. ημας k.　v. 31. –ουν r. φαγομεν b*q.
περιβαλλωμεθα an**p.　v. 32. ταυτα γαρ παντα x.
επηζητει x. ο (*pro* οτι) y. χριζετε x.　v. 33. προτον
y**. –και την δικαιοσυνην αυτου py.　v. 34. μεριμνη-
σειτε x μεριμνησητε abdfghklmnopqrs (*pro* μεριμνη-
σετε). μεριμνηση (*pro* μεριμνησει) bp. –τα fkou. εαυτῃ
(*pro* τα εαυτης) s.

Caput VII. v. 2. μετρηθησεται adf**ghklmnoqrs*.
μετριθησεται by. αντιμετριθησεται x.　v. 3. δαι (*pro* δε
prim.) x. το καρφος τω hs. την δε δοκον (*sic*) u. επι
(*pro* εν *secund.*) y.　v. 4. αιρεις y. εκβαλλω o. εκ (*pro*
απο) b.　v. 5. εκβαλλε y. διαβλεψης h. εκβαλην x.
v. 6. δοτε bfg*qy. βαλλητε d. χυρων c. καταπατησου-
σιν s. –εν g. +κυνες (*ante* στραφεντες) n** *marg.*
ρηξωσι c.　v. 7. ευρησεται cx. ανοιγησετε dysemel. ανοι-
γησηται ysemel.　v. 8. λαμβανη y. ανοιγησετε x.　v. 9.

$-\overset{.}{\eta}$ y. $-εστιν$ f*s. $αιτησει$ f*y.   v. 10. $+\overset{.}{\eta}$ (*ante και*) ahpqr.
$αιτησει$ f*y.   v. 11. $δωματα$ s. $ουρανιος$ (*pro εν τοις ουρα-*
νοις) d.   v. 12. $εαν$ (*pro αν*) y. $ουτως$ dqy. $-ουτω$ x. $ου-$
$τως$ (*sic*) u. $+\overset{.}{ο}μοιως$ (*ante ποιειτε*) sx. $ουτως$ (*pro ουτος*)
fgqrxy.   v. 13. $εισελθατε$ by. $πλατια$ x. $απολειαν$ x.
$ερχομενοι$ (*pro εισερχ.*) px.   v. 14. *init.* $τι$ (*pro ὁτι*)
abcdfghklmnopqrsux. $-\overset{.}{\eta} πυλη$ p. $τεθλημμενη$ bx. $ευ-$
$ρεισκοντες$ x.   v. 15. $-δε$ y. $ενδυματι$ g.   v. 16. $τρυβο-$
$λων$ r.   v. 17. $ουτως$ dy. $-το δε σαπρον$ ad *fin. vers.* g.
vv. 17, 19. $-αγαθον καρπους$ v. 17. *usque ad* v. 19. $παν$
$δενδρον$ x.   v. 18. $πονηρον$ (*pro σαπρον*) p.   v. 19. $+ουν$
(*post παν*) lmn.   v. 20. $γνωσεσθε$ y.   v. 21. $-μοι$ y.
$ποιον$ x. $-το$ y. $+τοις$ (*ante ουρανοις*) ap. *fin.* $+ουτος$
$εισελευσεται εις την βασιλειαν των ουρανων$ b.   v. 22.
$-προεφητευσαμεν και τω σω ονοματι$ g. $επροφητευσα-$
$μεν$ a. $το$ (*pro τω secund.*) b. $δυναμις$ c.   v. 23. $εγνω$ p.
$+παντες$ (*ante οι εργαζ.*) hy.   v. 24. $ομοιωθησεται$ (*sic*) u.
$αυτω$ (*pro αυτον*) x. $φρονημω$ h. $ωκοδομισε$ x. $ωκοδο-$
$μησεν αυτου την οικιαν$ (*sic* v. 26) b.   v. 25. $ηλθων$ c.
$προσεπεσαν$ bdksu. $προσεπεσων$ c. $εκηνη$ c. $τεθεμε-$
$λιωτω$ c.   v. 26. $\overset{.}{ο}$ *rubro* a**. $ακουον$ c. $και μι$ x.
$ποιον$ c. $ωκοδομισε$ x. $τιν$ (*pro την prim.*) c. $αμμον$ h.
v. 27. $προσεπεσον$ (*pro προσεκοψαν*) gp. $την οικιαν$
$εκεινην$ c. *fin.* $+σφοδρα$ b.   v. 28. $ετελεσεν$ ahpsy.
$+παντας$ (*post ὁ ιησους*) b. $εξεπλησοντο$ b. $εξεπληστο$ y.
v. 29. $διδασκον$ cx. *fin.* $+και οι φαρισαιοι$ b*?

Caput VIII. v. 2. $-ελθων$ s. $προσελθων$ cpqrs**xy.
$προσεκυνη$ x. $αυτον$ (*pro αυτω*) y. $λεγουν$ b*. $θελεις$ x. $δυνα-$

σε b*xy. μοι (pro με) y. καθαρησαι cx.　v. 3. καθαρεισθητι
x. εκαθερισθη c. εκαθερεισθη x.　v. 4. +μηδεν (post μηδενι)
qr. αλλ᾽ cdfglmnqry. αλ᾽x. διξον x. το ιερει b. προσενεγ-
και mn. προσενεγε y. +σου (post δωρον) s. μωϋσης bop.
v. 5. ελθοντι y. αυτω (pro τῳ ιησου) acdf*hklmnopqrsu.
εισελθοντος δε αυτου (−τῳ ιησου) b. προσηλθε m. +ὁ
(ante ἑκατονταρ.) b. παρακαλον cx.　v. 6. δεινος b*.
δινως c.　v. 7. θεραπευσαι y.　v. 8. ἑκατονταρχης g.
ιμι h. λογω abcdfghklmnopqrsx. ιαθησται c.　v. 9. −εγω
g. + τασσομενος (post εξουσιαν) q. ὑπεμαυτων c. τουτω
(pro τουτο) cox.　v. 10. +αυτω (post ακολουθουσιν) b.
τοσαυτιν x.　v. 11. ανακληθησονται bf*hqrsxy. ἀβραμ d.
ἀβρααμ gpxy.　v. 12. εξοτερον f.　v.13. το x. ἑκατονταρχη
abcdfghkopqrsxy. ὁς (pro ὡς) x. γενητω y. εν εκεινη τη
ὡρα p. fin. +και ὑποστρεψας ὁ ἑκατονταρχος εις τον
οικον αυτου εν αυτη τη ὡρα ευρε τον παιδα αυτου (ευρεν
αυτον b −αυτου s) ὑγιαινοντα bqrs.　v. 14. εισελθων
(pro ελθων) g. εις την οικιαν Πετρου ὁ ιησους s. ιδεν ky.
v. 15. χειρο g. διηκονη x. αυτω (pro αυτοις) abcdfghk
lmnosxy.　v. 16. +τω (ante λογω) cd*?o.　v. 17. −του
q*. ασθενιας xy.　v. 18. πολυν οχλον x. τους (pro πολ-
λους) y. απελθην x.　v. 19. απερχει y.　v. 20. init. −και
glmn. ἀλωπεκες fg. φωλαιους b*? φολαιους y. πετηνα f*x.
κατασκινωσης x. κλινει f*gx. κλιναι y.　v. 21. −αυτου l.
−κυριε f*. με (pro μοι) g.　v. 22. λεγει (pro ειπεν) b.
ακολουθη y. αφες τοις νεκροις p. θαψε x. −θαψαι ad
fin. vers. b*.　v. 23. ενβαντι c. τω ιησου (pro αυτῳ) h.
−το xy.　v. 24. εγενετο μεγας su. κοιματων k. κυματον

p*.   v. 25. προσελθωντες x.   −αυτου abdfghklmnpsx.
v. 26. δηλοι x. επετημησε f*. επετισε y. γαλινη y.   v. 27.
ἡ θαλασσα και οἱ ανεμοι p. θαλασα x*. ὑπακουοσιν c.
v. 28. ελθοντος αυτου b. γαδαρηνων b. γεργεσινων osx.
ὑπηντισαν x. δεμονιζομενοι c. ερχομενοι (pro εξερχ.) c*.
ισχυην x.   v. 29. συ (pro σοι) b*cox. −ιησου chy. ὧδε
moq. κερου c. βασανησε x. βανισαι y.   v. 30. απ᾽
αὐτων f. βοσκομενων c.   v. 31. εκβαλης bqr. εκβαλεις f.
απελθην ex.   v. 32. −και ειπεν usque ad εις την αγελην
των χοιρων r. εις τους χοιρους (pro εις την αγ. των
χοιρ.) b. ηδου c. ειδου x. −πασα b. −των χοιρων secund.
b*. κριμνου cfx. θαλασαν c*. v. 33. πολην x. v. 34. εξηλ-
θον gm. του (pro τῳ) y. +αυτον (post παρεκαλεσαν) c.

CAPUT IX. v. 1. ενβας c. −το sxy. +ὁ ιησους (post
εμβας) fkp (post πλοιον) bqr. πολην xsemel.   v. 2.
πιστην x. αφεωντε b*cx. αφαιωνται y. σου (pro σοι)
b**ckx.   v. 3. γραμματαιων s. ειπεν fy. ουτως x.
v. 4. init. ειδως δε (−και) g. ειδως lm**npy. +αυτοις
(post ειπεν) x. ενθυμησθε g. ενθυμεισθε ὑμεις b.   v. 5.
−γαρ f. ευκωπωτερον x. − ειπειν prim. y. αφεονται g.
αφαιωνται y. σου (pro σοι) bdfghklmnosxy. −αἱ n.
+σου (post ἁμαρτιαι) ap. εγειρε abcfgko.   v. 6. −δε c.
ιδητε b*fox. εχη qr. −της u. κληνην x. ειπαγε s.
v. 7. ἑαυτου f*.   v. 9. −εκειθεν g. ιδεν b*k. ακολουθη
xy*. fin. αυτου (pro αυτῳ) c.   v. 10. εν τι οικεια x.
−ιδου x. πολλαι f.   v. 11. −των f. ἁμαρτολων c. +και
πινει (post εσθιει) klmnp.   v. 12. χριαν x.   v. 13.
−δε d. ἐλαιον g. καλεσε x. αλλα abcdfghklmnopqrsxy.

ἁμαρτολους c. −εις μετανοιαν abop*.　v. 14. *Transfert*
αυτῳ k *in locum post* λεγοντες. −πολλα g. οἱ δε σοι μαθ.
(−σου) k.　v. 15. −οἱ k. εφοσον a. +χρονων s +χρο-
νον lmny (*post* ὁσον). −εστιν f*. επαρθη f. αρθη g.
παρελθη (*pro* απαρθη) c. *fin.* νηστευουσιν y.　v. 16. −δε
dp. επιβαλλη c. ακναφου h. εν (*pro* επι) y.　v. 17. απολ-
λυνται l. οινον νεον εις ασκους βαλλουσι καινους y. αμφοτε-
ροι abcdfghklmnopqrsy.　v. 18. +δε (*post* ταυτα) s.　λα-
λουντος αυτου n. −αυτοις qr. αρχον εἰς c. αρχων εἰς dko.
αρχων τις bf*ghlmnqrsxy. εισελθων apqr. προσελθων
bf**ghsxy. +τω ιησου (*ante* προσεκυνει) bf**hs. κυριε
(*pro* ὁτι) k. αρτη x. ετελευτησε q. αλλ᾽ pqr. επειθες q.
−σου g.　v. 19. ὁ ιησους b. ηκολουθησαν by. −και *se-
cund.* y.　v. 20. −και u. −δωδεκα ετη προσελθουσα f*.
+και (*post* ετη) s.　v. 21. ἁψομαι y. σωθησωμαι c.
v. 22. στραφεις x. ειδον (*pro* ιδων) h. αυτη (*pro* αυτην)
qr. πιστης c. σαισωκεν c. το ιαθη *super* εσωθη s**.
v. 23. −ὁ ιησους y. ιδον h.　v. 24. αναχωρητε x. αλα c.
καταγελων p. καταγελουν y.　v. 25. ουν (*pro* δε) x.
v. 26. αυτου (*pro* αὑτη) g.　v. 27. παραγωντι d. +κυριε
(*ante* υἱε) c**kx. υἱος acfhlmnoqru.　v. 28. +αυτω (*post*
ελθοντι δε) f*os. ελθοντες y. −ὁ ιησους lmn. δυναμε cxy.
v. 29. ἡψατω c. πιστην cx.　v. 30. ανεωχησαν f?. ενεβρη-
μησατο x. ενεββριμησατο y.　v. 31. διεφημησαν fkpsxy.
v. 32. −ανθρωπον g.　v. 33. ελαλισεν c. −ὁτι abcdfghk
opqrsxy. εφανει p.　v. 34. ελεγων x. αρχωντι c. εκβαλλη
c. εκβαλη x.　v. 35. −πασας a. κηρυσσον x. θεραπευον x.
−εν τῳ λαῳ c*dkou.　v. 36. +ὁ ιησους (*post* οχλους) k.

επ᾽ αυτους (*pro* περι αυτων) y. εσκυλμενοι (*pro* εκλελυμενοι) abcdfghkmnopqrsu. ερρημενοι b. εριμμενοι y. ὡς (*pro* ὡσει) clmny.   v. 37. ὁ ιησους *super* λεγει s**. πολλοις c.   v. 38. εκβαλλει k.

Caput X. v. 1. +ὁ ιησους (*post* προσκαλεσαμενος) y. αυτους (*pro* αυτοις) g. +κατα (*ante* πνευματων) bcf**gp qrs. εκβαλιν x. *fin.* +εν τω λαω k.   v. 2. εισι (*pro* εστι) mnsy. πρωτον b* (vv. 2—4 *desunt in* x).   v. 3. μαθαιος f*. λεβαιος o.   v. 4. -ὁ *secund.* abfghklmnopqry. ὁ παραδιδους (-και) y.   v. 5. -τους δωδεκα x. -ὁ p. αυτους f. πολην x. σαμαριτων c. σαμαρητων x. v. 6. πορευεσθαι x. μαλον c. απολολωτα c.   v. 7. κηρυσσεται u.   v. 8. νεκρους εγειρετε λεπρους καθαριζετε d. -νεκρους εγειρετε abcfghklmnopqrsuxy. εκβαλλεται c. εκβαλετε s. δωτε cxy.   v. 9. κτισησθε m*. κτισασθε y. μητε (*pro* μηδε prim.*) h.   v. 10. πειραν hs. μη (*pro* μηδε *prim. et tert.*) s. ῥαβδους abcdfghklmnopqru. γαρ εστιν (-εστιν *ad fin. vers.*) y. του μισθου (*pro* της τροφης) p.   v. 11. εξετασσατε y. εν αυτη τις p.   v. 12. ασπασασθαι s. *fin.* +λεγοντες ειρηνη τω οικω τουτω (-λεγοντες p) dhpqry.   v. 13. μενει (*pro* μεν ᾖ) y. +εκεινη (*post* οικια) k. αξια ἡ οικια s. -ελθετω b*. εισελθετω b**f**o. -ὑμων *prim.* y. -ᾖ (*post* μη) c.   v. 14. αν (*pro* εαν) y. +εξω (*post* εξερχομενοι) y. οικειας d. -εκεινης g*. εκτηναξατε m*. και τον κονιορτον εκ g. *fin.* +επ᾽ αυτη s.   v. 15. +γαρ (*post* αμην) s. γης c. γομορρας agpry.   v. 16. γινεσθαι s. φρονημοι dhxsemel. ὡσει (*pro* ὡς οἱ) rs. -οἱ y*. ακαιρεοι ὡσει περειστεραι xsemel.   v. 17. συναγωγες x.

μαστηγωσουσιν x.   v. 18. σταθησεσθε (pro αχθησεσθε) s.
v. 19. παραδωσιν c. παραδωσουσιν s.   μι (pro μη) xsemel.
μεριμνησετε f. λαλησετε abf*ghlmnpqry λαλησιτε c λα-
λησηται xsemel (pro λαλησητε) –δοθησεται γαρ ad fin.
vers. fp*. δοθησετε xsemel. ἡμιν (pro ὑμιν) cp**. εκινι
p**. λαλησητε gkos λαλισετε p** λαλησεται r (pro
λαλησετε).   v. 20. εστι a. εσται xsemel. λαλουνταις x
semel. ἡμων (pro ὑμων)l**py.   v. 21. επαναστησοντε x.
v. 22. μησουμενοι x. ὑπομηνας x. οὑτως c.   v. 23. –δε k.
διωκουσιν p. εκδιωκωσιν s. –γαρ f*. τελεσετε p.   v. 24.
+αυτου (post διδασκαλον) dhkqsy.   v. 25. τον μαθητην c.
τω δουλω (pro ὁ δουλος) y. δεσποτην (pro οικοδεσ.) a.
απεκαλεσαν dlmnqru. επεκαλεσαν hkops. οικειακους ab
dghlm**noqrs.   v. 26. –και κρυπτον ὁ ου γνωσθησεται
f*.   v. 27. προς (pro εις) s. δοματων by.   v. 28. φοβει-
σθε abcdfghklmnops φοβησθε qr (pro φοβηθητε prim.).
αποκτενοντων abcdgklmnopqry. αποκτεννοντων fhs.
–δε secund. y. +την (ante ψυχην) bcdgkoqr. +το (ante
σωμα) bcdghkoqr.   v. 29. ασαριου h*. ασσαριω s. ἡμων
y. fin. +του εν ουρανοις qr.   v. 30. τριχαι s. πασαι της
κεφαλης απηριθμημεναι p. ηριθμηνται (–εισι) y.   v. 31.
+αυτους (post φοβηθητε) k.   v. 32. –ουν y. εμπροσθε
b*k. +τοις (ante ουρανοις) p.   v. 33. αρνησεται gk*.
αρνησητε xy. εμπροσθε (prim.) k. αρνησωμε c. αρνησω-
μαι f*.   v. 34. νομισετε f. νομησητε hqrs. ηρεινην bis c.
Desunt in y vv. 34—36 semel.   v. 36. οικειακοι abdghl
mnoqrsy.   v. 37. φιλον pro φιλων prim. xsemel, et pro
secund.semel. εμου (pro εμε prim.) p. και (pro η secund.) k.

θυγατεραν y.   v. 38. ακολουθη xsemel y.   ὁπισῳ xsemel.
ὁπισω y.   v. 40. δεχετε *prim.* b*xbis.   αποστιλαντα x.
v. 41. λειψεται *bis* y.   −και ὁ δεχομενος ad *fin. vers.* p.
−και s.   δικεον x.   v. 42. αν (*pro εαν*) y.   ποτησει cx.
ποτισει y.   ψυχρουν ab*dsy.   ουμι x.   απολεσει b*gy.

Caput XI. v. 1.   μετεβει y.   διδασκην x.   κηρυσσιν x.
fin.+τω λαω y.   v. 2. ιησου (*pro χριστου*) qr.   v. 4. +ἀ
(*ante* βλεπετε) g.   v. 5. *init.* +ὁτι r.   +και (*ante* νεκροι)
k.   v. 7. −περι ιωαννου y* (*habet marg.*). εξηλθατε x.
ερημων x.   v. 8. εξηλθατε cx.   περιβεβλημενον (*pro* ημ-
φιεσμ.) c.   βασιλειῶν acf**gkp.   βασιλείων bdf*l**mnos.
ησειν (*pro* εισιν) c.   v. 9. −τι y*.   εξηλθατε x.   v. 10.
αποστελῶ c.   v. 11. εγειργερται kq.   εγειγερται xy.
γενητοις p*.   ιαννου dp*y*.   βαπτηστου x.   v. 12. αρτη
x.   v. 13. δε (*pro* γαρ) g*.   μεχρι (*pro* ἑως) y.   επροφη-
τευσαν a.   v. 14. η (*pro* ει) b.   θελεται x.   δεξασθε y.
εστι m*.   ἠλιας fpxy.   −ηλιας s.   v. 15. ακουην c.   v. 16.
παιδιοις abcdfghklmnopqrs.   παιδαριοις καθημενοις εν ταις
αγοραις y.   αγορα als.   ἑτεροις αὑτων b*cfgh*kosy.   v. 17.
ηυλισαμεν ghly.   ορχησασθε o.   ορχισασθε y.   ουκὁψασθε
(*sic*) y.   v. 18. +ὁ (*ante* ιωαννης) ap.   ιαννης y*.   +ὁτι (*ante*
δαιμονιον) g.   v. 19. −ιδου y.   v. 20. +ὁ ιησους (*post*
ηρξατο) lmnqrs**.   −πλεισται y.   v. 21. χοραζειν b*d
fgo.   χωραζειν hkp.   χωραζιν l*mny.   βηθσαϊδα bcf**lmn
oqrsy.   βιθσαϊδαν k.   −ει csy.   +καθημεναι (*post* σποδῳ)
hlqr.   v. 22. +της (*ante* κρισεως) c.   v. 23. σοι (*pro* συ)
c.   ἢ et ὑψωθης a (ὑψωθης᾽ a) f**ghklmnop.   −του ky.
καταβιβασθεισῃ f*k.   −ὁτι y.   εμεινεν c.   εμενον y.   v. 24.

γης c. συ (*pro* σοι) b*.   v. 25. −κυριε y.   v. 26. και
(*pro* ναι) y. −σου c.   v. 27. −μου g. γινωσκει (*pro* επι-
γιν. *prim.*) g. ἠμι (*pro* ει μη *prim.*) x. ὃ (*pro* ᾧ) x. βου-
λεται d. βουλειται x.   v. 28. κοπιοντες b*? οιπιωντες
c. κοποιωντες p.   v. 29. ευρησεται h. *fin.* ἡμων y.   v. 30.
χριστος c, *etiam* χσ̄ xy (*pro* χρηστος). εστι s.

CAPUT XII. v. 1. επορευετο y.   v. 2. ειδοντες f.
ποιεῖν c. σαββασιν u.   v. 3. +ιησους (*post* ὁ δε) cd. επει-
νασε (−αυτος) bcfgkopu.   v. 4. εφαγον (*pro* εφαγεν) o.
εν (*pro* ἦν) y. ἐξ ὃν k. τους μετ᾽ αυτου oy. ειμι py.   v. 5.
init. −η g. −το σαββατον y. τωι σαββατον h.   v. 6.
μειζον abdf**hklmnopqr. ὧδεfh.   v. 7. εγνω d. εγνωκητε
y. ελαιον cy*.   v. 8. ὁ υιος του ανθρωπου και του σαβ-
βατου h. −και abcdgklmnopqrsy.   v. 9. +ὁ ιησους (*post*
εκειθεν) q. των ιουδαιων (*pro* αυτων) g.   v. 10. +εκει (*post*
ην) dhqrsy. −την g. χειραν c. επερωτησαν s. κατηγωρησω-
σιν o. *fin.*+κατ᾽ (*ante* αυτον) f*.   v. 11. εστιν (*pro* εσται)
hy. εχει c. ἐξη s. πεση f*y. +τον (*ante* βοθυννον) y. εις
βοθυννον τοις σαβ. y. αυτον b*f* αυτω y (*pro* αυτο).   v. 12.
μαλλον (*pro* ουν) y.   v. 13. +τω εξηραμμενην εχοντι
(εχον d) την χειρα (*post* ανθρωπῳ) dhs**. σου την χειραν
c. σου την χειρα y. απεκατεσταθη b*cdgkop*qrsy. +ἠ
χειρ αυτου (*post* απεκατεστ.) y. −ὑγιης y*.   v. 14.
εποιησαν (*pro* ελαβον) y. −εξελθοντες y. αυτων (*pro*
αυτον) h.   v. 15. −ιησους g. ηκολουθεισαν h. ἁ-
παντας lmn.   v. 16. επετημησεν x. αυτους (*pro* αυτοις)
y. φανερων b*. ποιησωσιν αυτον y.   v. 18. ἡρετησα b*
fkpqx. ἡρετισαμην y. επαγγελει s.   v. 19. ερεισοι q.

ερησει y. ακουση hy. την φωνην αυτου εν ταις πλατειαις
o.   v. 20. −αν x. εκβαλει cy. εκβαλλη s.   v. 21. −εν
abcdfghklmnopqrsxy.   v. 22. τον κωφον και τυφλον y:
και βλεπειν και λαλειν o. −και (ante λαλειν) lmny. v. 23.
εξισταντο δε (−και) r. +ὁ χριστος (post εστιν) lmns**y.
v. 24. ακουοντες o. −ουτος h. −τῳ mny.   v. 25. ἑαυτην
bis aqrsy. secund. d.   ἑαυτοις prim. p.   fin. συσταθησε-
ται p.   v. 26. −τον s.   εκβαλει c.   v. 27. init. ει δε
εγω (−και) y.   εκβαλῶ c.   −οἱ b*.   εκβαλοῦσι chkqry.
κριται εσονται ὑμων y.   v. 28. εν πνευματι θεου εγω
bcdfhkops. εκβαλω c.   v. 29. init. ει (pro η) s. εισελ-
θων k. σκευει q. ἁρπᾶσαι y. δυσι (pro δηση) c. διαρπαση
abcdhklmnqrs ἁρπασει y (pro διαρπασει).   v. 30. init.
ὁ γαρ μη y. σκορπιζη y.   v. 31. fin. αυτοις (pro τοις αν-
θρωποις) g.   v. 32. εαν (pro αν prim.) abcdfhklmnpqrxy.
ουτε bis h.   εν τω νυν αιωνι (−τουτῳ) abcdfghklmnopqr
sxy. μελοντι x.   v. 33. γινοσκετε c.   v. 34. γενηματα b.
δυνασθαι x. −της καρδιας u.   v. 35. init. ὁ γαρ αγαθος s.
αγαθως x. −της καρδιας abcdfghklmnopqrsxy. εκβαλει
prim. c. −τα (ante αγαθα) abghlmnopqrxy. εκβαλη
secund. x. +τα (ante πονηρα) cdks. v. 36. αποδωσωσι q.
v. 37. τον λογον prim. x. δικαιωθησει y. των λογον
secund. x. fin. κατακριθηση abh. κατακριθησει y. v. 38.
γραμματαιων s. των φαρισαιων και γραμματεων p. γραμ-
ματεις και φαρισαιοι (−τινες) y. θελωμεν f*.   v. 39.
+ιησους (post ὁ δε) s**. ιωναι c**. v. 40. −γαρ c. −ῆν c.
εγενετο (pro ην) y. +ὁ προφητης (post ιωνας) y. +και
(post εσται) adf**pqrs.   v. 41. νηνευιται h. οδε (pro

ὡδε) c.   v. 42. βασιλλισσα h. βασιλεισσα y. −των g.
σολομωνος *bis* ab**dfghklmnopqrs. σολομονος b*c**.
σολωμονος c*. ὡδε ghklm (*sic* v. 41,*passim*). v. 43. δια c.
−τοπων y.   v. 44. ὑποστρεψω gqr. ελθων adhm*n*sy.
+και (*ante* σεσαρωμενον) ms. −και κεκοσμημενον g. −και
(*ante* κεκοσμ.) y.   v. 45. λαμβανει m. αυτου (*pro* ἑαυτου
secund.) cy. −εκει b. χειρον y.   *Transfert* d εσται *ad*
fin. vers. −και (*ante* τη γενεα) y.   v. 46. +αυτου (*post*
μητηρ) y. σοι (*pro* αυτῳ) u. αυτον (*pro* αυτῳ λαλησαι) y.
v. 47. ἑστηκασι y.   v. 48. −εισιν y.   v. 49. −αὑτου *prim.* k.
v. 50. ποιησει hy. −μου *prim.* p.   αδελφη και αδελφος b.
αδελφοι (*pro* αδελφη) s.

CAPUT XIII. v. 1. ταις ἡμεραις εκειναις s**.   v. 2. −το
lmn. ενβαντα c. καθισαι dos. κακαθεισθαι y. αἰγιαλον sy.
εἱστηκει f.   v. 3. εν παραβολαις πολλα lmn. του σπειραι
df**glmnsy.   *fin.* +τον σπορον αυτου gs (−αυτου s).
v. 4. *init.* και εγενετο εν τῳ σπ. s. ηλθον p, ελθοντα y
(*pro* ηλθε). πετηνα d**.   +του ουρανου (*post* πετεινα)
dpry. −και *tert.* y.   v. 5. εξηρανθι (*pro* εξανετειλε) c.
v. 7. απεπνηξαν f*.   v. 10. +αυτου (*post* μαθηται) gqr.
ειπων f*.   v. 11. δεδοτε b*. διδοται *prim.* y. εν παραβο-
λαις (*pro* ου δεδοται) l*y.   v. 12. περισευθησεται df*.
v. 13. αυτους (*pro* αυτοις) c. λαλω αυτοις y. ἱνα βλε-
ποντες μη βλεπωσιν y.   v. 14. πληρωθησεται sy. ανα-
πληρωθησεται s**. −επ' abdfghklmnopqr. εν (*pro* επ') c.
−ἡ *secund.* c. ακουσητε boy. συνειτε y. βλεψητε bcoy
v. 15. επεσχυνθη y. τοις ωσιν αυτου p. ειδωσι f. συνιω-
σιν o*. επιστρεψουσι bcdho. ιασομαι bcdhoqrsy.   v. 16.

fin. ακουουσιν cy.   v. 17. −γαρ aqr. −πολλοι y.   v. 19.
−της βασιλειας lu. ερει (*pro* ἁρπαζει) y. τον (*pro* το) a.
v. 20. λαμβανει m*.   v. 21. αυτω (*pro* ἑαυτῳ) a. ουν
(*pro* δε *secund.*) y.   v. 22. −ακουων g. −τουτου fo*.
αγαπη (*pro* απατη) y.   v. 23. επι την καλην γην d. εις
(*pro* επι) g. −την *secund.* s*. δει s, δε y (*pro* δη). *fin.*
+ὁ εχων ωτα ακουειν ακουετω y.   v. 24. ὁμοιωθη y.
σπειραντι almny. καλω y.   v. 25. *init.* εν δε το y. ὁ
εχθρος αυτου h. ζηζανια (*sic* vv. 26, 27, 29, 30, 36, 38,
40) y.   v. 26. +απηλθεν (*ante* εβλαστησεν) y.   v. 27. −δε
d. ου (*pro* ουχι) s. εσπειρες os. −σῳ bs. αγρω σου y.
−τα abcdfglm**nopqrsuy.   v. 28. τουτω y**. θελης b*.
συλλεξομεν ab**dhklmnqrs. συναξομεν y. εφει q. −αυ-
τοις g.   v. 29. ειπεν (*pro* εφη) o. οὐ h.   v. 30. +ουν
(*post* αφετε) hqr. συναυξανεσθε k*s. αυξανεσθαι cy.
−του u (*sic*). −τῳ (*ante* καιρῳ) abcdfghklmnopqrsy.
δεσμα f**. δεσμους l. εις το καυσαι y.   *fin.* −μου c*.   v.
31. εστι y. σιναπεος g. εβαλεν (*pro* εσπειρεν) y. −τῳ g.
v. 32. μικρον b*. αυξηνθη y. μειζων fs. +παντων (*post*
μειζον) adlmnopqrs**. πετηνα d**.   v. 33. +ὁ ιησους
λεγων (*post* αυτοις) sy (−λεγων s), at +λεγων *tantum* h.
ζημην y. εκρυψεν ad*fghlmnoqrs. αυλευρου o. ἁλευρου s.
εζημοθη y.   v. 34. τοις οχλοις εν παραβολαις c. −παρα-
βολαις τοις οχλοις και χωρις p*. −τοις οχλοις p**. χο-
ρις y. ουδεν (*pro* ουκ) y. ελαλη y*.   v. 35. κεκρυμενα y.
v. 36. αυτου (*pro* ὁ ιησους) y. προσελθοντες c (*primâ*
manu?) −αυτῳ q*? −αυτου y.   v. 37. σπειρον f*.   v. 38.
εστι y. −οἱ *bis* g. −της βασιλειας *usque ad* υἱοι p*.

−οἱ secund. p**.   v. 39. −δε u.   +ἠ (ante συντελεια) gsy.
συντελια y.   κοσμου (pro αιωνος εστιν) c.   fin. εισι y.
v. 40. καιεται abdfghklmnopqrs. κεεται y. −τουτου h*u.
v. 41. συλλεξουσι y.   v. 42. βαλλουσιν y. −ὁ secund. g.
v. 43. −ὁ cp. των ουρανων (pro του πατρος αυτων) y.
v. 44. ὁμοιωθη (pro ὁμοια εστιν) y. −τῳ dhlmnu.   v. 46.
μαργαρητην x.   v. 47. βληθηση b*. βληθησει sx. βλη-
θησα y. θαλασαν x. συναγουση b. συναγουσα c.   v. 48.
αναβηβασαντες x. +αυτην (post αναβιβασ.) s. επι των x.
αἰγιαλον y. καθησαντες xy. συνελλεξαν g. ελεγξαν y.
αγγια y. εβαλλον qr. εξεβαλον y.   v. 49. εστε y. +και
(post εσται) s. βασιλεια (pro συντελεια) s. +τουτου (post
αιωνος) q.   v. 50. ὀδωντων x.   v. 51. +ουν (post λεγει) s.
παντα ταυτα o.   v. 52. εκβαλη c. παλεα x.   v. 54.
ελθον x. εκπλησσεσθαι bf**hko. εκπλησεσθαι c. −και
λεγειν s*. −αὑτη c.   v. 55. ουχη (pro·ουχι ἠ) c. −ἠ s*.
μαρια hy. −αυτου secund. y. ιωση s, ιωσηφ y, ιωαννης
bcfhko (pro ιωσης).   v. 56. παρ᾽ ἡμιν d. εἰσιν p. παντα
ταυτα bcfkos.   v. 57. ειμι b*y. ιδια πατριδι (pro πα-
τριδι αὑτου) u.   v. 58. απιστειαν y.

CAPUT XIV. v. 1. init. +και o. −ἡρωδης y. τετρα-
χης y.   v. 2. −εν gs.   v. 3. κρατισας y. εθηκεν αυτον
(pro εθετο) c.   v. 4. −ὁ bf.   v. 5. εφοβειτο almn.
αυτων k. v. 6. γενομενων (pro αγομενων) c. ορχισατο y.
+αυτης (ante της ἡρωδιαδος) d.   v. 7. ὡμολογησαι p,
ωμοσεν y (pro ὡμολογησεν). δουναι αυτη ep. αιτησητε q.
αιτισηται y.   v. 8. προβιβασθησα y. ὡδε k. πινακος d.
v. 9. ελυπιθη e*. ὁρκους h. ανακειμενους y. εκελευσαι y.

v. 10. απεκεφαλησε b*ef*m*py.   v. 12. *Deest in* h.
+αυτου (*post* σωμα) dy. εθαμψαν y.   v. 13. –ὁ ιησους e.
ανεχωρισεν y. –εν πλοιω m*. +τω (*ante* πλοιω) s. –το-
πον y. κατιδιαν kloy. πεζοι s.   v. 14. ιδεν ey. πολλυν x.
εσπλαχνισθη c. ευσπλαγνισθη x. επ᾽ αυτοις abcdefghk
mnoxy.   v. 15. ηδει y. απελθωντες x. –εις τας κωμας
c*? αγωρασωσιν b.   v. 16. χριαν x. δωτε y.   v. 17.
εχωμεν ahx. ειμι y. ιχθοιας c.   v. 18. φερεται h.   v. 19.
init. –και g. εκελευσεν y. ανακληθηναι bek*x, αναπε-
σειν y*, αναπεσαι y** (*pro* ανακλιθ.). επι του χορτου o.
–και (*ante* λαβων) abdefghklmnopqrx. –τους (*ante* δυο)
y. –τοις μαθηταις y.   v. 20. των περισευοντων (περισ-
σευωντων y) κλασματων cy. πληρης qy.   v. 21. πεντα-
κεισχιλιοι x.   v. 22. ηνεγκεσεν ysemel. ηναγκασε k.
–ὁ ιησους c*k. τους μαθητας ὁ ιησους f. –αὑτου bcfghk
orux*semel* y*semel.·   –το *prim.* s.   –αυτον y*semel.* ἑωσ-
σοῦ x*semel.* αν (*pro* οὑ) qr. απολυσει f*x*sem.*y*sem.*
v. 23. κατιδιαν dekl. προσευξασθε e.   v. 24. –ηδη o*.
βασανηζομενον x.   v. 25. –ὁ ιησους chk. εν τη θαλασση c.
v. 26. +αυτου (*post* μαθηται) p. εφαντασμα y.   v. 27.
φοβησθε qrx.   v. 28. –αυτω clmny. –ὁ p*. μοι (*pro*
με) s. προσε c.   v. 29. καταβι c. +και (*ante* περιεπα-
τησεν) c. αυτον (*pro* τον ιησουν) y.   v. 30. εκραυγαζε e.
v. 31. *init.* +και lmn. –δε dlmn. ειπεν (*pro* λεγει) y.
v. 32. –αυτων q. επι το πλοιον qr*.   v. 33. προσεκυ-
νησε g *teste Traheron.*   v. 34. γενησαρετ abmnsx. γεν-
νησαρεθ efhop.   v. 35. επιγνωντες y. πασαν (*pro* ὁλην)
h. προσηνεκαν c.   v. 36. +καν (*ante* μονον) lmn. ἁψονται

eh, αψονται y (*pro* αψωνται). ος (*pro* οσοι) c. +αν
(*post* οσοι) m.   ηψαντο a. εσωθησαν ack.

Caput XV. v. 1. −οι acy. +των (*ante* ιεροσολυμων)
y. v. 2. παραδωσιν ep*. νιπτωνται cp*r. ταις χερσιν hu.
+τον (*ante* αρτον) dep. εσθιουσιν y. v. 3. οιμις c. παρα-
βενεται c. παραβενετε y. παραδωσιν b*cf*. v. 4. −σου
abcdfhklmnoqrs. v. 5. εαν (*pro* αν) bo. ειπει y. +αυτου
(*post* πατρι et μητρι) y. −εαν b*. ωφελιθης b*. ωφελη-
θεις e. οφεληθει h? οφελειθεις y. −μη y. τιμησει b*oy.
−αυτου *prim.* c. *secund.* lmny. v. 6. ηκηρωσατε r. κυρω-
σατε y. παραδωσιν b*. v. 7. επροφητευσε a. ησαιας
περι υμων e. v. 8. εγγιζη o*? +εν (*ante* τω στοματι) a.
το στοματι b*f. v. 9. σεβοντε y. v. 11. +αυτου (*post*
στοματος) q. κονει (*pro* κοινοι secund.*) y. v. 13. φυτια e.
εκριζοθησεται b*. v. 14. οδηγοι (*pro* οδηγοι) c. οδιγη
e, οδηγει qy (*pro* οδηγη). εμπεσουνται lmny. v. 15.
−ο f. v. 16. +αυτω (*post* ειπεν) c. v. 17. ουπω h.
χορει y. αφεβρωνα c. αφεδρονα e. εκπορευεται (*pro* εκ-
βαλλεται) y. v. 18. −δε y. εξερχονται gky. και εκεινα h.
v. 19. λογισμοι (*pro* διαλ.) g. μοιχιαι φονοι y. κλωπαι f.
−κλοπαι c. −βλασφημιαι d. v. 20. −το δε ανιπτοις ad
fin. vers. p. χερσιν εσθιειν (*pro* φαγειν) f. κοινει y.
v. 21. ο ιησους εκειθεν q. −εκειθεν ck. −ο ιησους e. ανε-
χωρισεν y. v. 22. ορειων y. v. 23. Deest in p. αυτης
(*pro* αυτη) y*semel.* λογω y. προσελθονταις x*semel*,
προσελθωντες *semel.* ηρωτον fx. ηρωτον eq. ηρωτουν
αυτω y. v. 24. +οτι (*ante* ουκ) y. v. 25. απελθουσα bo.
προσελθουσα g. εξελθουσα y*semel.* προσεκυνησεν abcdf

ghklmnopsxy. βοηθη ef*sxsemel. v. 26. ου καλον εστι
cdkp. v. 27. ειπε almns. +υποκατω της τραπεζης (post
κυναρια) ysemel. εσθιουσιν ysem. ψυχιων p*. παιδιων
(pro πιπτοντων) ysem. v. 28. θελης c. v. 29. –ὁ ιη-
σους u. v. 30. μεθ᾽ εαυτους y. κωφους τυφλους χωλους y.
κωφους τυφλους e. +και (ante τυφλους) c. –κωφους c.
–και ετερους πολλους g. αυτου (pro του ιησου) y. v. 31.
τον οχλον y. –κυλλους ὑγιεις y. ὑγιης e. +και (ante
χωλους) y. εδοξαζον dlmnpy. v. 32. προσκαλεσαμενος δε
ὁ ιησους e. ειπεν αυτοις dep. σπλαγνιζομε x. +τουτον
(post οχλον) c. τρεις ἡμερας p. ἡμεραι e. ἡμεραι bcfgh
kosx. παραμενουσι s. εχωσι f. νηστις lmny. v. 33. +τη
(ante ερημια) r*. ἀρτι p. v. 34. –ὁ ιησους e. ιχθυοδια p.
v. 35. τους οχλους c. αναπεσιν x. v. 36. –ἑπτα au: +δυο
(ante ιχθυας) k. εδοκεν u. τοις οχλοις cy. v. 37. περι-
σευον f*. των περισευσαντων κλασματων c. πληρης s.
v. 38. ησαν d. ανδρες τετρακισχιλιοι c. χωρεις x. v. 39.
ανεβη bcdegkopsx. ὁρια fs. ὁρη g. μαγδαλαν p.

CAPUT XVI. v. 1. ελθοντες s*. –οἱ y. +οἱ (ante
σαδδουκαιοι) o. επιρωτησαν e*. ἠρωτησαν y. vv. 2, 3.
Desunt omnia post ειπεν αυτοις in ck. –αυτοις y. λεγε-
ται p. πυραζει (sic v. 3) ghy. –γαρ b. v. 3. πρωιας
dfgqrs. πυρραζη f*. –ὑποκριται b. –μεν g. σημειον (pro
προσωπον) e. γινωσκεται e, οιδατε f, (pro γινωσκετε).
δυνασθαι e, συνιετε hos, (pro δυνασθε). fin. +γνωναι qr.
v. 4. ημη c, ειμι y (pro ει μη). –και (ante καταλιπων) y.
καταλειπων e. απελθεν u. v. 5. –αυτου y. λαβειν αρ-
τους e. v. 6. –αυτοις ysemel. –και σαδδουκαιων ysemel.

v. 8. −αυτοις a (ειπε) ey.   v. 9. ουπω f.   v. 10. τετακισχιλιων k*.   ποσους c.   σφυριδας p.   v. 11. ουν (pro ου prim.) c.   συνιετε (pro νοειτε) h.   −ου secund. p*.   αρτων adepy. +προσεχετε δε (post προσεχειν) adp.   +αλλ᾽ y, +αλλα e, (post προσεχειν).   σαδδουκαιων και φαρισαιων g.   v. 12. ειπεν αυτοις d.   προσεχει p.   των αρτων y.   αλα c*.   αλλα abdehklmnpqr.   v. 13. καισαρριας c.   καισαριας l. v. 14. ἠλιαν fkxy.   v. 15. λεγεται c.   v. 17. σε (pro σοι) c.   αλλα g?   −τοις y.   v. 18. συ (pro σοι) x.   v. 19. κλεις τας e.   ᾧ (pro ὁ) bis k.   δησεις y.   λυσεις y.   v. 20. ειπωσι y.   εστι y.   −ιησους abeghlmn. −ὁ py.   v. 21. εις ἱεροσολυμα απελθειν y.   παρα (pro απο secund.) p.   −πρεσβυτερων και y.   γραμματαιων s*y.   αναστηναι (pro εγερθηναι) py.   v. 22. αυτω επιτιμαν ay.   ιλεος e.   ἱλεως fk. γενοιται τουτω (pro εσται σοι τουτο) y.   v. 23. επιστραφεις dep.   +ὁτι (ante σκανδαλον) p.   v. 24. −ὁ ιησους uy. λεγει (pro ειπε) g.   ἡτις y.   ακολουθειν (pro ελθειν) y. −αὑτου secund. ysemel.   ακολουθητω egy.   v. 25. θελει y. απολεση (pro -ει) qr.   απολεσει (pro -η) b*ef*y.   v. 26. οφεληθησεται y.   ὁτ᾽ ἀν (pro εαν) y.   κερδησει y.   ζυμιωθη r.   απολεσει (pro ζημιωθη) y.   ανταλαγμα b*cef*.   v. 27. ἑκαστον c.   κατην d.   τα εργα p*, την ταξιν y (pro την πραξιν).   −αυτου tert. q.   v. 28. +δε qr, +γαρ s (post αμην).   τινες ωδε ἑστωτες bfghklmno.   τινες των ωδε εστωτες cr.   ἑστωτων sy.   ὡδε bcghklmnr.   γευσονται y. δοξη του πατρος (pro βασιλεια) y.

CAPUT XVII. v. 1. εις ορους p.   κατιδιαν ah.   κατηδιαν x.   v. 2. αυτου (pro αυτων) p.   εγενοντο cfhopqruy.

v. 3. ωφθη αυτω y. μωϋσης dhqruy. ηλιας fkpy.   v. 4.
–ὁ g. –κυριε s. ὡδε *bis* h *alii.* ποιησομεν r. μωσει adf
hlmnpqrx. ηλια fk. ηλια μιαν c. και ηλια μιαν και
μωση μιαν y.   v. 5. *init.* +και y.   +δε (*post* ετι) ds.
φωτινη y, φωτος u (*pro* φωτεινη). –λεγουσα y. –εστιν
g. ἀγατος (*pro* αγαπητος) x. ηνδοκησα f. ευδοκισα x.
ηδοκησα y.   v. 6. επεσων x.   v. 7. ηψατο a. εγερθη-
ται x. φοβησθε qr.   v. 9. καταβαινοντον p. καταβαι-
νωντων x. εκ (*pro* απο) abcdfgh*klmnopqrsuxy. –ὁ
ιησους c. –λεγων g*. ἑωσσου x. αναστει ο. v. 9. επηρω-
τισαν y. ὁτι (*pro* ουν) y. ηλιαν fkpy.   v. 11. –ιησους y.
ηλιας (*sic* v. 12) kpy.   –πρωτον y.   v. 12. +και (*post*
ὁτι) dk. ηδε y. εγνωσαν df*. αλλα a. εν οy. ὡσα f.
οὑτως du *alii.*   v. 14. ανθρωπος τις προσηλθε τω ιησου
(*initio peric.*) x.   τω ιησου (*pro* αυτῳ *prim.*) f**g.   +τις
(*post* ανθρωπος) fgy*semel.* γονυπετον x.   αυτον (*pro*
αυτῳ *secund.*) abcdfgklmnopqrsxy.   v. 15. –και (*post*
πυρ) c.   v. 16. προσηνεγκαν y*semel.*   εδυνηθησαν y.
v. 17. *init.* τοτε ὁ ιησους αποκριθεις (–δε) y*semel.* απι-
στε g, πονηρα y*sem.* (*pro* απιστος). εσομε b*. *fin.* φε-
ρετε αυτον προς με (–ὡδε) x.   v. 18. ιαθη (*pro* εθερα-
πευθη) lmn. v. 19. κατιδιαν ahk.   +αυτω (*post* ειπον) bd.
εκβαλλειν e.   εκβαλην αυτω x.   v. 20. απιστειαν e.
εχετε g. εχειτε x.   ναπεως f*. μεταβηθη x. *fin.* ἡμιν y.
v. 21. εκπορευετε x, εισπορευεται y, εξερχεται pu (*pro*
εκπορευεται).   v. 23. αναστησεται (*pro* εγερθησεται) f.
–και ελυπηθησαν σφοδρα f.   v. 24. διδραγμα *bis* dehps
xy. λαμβανωντες x.   +αυτω (*post* ειπον) s.   ειπεν y.

v. 25. εισηλθον lmnps. αυτους (pro αυτον) p. δωκει x.
τελει e.   v. 26. -οἱ gpxy.   v. 27. σκανδαλησωμεν x.
-την abdekop. αναβαινοντα abdfghkpqrxy. αναβενοντα
c. εὑρησης cy.

CAPUT XVIII. v. 1. +αυτω (post λεγοντες) x. μει-
ζον h. μηζων x.   Transfert s εστι ad fin. vers.   v. 2.
-ὁ ιησους s*y. ἑστησεν d. αυτω ex.   v. 3. στραφειτε y
sem. at επιστραφητε semel. γενησθαι x.   v. 4. ταπεινω-
σει abcdefghklmnoqrsxy. ἑαυτων f*. αυτον ysem. εστι
(-ὁ) ysem. επι το b.   v. 5. αν (pro εαν) y.   δεξητε m.
-ἑν ac**o. ἑν παιδιον τοιουτον y.   v. 6. σκανδαλισει y.
κανδαλισηι d*. κρεμασθει λιθος μυλικος περι y. περι py,
εις abcdefgklmnorsu (pro επι). καταποντισθει y.   v. 7.
+δε (post ουαι) s. -εστιν y. -εκεινῳ y. τα σκανδαλα
(pro το σκανδαλον) dg. -το σκανδαλον e* (habet marg.).
v. 8. init. η (pro ει) sy. σκανδαλιση b*. σκανδαλιζη qrsy.
εις την ζωην εισελθειν e. ζωην εισελθειν (sic) u. ελθειν
g*p. χολον y. κυλλον η χωλον f. -δυο secund. dg.   v. 9.
-ὁ y. σκανδαλιζη sy.   v. 10. +και (ante μη) ysemel. κα-
ταφρονησετε f. διαπαντος a. διαπαντος εν τοις ουρανοις
ysem. -προσωπον του y*. +τοις (ante ουρανοις) x.
v. 11. +ζητησαι και (ante σωσαι) qr.   vv. 12, 13. ενενη-
κονταεννεα abdghklmnqrsx. ενενηκοντα ἐννεα efpy. ενε-
νικοντα ἐννεα c.   v. 12. +δε (post τι) q. αφης y. επι τα
ορει r. πλανομενον y.   v. 13. +χαρα (ante χαιρει) h. επ'
αυτο dfgy.   v. 14. -εμπροσθεν usque ad ουρανοις e. μου
(pro ὑμων) cfpxy. ἱν' g. απωληται dfqrs. απολλυται y.
v. 15. ἁμαρτησει by. ἁμαρτησει e. ἁμαρτη hlmns. -και

prim. mnsu. +και (*post μονου*) b.   v. 16. σεαυτου (*pro σου*) de. —ετι sy. σταθησεται y   v. 17. τη εκκλησια (*pro της εκκλησιας*) cky (εκλησια c). παρακουσει *secund.* e. εθνηκος x. εθνηκος ef**m*y.   v. 18. +ότι (*ante όσα prim.*) qr. αν (*pro εαν prim.*) fg. δυσητε y. —τῳ *prim.* n*. τοις ουρανοις (*pro τῳ ουρανῳ secund.*) y.   v. 19. +αμην (*post παλιν*) abcdefghklmnopqrsxy. —ότι x. —δυο y *semel.* συμφωνησουσιν εξ ὑμων y. —ὑμων g*. αιτησονται ch *ysem.* αιτισονται y *sem.* αιτησωντε x. γενησετε x.   v. 20. όπου (*pro ού*) qy. ήμι (*pro ειμι*) x.   v. 21. ειπεν αυτωι h. —κυριε e. +εαν (*ante ἁμαρτησει*) e. ἁμαρτησοι o. ἁμαρτηση qs.   v. 22. ἑβδομικοντακις b*.   v. 23. ὁμοιωθη b*ey. —ανθρωπῳ c*. —ός y. ἠθελησεν συναρε x.   v. 25. +τι (*ante αποδουναι*) y. —αυτου *secund.* y. αυτον (*pro αυτου secund.*) c.   v. 26. πεσον x. δε (*pro ουν*) y. +εκεινος (*post δουλος*) e**. —κυριε y. αποδοσω e.   v. 27. σπλαγχνησθεις x. δανιον x. αυτον (*pro αυτῳ*) k.   v. 28. εὑρε τινα (*pro εὑρεν ἑνα*) y. ὡς (*pro ός*) p. διναρια y. κρατισας y. —μοι y. ει τι (*pro ὁ,τι*) abcdefghklmnopqrsx (ότι y). οφειλης b*. ωφειλεις f*xy. v. 29. —εις τους ποδας αυτου gl*. —παντα abcdghklmnoqrsux. σοι αποδωσω efpy.   v. 30. εθελεν b*. αλλα abcdef**hklmnopqrx. αυτο (*pro αυτον*) u. +την (*ante φυλακην*) qry.   v. 31. —αυτου py. γινομενα *bis* x. ἑαυτων (*pro αὑτων*) adefhkl mnoqrsx. ἁπαντα h. +ταυτα (*ante παντα*) y.   v. 32. *init.* προσκαλεσαμενος δε (—τοτε) ep.   —αυτον e. ιδου πονηρε δουλε y. πασα p. οφειλειν b. σε (*pro σοι*) c.   v. 33. —και *prim.* n*. *secund.* y. καγω f.   v. 34. ἑωσου n. —παν y.

v. 35. οὕτως d *alii*. οὕτως eu. ἡμων (*pro* μου) u. ὁ ουρα-
νιος ceg*. −ποιησει ὑμιν y. αφειτε y. αυτων (*pro* αὐ-
του) b*?

Caput XIX. v. 1. συνετελεσεν u. +της (*ante* γαλι-
λαιας) acdefhkmnopqry. ὁρια f. v. 2. εθεραπευεν p*.
−εκει c. v. 3. οἱ φαρισαιοι τω ιησου (*pro* αυτω) e. −οἱ
y. αυτω (*pro* αυτον) x. −αυτω *secund.* adepuxy. −αν-
θρωπῳ f. ανθρωπον c. ἁμαρτιαν (*pro* αιτιαν) u. v. 4.
απαρχης aefhko. αρρεν ko. αρσε qr. v. 5. ἑνεκε y.
καταληψει e. +αυτου (*post* πατερα) bhlmnqx, (*post*
μητερα) by. κολληθησεται bfhko. κολληθησετε cx. προς
την γυναικα elmn. −αὑτου e. v. 6. +ουν (*post* ὡστε) y.
οὐκ ἔτι k. −εισι y. χοριζετω y. v. 7. μωυσης g. v. 8.
−ὁτι μωσης y. μωϋσης ehp. δια (*pro* προς) y. απαρχης
befhko. οὑτως dlmnqu. ουτος ex. v. 9. απολυσει y.
−ει abcdefghklmnopqrsxy. πορνιαν x. γαμησει efsy.
−και ὁ απολελυμενην *ad fin. vers.* s*. γαμων (*pro* γα-
μησας) ey. v. 10. οὑτος e. ανδρος (*pro* ανθρωπον) y.
+αυτου (*post* γυναικος) p. v. 11. +ιησους (*post* δε) de.
χορουσι y. −τουτον y. δεδωται x. v. 12. εγενηθησαν f.
οὑτως dlmnu. −και εισιν *usque ad* ανθρωπων f* (*margo
habet bis repet.*). ὁτινες *tert.* p*. δια την βασιλειαν των
ουρανων ευνουχισαν ἑαυτους g. ευνουχησαν bko, ευνουχι-
σθησαν y (*pro* ευνουχισαν). χορειν χορειτω y. v. 13.
επιθει s. επιθει επ᾽ αυτοις τας χειρας y. v. 14. προς
μαι h. −ελθειν προς με y. v. 15. τας χειρας επ᾽ αυτα
(*pro* αυτοις) qr. −τας d. επορευθησαν u. v. 16. *init.* τω
καιρω εκεινω s** (*marg.*). νεανισκος (νεανισκον s**) τις

προσηλθε τω ιησου γονυπετων αυτον και λεγων s**xy.
+τις (post εἰς) lmn. νεανισκος τις (pro εἰς) qr.   v. 17. init.
ὁ δε ιησους psu. ειμι x. εισελθην x. ελθειν g.   v. 18.
—ιησους x. ειπεν αυτω το c. —το y. ου ψευδομαρτυρησεις
ου κλεψεις p.   v. 19. —σου prim. bcf**ghklmnoqrsxy.
αγαπησης y.   σαυτον r, ἑαυτον (pro σεαυτον) adef**pq
xy.   v. 20. νεοτιτος x.   v. 21. δως x. ἐξης e. ουρανοις fr.
δευρω ακολουθη xy.   v. 24. —δε e. +ὁτι (ante ευκοπωτε-
ρον) o. καμιλον x. τρυμαλιας ep. τρυπατος y. ραφηδος x.
διελθην x, εισελθειν (pro διελθειν) acegosy. πλουσιος y.
v. 25. —αυτου ep.   v. 26. λεγει (pro ειπεν) e. —αυτοις x.
—εστι secund. acdf*hklmnps.   v. 27. αποκριθεις δε
(—τοτε) y. +κυριε (ante ιδου) bey. fin. ὑμιν e*.   v. 28.
καθηση b. καθησι c. καθησεσθε bfgk. καθισασθε y.
v. 29. ὁστις (pro ὁς) dep. οικιαν bdglmnpy. —η πατερα
η μητερα η γυναικα η τεκνα g. κληρονομηση y.   v. 30.
+οἱ (ante εσχατοι secund.) cp.

Caput XX. v. 1. ὁμοιωθη y, ὡμοιωθη x (pro ὁμοια
εστιν).   v. 2. Deest in k. και συμφωνησας (—δε) abdf*h
lmnoqrs. διναριου xy. —αυτους y. —αὐτου h.   v. 3. —την
adefghklmnqrsx. ιδεν e.   v. 4. και εκεινοις abc (εκινοις)
dfhklmnoqrsxy. ὑπαγατε s. αμπελονα x. +μου (post
αμπελωνα) adeg.   v. 5. —οἱ δε απηλθον x. +και (ante
ἑκτην) b. ενατην adefhkmnpsx. ὡσαυτως bfhk. ὡσαυ-
τως e. ὡσαυτος x.   v. 6. +εν τη αγορα (ante αργους)
hqr.   v. 7. εμεισθωσατο x. +μου (post αμπελωνα) def**
g. ὡ (pro ὁ) k.   v. 9. διναριον x.   v. 10. +και (ante οἱ
πρωτοι) d. ενωμησαν b. ενομησαν xy. πλεον p. λειψον-

ται e.   v. 11. –λεγοντες b.   v. 12. ημων (pro ημιν) y.
καυσονα b. καυσωνα; g. καισωνα?r.   v. 13. με (pro μοι) y.
v. 14. θελω δουναι τουτω τω εσχατω (–δε) y. τουτο τω
b. v. 15. ει (pro η secund.) abdfghklmnpqrsy. fin. ει μη x.
v. 16. –εσχατοι secund. y*.   v. 17. +αυτου (ante μαθη-
τας) y. κατιδιαν k.   v. 18. παραδωθησεται f*.   +τοις
(ante γραμματευσι) e. γραμματεις b. αυτω (pro αυτον) y.
v. 19. μαστηγωσαι e.   v. 21. –αυτη k. θελης c. καθη-
σωσιν y. –δυο y. εξενονυμων b. εξευνυνυμων cefghlmnpy.
+σου (post ευωνυμων) abcdefghklmnopqrsy.   v. 22.
πιειν (pro πινειν) ps. η (pro και) abcefhklmnoqrsy.
v. 23. –και m*. εξευωνυμων dfgy. –μου tert. adfg.
+τουτο (ante δουναι) h. παρα (pro υπο) s. –υπο του
πατρος μου y.   v. 24. ακουσθαντες y. ηρξαντο αγανακ-
τειν d.   v. 25. δοκουντες αρχειν (pro αρχοντες) d. κατα-
κυριεουσιν y. +αυτων (post μεγαλοι) eq.   v. 26. –δε
bcgky. –εν prim. mn. ως εαν θελει q. –μεγας g*. εσται
(pro εστω) abcdef*ghklmnoqry.   v. 27. –εαν eg. εσται
(pro εστω) adefglmnqy.   v. 29. εκπορευομενω αυτω n?
εκπορευομενου αυτου (του ιησου x) q*rx. ιεριχω adfhkl
qrs. ηκολουθησεν f. ηκολουθησαν p. πολοις x.   v. 30.
υιε q*r. δαυϊδ o?   v. 31. επετιμων a. σιοπισωσιν b. σηο-
πισωσιν x. μειζων bfxy. –λεγοντες y. υιε dfxy.   v. 32.
–και (sic) u. αυτοις (pro αυτους) cf. θελεται f*x.   v. 33.
υμων (pro ημων) ces.   v. 34. σπλαγνησθεις x. –αυτων οι
οφθαλμοι a. fin. –αυτω y.

Caput XXI. v. 1. ηγγισεν bkx. +ο ιησους (post
ηγγ.) k**x. ηλθεν box. βηθσφαγην ao**. βηθφαγην o*.

βηθσφαγη bdfghlmnpqrsy. εις (*pro* προς) g. απεστειλεν
ὁ ιησους p. −ὁ cko. −ὁ ιησους b**q**. *fin.* +αυτου y.
v. 2. ὑπαγετε (*pro* πορευθητε) y. κατεναντι s. −ευθεως
ps. ευρησεται e. ευρησειτε x. ευρισητε y. πολον x.
v. 3. −ειπη q. +και (*ante* ευθεως) m*. αποστελλει abcd
efhklmnopqrsxy (αποστελει g).   v. 4. ὑπο (*pro* δια) p.
v. 5. βασιλευ σου x. επιβεβηκος x. υιων f.   v. 6. −και h.
v. 7. −και επεκαθισαν επανω αυτων cs. εκαθισεν aeg. επε-
καθησεν bfkxy. επεκαθισεν dhlmnoqrs**. επεκαθισσεν ?p.
v. 8. εστροσαν x. αυτων (*pro* ἑαυτων) blmnq**. εστρωνοι-
ων x. −εν *secund. c.*   v. 9. οἱ προαγοντες δε (−οἱ οχλοι)
h. ὡσάννὰ *bis* e. ὡσάννὰ *bis* lmpqsy.   v. 10. ελθοντος b.
εισελθοντες p*. εσισθη e.   v. 11. −ιησους y. ναζαρετ ab
cdfgklmnpqry.   v. 12. −ὁ bcko. κολυβιστων ehks. κα-
στρεψε d*.   v. 13. εποιησατε αυτον u. εποιησαται p*.
v. 14. χωλοι και τυφλοι abcdefghklmnopqrsy.   v. 15.
ἀρχιερεις (*sic* v. 23) e. −οἱ *secund.* e. οἱ γραμματεις και
οἱ αρχιερεις y. −τους y. και λεγοντας εν τω ἱερω y.
ὡσάννὰ e. ὡσάννὰ lmpqsy. ἠγανακτισαν y. v. 16. −αυτω
k. +ουκ (*ante* ακουεις) hpy.   *Transfert* e ναι *in locum*
ante ακουεις. −ιησους y. ειπεν (*pro* λεγει) f*osy. −ὁτι a.
θηλαζωντων x. κατηρτησω f*xy.   v. 17. καταλειπων bx.
−εις βηθανιαν y.   v. 18. πρωι x. +γενομενης (*post* δε) c.
επι (*pro* εις) d. επινασεν x.   v. 19. φυλα x. ειπεν (*pro*
λεγει) y. εξου (*pro* εκ σου) b.   v. 20. ιδονταις x.   v. 21.
εχετε cysem. εχειτε x. +ὡς κοκκον σιναπεως (*post* πι-
στιν) e. διακριθηται x. διακριθειτε ysem. ποιησειτε b.
ποιησητε y. ποιησιτε x. και (*pro* καν) c. το ορει b. τουτο

bxy. γενησηται y. v. 22. εαν (pro αν) behklmnoxy.
αιτησησθε p. πιστευονταις x. v. 23. εις τῶ x. −του
λαου y. +ειπε ἡμιν (post λεγοντες) y. τι σοι εδωκεν f*.
δεδωκε qr. v. 24. επερωτησω pqr. ερωτισω y. ἑνα λογον
es. και(pro ὁν) y. εξουσι y. v. 25. εξ ουρανου ην (−ποθεν)
ysemel. ελογιζοντο c. εν (pro παρ᾽) ysem. ειπομεν by.
−ἡμιν x. ὑμιν def. −ουν a. v. 26. −δε k. ειπομεν bxy
sem. v. 27. ειπον τω ιησου a. +και (post εφη) e. ὁ
ιησους (pro και αυτος) s. ὑμιν λεγω aeg. ποιωι d. v. 28.
+τις (post ανθρωπος) lmnqrsy. εσχεν (pro ειχε) f. σι-
μερον x. fin. −μου egysemel. v. 30. ἑτερω e, ἑτερω ac
dfgklmnqrxysem. (pro δευτερῳ). ὡσαύτως fko. ὡσαύτος
x. v. 31. +ουν (post τις) ysem. +αυτου b?o, +αυτων b?
ysem. (post πατρος). προτος x. −ὁτι y. των ουρανων
(pro του θεου) ysem. v. 32. −προς ὑμας s*. +ὁ (ante
ιωαννης) kx. επιστευσαται x. αυτων (pro αυτῳ prim.) p.
ἁμαρτωλοι (pro αἱ πορναι) e. ἑ (pro αἱ) x. −ὑμεις δε ad
fin. vers. x. v. 33. −τις cgkou. ορυξεν x. λινον xysem.
οκοδομησε xsem. εξεδωτο xsem.ysem. v. 34. ἡγγησεν
ysem. ἡγγησεν xsem. κερος xsem. απεστηλεν xsem.
αυτων (pro αυτου) s. v. 35. εδηραν elmnqrxsem.ysem.
μεν (pro δε prim.) ysem. απεκτηναν xsem. ελιθοβολισαν
ysemel. v. 36. +δε (post παλιν) u. απεστιλεν xsemel.
−δουλους ysem. εποιησεν p. ὡσαύτως fhk. ὡσαύτος x.
v. 37. απεστιλεν xsem. −λεγων ad fin. vers. xsem.
εντραπησωνται q. εντραπισονται xsem. v. 38. ιδονταις
xsem. οὑτως xsem. αποκτεινομεν gysem. αποκτηνομεν
xsemel, at αποκτηνωμεν sem. κατασχομεν xysem. κλη-

ρομιαν xsem.   v. 39. *Totus hic versus sic est apud* y :
και εκβαλοντες αυτον εξω του αμπελωνος απεκτειναν.
απεκτηναν xsem.   v. 40. ὁτὰν b.   ποιηση r.   ποιειση x
sem.   v. 41. λεγουσι p*.   εκδωσεται cdefghkl*mnopqrs
xysem.   αποδωσουσι (–αυτῳ) ysem. κεροις x.   v. 42.
απεδωκιμασαν e.   απεδοκημασαν x.   εγεννηθη aexsem.
γονειας f*.   γονιας m*xysem.   και εστη cops.   *fin.* ὑμων l.
v. 43. τουτῳ f*.   –ὁτι y.   ἀρθησετε x.   βασηλεια x. εθνη
benp*xy.   –καρπους y*.   v. 44. *init.* –και e.   συνθλασ-
θησετε e.   –δ' b.   –δ' αν d*.   λικμηση o.

Caput XXII. v. 2. ὁμοιωθη e.   ὁμοιωθη by.   –τῳ
υἱῳ αυτου k.   v. 3. ειθελον x.   εισελθειν s.   v. 4. ἑτοιμον
(*pro* ἡτοιμασα) y.   v. 5. εμπορειαν f**.   v. 6. εδειραν
(*pro* ὑβρισαν) p.   v. 7. και ακουσας ὁ βασιλευς εκεινος
(–δε) abcdefghklmnopqrsuxy.   οργισθη y.   απωλεσαι y.
φωνεις ef.   –την y*.   πολην x.   –αυτων b*.   ενεπρισεν fx.
v. 8. εισαν (*pro* ησαν) x.   v. 9. πορευεσθαι x.   τας
εξοδους y.   εαν (*pro* αν) abdehopsxy.   v. 10. οὑς (*pro*
ὁσους) c.   v. 11. ιδεν e.   v. 12. ἑτεραι c, ἑτερε x (*pro*
ἑταιρε). εφημωθη x.   v. 13. δισαντες x.   χειρας και ποδας
abdflmnqrsuy.   εκβαλλετε bel*qr.   εμβαλετε p.   βαλετε
gx.   εξοτερον f.   εστε e.   οδωντων x.   v. 14. εκλετοι y.
v. 15. φαρισσαιοι xsemel.   συμβουλιον ελαβον οἱ φαρι-
σαιοι e.   παγηδευσωσιν x.   v. 16. αυτου (*pro* αυτων) ysem.
ἡρωδιανον xsem.   αληθεις bx.   ἠ̑ (*pro* εἰ) f*xsem.   μελλει
acefhpqrysem.   μελλη ysem.   μελι xsem.   ανθρωπου y
sem.   v. 17. τει σοι δωκει xsem.   κηνσον (κινσον y) και-
σαρι δουναι fy.   καισαρει xsem., at κεσαρι semel.   v. 19.

ὑποδειξατε g. κινσου ysem. διναριον xy. v. 20. εικων e.
επηγραφη xsem. ὑπογραφη ysem. v. 21. κεσαρος bis
xsem. +ὁ ιησους (ante αποδοτε) ox. αποδωτε ysem.
−ουν k. +τω (ante καισαρι) e. καισαρει xsem. v. 22.
ακουσανταις xsem. v. 23. ὡρα (pro ἡμερα) m. +οἱ (ante
σαδδουκαιοι) g. −οἱ (ante λεγοντες) acef*gkpx. επιρωτη-
σαν x. επηρωτισαν y. v. 24. μωϋσης egkp. τινος αδελ-
φος αποθανει (pro τις αποθανη) y. επιγαμβρευση y.
ανασστησει x. v. 25. προτος x. v. 26. +δε (post
ὁμοιως) u. v. 27. απεθανεν (−και) g. vv. 27, 28. Desunt
in x usque ad ἑπτα (habet margo partim). v. 28. −ουν
y. v. 29. −αυτοις b. πλανασθαι x. ειδωτες x. ιδωτες y.
v. 30. εκγαμηζωνται x. ος (pro ὡς) x. −του s. +τω (ante
ουρανῳ) p. v. 31. ριθεν x. −ὑμιν ey. v. 32. ἡσαακ x.
−θεος (ante νεκρων) y. v. 34. εφημωσε ehky. σαδδουκε-
ους x. τω αυτω f*. αυτω x. v. 35. επηρωτισεν y. νομικος
τις (−εἱς) xysem. αυτω c, αυτων p* (pro αυτον). v. 36.
−διδασκαλε e. v. 37. κυριος (pro ιησους) k. εφη (pro
ειπεν) abcdefghklmnopqrsuxy. αγαπησης x. −τη (ante
καρδια) bcdfhkn*oqrs*x. −τη (ante ψυχη) bcf*hkqs*x
semel. v. 38. πρωτη εντολη και μεγαλη ysem. −εντολη
ysemel. v. 39. αὑτη ce, αὑτη dklmnqrsy (pro αυτη).
πλησσιον x. ος (pro ὡς) xsem. εαυτον b?ceoqrsx. v. 40.
−δυσιν c*. προφητε b. v. 41. επηρωτισεν y. αυτοις (pro
αυτους) xsem. −ὁ ιησους ysem. v. 42. δωκει x. εστιν
υἱος y. v. 43. +ὁ ιησους (ante πως) b. −αυτον y. καλη x
sem. v. 44. ὑποκατω (pro ὑπυποδιον) ck. v. 45. init.
πως ουν δαβιδ εν πνευματι κυριον αυτον καλει e. +εν

πνευματι (*post* δαβιδ) dg. καλη xsem. κυριον καλει αυτον
ysem. v. 46. εδυνατω f*. ηδυνατο qrxsem. αποκριθηναι
αυτω aeglmnysem. ανταποκριθηναι u. ωρας (*pro* ημερας)
c. επερωτησε xsem. ερωτισαι ysem., *at* επερωτισαι semel.
αυτω (*pro* αυτον) c. ουκ ετι k.

Caput XXIII. v. 1. τους (*pro* τοις *prim.*) p*.   v. 2.
εκαθησαν begxysem. γραμματης x.   *fin.* +λεγοντες s**
(*marg.*).   v. 3. εαν (*pro* αν) abcdehklmnoprsxysem.   −τη-
ρειτε και f*. ποιητε *prim.* y.   v. 4. δε (*pro* γαρ) gysem.
δυσβαστακτα και βαρεα ysemel. επιτηθεασιν xsem. ομους
xsem. το δε δακτυλω x. κινησε x.   v. 5. δε (*pro* γαρ
secund.) y.   v. 6. γαρ ysem., δε acgpxsem. (*pro* τε).
πρωτοκλησιαν besxy. πρωτοκλησιας f*. −τας ysem. προ-
τοκαθεδριας xsem.   v. 7. −και τους *usque ad* αγοραις g*
(*habet marg.*). καλεισθε ysem. −ραββι *unum* uy.   v. 8.
ραβι xsem. υμων εστιν xsem. εστι ysem. −υμων ysemel.
−ο *prim.* d. διδασκαλος (*pro* καθηγητης) dlmn. −ο χρι-
στος eg. γαρ (*pro* δε *secund.*) ysem. παντες δε υμεις
αδελφοι εστε *transfert* d *ad fin.* v. 9.   v. 9. καλεσηται
h*. υμων ο πατηρ fxsem. −τοις ysem.   v. 10. κληθηται
x. καθηγητε ex. −υμων eg. εστιν υμων acfmns. −ο *prim.*
d. οτι καθηγητης υμων εις εστιν (−γαρ) xsem. εστιν
(εστι ysem.) ο καθηγητης υμων xsem.y.   v. 11. μιζων
xsem. εστω lmnqrysem., εστε xsem. (*pro* εσται). διωκονος
ysem.   v. 12. ταπινωθησεται xsem., *at* −ετε *sem.* ταπι-
νωσει xsem. υψωθησετε xsemel.   vv. 13, 14 *transpo-
nunt* abcdefghklmnopqrsuxy.   v. 13. *init.* και ουαι (−δε)
k. −δε h*x. κλιετε x. βασηλειαν x. του θεου (*pro* των

ουρανων) f*u. −γαρ ysem. εισερχεσθαι px. αφιεται x.
v. 14. οιποκριται x. καταισθιετε b. ὁτ᾽ εσθιετε ysem.
χειρων x. −και (ante προφασει) p. προφασι x. ληψεσθαι
x. v. 15. περαγετε c. ποιησε x. γενητε x. −ποιειτε x.
ποιητε s. γεεενης f. v. 16. ὁδιγοι x. τυφλων y*sem.
ὁμωση bis sx. ωμωσει bis y*. οφειλη b. v. 17. τοιφλοι
x. τι e**. −γαρ h. εστι μειζω ysem. −ὁ ναος ysem.
v. 18. αν (pro εαν) af**gpxy. ὁμωση bis sx. ωμωσει y
sem. εστι sysem. το επανω d. −αυτου ysem. οφειλη be.
οφιλει x. v. 19. τις γαρ μειζων ysem. μειζων fxysem.
τω prim. p*. ἁγιαζων f*hr*s*xy. v. 20. γουν (pro
ουν) p. ὁμωσας e. ὁμωσας sx. ὠμωσας (sic vv. 21, 22) y.
ομνοιει (sic vv. 21, 22) x. v. 21. ὀμνυων bu, ὀμνυων
ho (pro ὁμοσας). κατοικησαντι abdefgklmnopq**xy. fin.
εν αυτω c, αυτωι hy (pro αυτον). v. 22. ωμνυει ysemel.
v. 23. αποδεκατουται eysem. ανιθον k. κυμηνον exysem.
βαροιτερα x. βαρεα su. ελαιον c. ελεων s*. το ελεον y
sem. +δε (post ταυτα) efgx. −εδει ysem. ποιεισαι x.
αφιναι x*. v. 24. ὁδιγοι x. δι᾽ ὑλιζοντες k. δι᾽ ὑλιζωντες
x. κονωπα b. κανωπα?s κωνοπα e. κονοπαν x. καμιλον
c. καπινοντες y*sem. v. 25. ὑμεις (pro ὑμιν) ysem. καθ-
αριζεται x. +του πινακος (post παροψιδος) de. εσοθεν x.
−δε ysem. −εξ x. ἁρπαγης h. +και πασης αδικιας (post
ἁρπαγης) d. ακαθαρσιας g, αδικιας abcefhklmnopqrsuxy
(pro ακρασιας). v. 26. καθαρισε x. εσωθεν (pro εντος) eg.
εντος (pro εκτος) xysemel. αυτου (pro αυτων) kysem.
v. 27. ὑμεις (pro ὑμιν) ysem. παρομυαζετε b. παροιμια-
ζετε c. παρομιαζετε ysem. καικονιαμενοις x. οιτηνες x

sem. εξωθε x. +τοις ανθρωποις (*post* φαινονται) dx. οστεαι
q*. οστεα r.   v. 28. ουτως d. ουτος *xsem.* ημεις *ysem.*
φενεσθε *xsem.*, *at* φαινεσθαι *sem.* −τοις u. εστε μεστοι
xsem. υποκρισαιως *xsem.* −και *secund.* e. αδικιας (*pro*
ανομιας) p.   v. 29. φαρισσαιοι *xsem.* οικοδομειται c.
οικοδομητε x. κοσμειται cs. κοσμητε *xsem.*   v. 30. η
ειμεθα (*pro* ει ημεν) c. ημεθα (*pro* ημεν) *bis* bfkoxy. *se-*
cund. chs. εγενωμεθα (*pro* ημεν *secund.*) *ysem.*   v. 31.
εαυτους *xsem.*, *at* αυτοις *sem.* εσται *xsem.* φωνευσαντων
xsem.   v. 32. ημεις y. επληρωσατε csy. μετρω *xsem.*
fin. ημων *xsem.*   v. 33. οφις *xsem.* φυγετε *xsem.* γε-
νομενης (*pro* γεεννης) c.   v. 34. −ιδου py.   αποστελω
ckx*sem.*   αποστελλω g. −προς υμας y. −και (*post*
γραμματεις) p. εξ αυτων μαστιγωσεται e. μαστειγοσετε
xsem. −ταις c. συναγογες *xsem.* διοξετε x. πολην x
sem.   v. 35. +αν (*post* οπως) xy*sem.* ελθοι s. επελθη x.
−επι της γης y. −του *prim.* y. −αιματος *prim.* s*. θη-
σιαστηριου s.   v. 36. *Deest in* x*sem.* αμιν y. +οτι (*ante*
ηξει) abcdefghklmnopqrsux*sem.*y. εξει u. παντα ταυτα
bcdefghklmnors.   v. 37. αποκτινουσα ?a*. αποκτενουσα
cglmnpqrsx. αποκτεννουσα hky. αποτεννουσα d. επ᾽ αυ-
την g, προς σεαυτην y (*pro* προς αυτην). ποσακεις *xsem.*
επισυναγαγην x*semel.* ορνις επισυναγει o. επισυναγαγει
x. ωρνις p*. ορνης *xsem.* νοσια b*defoy. +αυτης (*post*
πτερυγας) *xsem.*   v. 38. αφιετε e. −υμιν y. ο y*. υμος
(*pro* υμων) *ysem.*   v. 39. −γαρ x*semel.* +οτι (*ante* ου
μη) eq. ου μι με ειδηται x*semel.* απαρτι cefghklmnop
q*s*y.

CAPUT XXIV. v. 1. απο του ιερου επορευετο ο.
ιρου r. +αυτω (post προσηλθον) lmn. του ιησου (pro
αυτου) x. επιδειξε x.   v. 2. −ου βλεπετε παντα ταυτα
ysem. −ου prim. ad. ταυτα παντα acdklpqrxsem.
οδε (pro ωδε) x. −μη secund. abcdghklmnopq**rs*
xy. v. 3. ελεων ep. −αυτω g*ysem. +αυτου (post
μαθηται) x. κατιδιαν bk. +κυριε (ante ειπε) ysem.
v. 4. μη πλανηθηται (pro μητις ὑμας πλανηση) xsem.
πλανησει y. v. 5. επι το x. + ὁτι (ante εγω) y. πλα-
νησουσι adlmnopqrsy. v. 6. μελησετε deflmnxsem.
μελησεται qr. μελλετε p. μελλησητε s. μελλησηται y.
−δε y. ακαταστασιας (pro ακοας) xsem. θορυβεισθε ο*.
δη (pro δει) y. ουπως u. εσται (pro εστι) x. v. 7. επ'
εθνος egy. εσοντε λειμοι xsem. v. 8. ωδηνων xsem.
v. 9. θληψιν xsem. εσεσθαι xsem. +των (ante εθνων)
abdefghklmnqrsxsemel y. −εθνων p. vv. 10—12. De-
sunt in x duobus locis. v. 10. init. −και k. παραδωσωσι y
sem. μισησωσιν pq. μισησουσι ysem. v. 12. ἁμαρτιαν (pro
ανομιαν) y. v.14. −τουτο bef**. ευαγελιον f. το ευαγγε-
λιον τουτο k. v.15. βδελλυγμα p. ἑστος bcf*. ἑστος gks.
νοειτωι d. νοητω y. v. 16. εις (pro επι) f. v. 17. init. +και
df*q*rs. δοματος y. καταβατω αου. −τι εκ ysem. τα (pro
τι) abcdefghklmnopqrsx. (τι ysemel). v. 18. +αυτου
(post αγρω) y. επιστραφιτω c. +εις τα (ante οπισω) ef.
το ἱματιον eglmnysem. v. 19. αιχουσαις c. v. 20. προσ-
ευχεσθαι e. γενοιται ysem., at γενητε semel. ἡμων e.
μὴ δὲ k. −εν abdefghklmnpqrsysem. v. 21. −τοτε y
semel. θληψεις x. θλιψης ysem. γεγονε k. απαρχης hlo

alii. ουδε μη (–ου) acpy. *fin.* γενησεται y.   v. 22. εκο-
λοβοθησαν bey. κολοβοθησονται y.   v. 23. –τις y*sem.
πιστευσειτε x.   v. 24. ψευδοπροφηται και ψευδοχριστοι y
sem. πλανισαι y.   v. 26. ταμιοις px. πιστευσειτε x.
v. 27. –ἡ *prim.* c. –και (*post* εσται) abdefgkopsuysem.
v. 28. ει (*pro* ᾖ) y. και οἱ αετοι συναχθησονται ysem.
συναγουντε c. +και (*ante* οἱ αετοι) cpy. v. 29. θληψιν x.
αὑτης e. αστεραις bysem. εκ (*pro* απο) bysem.   v. 30.
τω (*pro* το) p*. –τοτε *secund.* ysem. φιλαι m*. –ερχο-
μενον επι των νεφελων του ουρανου b*. εν νεφελαις e.
v. 31. αποστελλεῖ g. +και (*ante* φωνης) hpu. –φωνης y.
επισυναξωσι ysem. απ᾽ ακρον b. απακρων e. απο ακρων o.
v. 32. ιδητε (.*pro* ηδη) y. ἁπαλος h. –τα y. φυλα ep*x.
εκφνει y. γινωσκεται lmn. +εστι (*post* εγγυς) pq*.   v. 33.
οὑτως dq. ἡμεις y. ειδητε p. ηδητε s. ταυτα παντα acdl
mnpqruy.   v. 34. +ὁτι (*ante* ου μη) d. –ταυτα apuy.
v. 35. παρελευσωνται x. παρελευσεται lpsu. v. 36. –της
secund. abcdefghklmnopq**sxy. ἡ (*pro* ει) x. –μου egpy.
v. 37. υτως h. –και (*post* εσται) f.   v. 38. επι (*pro* εν) p.
+εκειναις (*post* ἡμεραις) c. τρογωντες xsem. πινωντες h*.
εκγαμηζωντες xsem. εγγαμησκοντες y. αχρη ις c. κηβω-
τον xsem.   v. 39. +ου᾽ (*post* ἑως) f. ηρε παντας y.   v. 40.
εσονται δυο p. –ὁ *bis* au ("ὁ εις ὁ εις *ambo desunt*" u). v. 41.
αλιθουσαι f. ἁληθουσαι s. μυλω bf**hopu.   v. 42. γρη-
γορειται d*. γρηγορητε x. *Post* οιδατε x *habet duobus*
locis την ἡμεραν ουδε την ὡραν εν ἡ ὁ υιος του ανθρωπου
ερχεται. v. 43. εκεινω f*mysem. γινωσκεται b. ηδη bk
m*sy. φυλακει x. εγρηγορισεν x. αφηκε (*pro* αν ειασε) y

sem. διωρυγειναι τον οικον x.   v. 44. γινεσθαι x.   v. 45.
γαρ (*pro* αρα) y.   φρονημος f*hxsem.y.   επη xsem.   θερα-
πιας x.   οικιας (*pro* θεραπειας) g. —αυτου *secund.* g. —τους.
δουναι f*.   κερω xsem.   v. 47. πασιν αυτου τοις υπαρ-
χουσι g.   υπαρχουσι y.   v. 48. —εκεινος dy.   v. 49. αρ-
ξητε y.   τυπτην x. +αυτου (*post* συνδουλους) bcdopq*rs**
y.   εσθιει bx.   εσθιη dhoqr.   τε (*pro* δε) amn.   πινει bx.
πινη dhoqr.   μηθυνωντων y.   v. 50. +τη (*ante* ημερα) y.
προσδοκαν ?f*.   προσδωκα x.   v. 51. οδωντων xy.

Caput XXV. v. 1. —τοτε xsemel.   ωμοιωθησετε x
sem., *at* ωμοιωθη *sem.*   ωμοιωθη xsem. ysem.   ομοιωθη y
semel. —αυτων f*.   εξηλθων xsem.   απαντισιν xsem.
Desunt in p *omnia ab* εξηλθον *usque ad* λαμπαδας εαυ-
των v. 3.   v. 2. εισαν xsem. —εξ αυτων ysem.   φρονη-
μοι x.   φρονημαι ysem. +αι (*ante* πεντε *secund.*) abdfhkl
mnoqrsu?xy.   πενται *secund.* xsem.   v. 3. αιτηναις xsem.
—μωραι y*sem.   αυτων (*pro* εαυτων *prim.*) abcdfghk
(αυτων) lmnoqrsxy.   *fin.* +εν τοις αγγειοις (αγγιοις y)
αυτων q*ysem.   v. 4. φρονημαι ysem.   +μεθ᾽ εαυτων
(*post* ελαβον) c.   αγγιοις hysem.   v. 5. εκαθευδων xsem.
v. 6. +της (*ante* νυκτος) o.   κραυγει xsem.   απαντησιν hs.
v. 8. ε (*pro* αι) x.   v. 9. φρονημοι x*bis* y.   μηποτε ου
μη acfghkos*xysem.   αρκεσει sysem.   πορευεσθαι x*bis*.
—δε *secund.* cfhkox.   πολουντας x*bis*. εαυτας q.   v. 10.
—αι psysem.   ετοιμαι ysem.   και αιτιμοι c.   v. 11. ερ-
χοντε bx.   λυπαι be.   v. 12. ου p*.   v. 13. —ουν ysem.
ενι (*pro* εν ῃ) b. ερχετε xsem. —εν ῃ ο υιος του ανθρωπου
ερχεται gko. v. 14. +τις (*post* ανθρωπος) fk** (*rubro*) xy

sem.   v. 15. ὁ (*pro* ᾧ) b*terebis* (ὁ) y*sem.*   ἐν (*pro* ἐν)e.
δυναμην x.   v. 17. ὡσαύτως k.   ὁσαύτως x.   +ταλαντα
(*post* δυο) p.   v. 18. λαβον x*sem.*   ορυξεν b.   v. 19. δου-
λον x*sem.*   συνερει x*sem.*   λογον μετ᾽ αυτων degpq*ry.
v. 20. λαβον x*sem.*   προσενεγκε y*sem.*   −ταλαντα *secund.* y
sem.   +και (*ante* ιδε) p.   ειδε b.   *fin.* −επ᾽ αυτοις g.   επ᾽
αυτους p*.   εν (*pro* επ᾽) x.   v. 21. −δε adfkpxy.   ολλιγα
ηεις y*sem.*   εις (*pro* ης) x.   καταστησο b.   vv. 22, 23
desunt in f* (*habet marg.*).   v. 22. προσελθον x*sem.*
−λαβων p.   −αλλα p.   *Erasum habet* e *post* ειπεν, κυριε
δυο ταλαντα λαβων ειπεν κυριε.   v. 23. ολλιγα y*sem.*   εις
(*pro* ἧς) x.   καταστισω x.   v. 24. τον ἐν (*pro* το ἐν) y*sem.*
συναγον x*sem.*   v. 26. εφει (*pro* ειπεν) b.   +ει a +η p
(*ante* ηδεις).   ηιδεις f.   εἶδεις x*sem.*   ιδεις y*sem.*   θερηζω x
sem.   v. 27. *init.* εδι x*sem.*   σε ουν y*sem.*   τραπεζηταις fx
sem. y*sem.*   ελθον x*sem.*   εκομησαμην o.   v. 28. +μη (*ante*
εχοντι) y*sem.*   v. 29. δοθησετε x.   περισευθησεται efx.
μι (*pro* μη) x*sem.*   δοκει εχειν (*pro* εχει) emnpy.   v. 30.
αχριον x*sem.*   εκβαλεται c.   εκβαλετε ab?f h**klmnopsy.
εμβαλετε g.   −το σκοτος q*.   εξοτερον fy*sem.*   οδωντων y
sem.   *fin.* +ταυτα λεγων (λεγον c) εφωνει (εφωνη cx) cqr
xy.   +ὁ εχων ωτα ακουειν ακουετω (ακουετο c) cfqrxy.
v. 31. −δε x*semel.*   −ἁγιοι e.   καθησει hxy.   −τοτε καθι-
σει *ad fin. vers.* p.   v. 32. συναχθησονται adehqrsy*sem.*
συναχθησοντε cx*semel.*   αφορισει c.   ποιμιν x*sem.*   ερει-
φων x*sem.*   v. 33. εκδεξιὼν l.   εξευωνυμων l.   v. 34.
−ὑμιν e.   v. 35. εδοκατε e.   εποτησατε x*sem.*   ημιν (*pro*
ημην) ex*sem.*   (*sic fere* vv. 36, 43).   −ξενος ημην *ad fin.*

*vers.*f* (*habet marg.*).   v. 36. ηλθατε cy.   v. 37. αποκρι-
θησοντε xsem.   ιδομεν e (*sic* vv. 38, 39, 40).   ιδωμεν x
sem.   ιδωμεν ysem.   πινωντα xsem.   διψοντα xsem.   επο-
τησαμεν xsem.   v. 38. −δε e.   ιδομεν ysem.   συνηγαγω-
μεν y.   +σε (*post* συνηγαγ.) c.   περιεβαλωμεν ysem.
v. 39. −δε e.   ειδωμεν ysem., at ιδωμεν *semel*.   ασθενει x
sem. ηλθωμεν xy.   v. 40. −αμην λεγω υμιν ysem.   εφοσον
an (*sic* v. 45).   −των αδελφων y*.   v. 41. εξευονυμων x.
πορευεσθεα?n.   ητοιμασμενω ysem.   το διαβολω xsem.
v. 42. εδοκατε k.   εποτησατε e.   v. 43. αισθενεις ysem.
ου πεσκεψασθε p*.   v. 44. −αυτω abcdefghklmnpqrsxy.
ειδωμεν xsem.   ιδωμεν ysem.   δειψωντα x.   διηκονισαμεν y.
v. 45. −τουτων y.   v. 46. απελευσοντε xsemel. −ουτοιg*.

CAPUT XXVI. v. 1. −παντας elmnq**.   v. 2. παρα-
δοθησεται q.   παραδιδωται x.   σταυρωθηναι; o.   v. 3. +και
(*post* συνηχθησαν) y.   −και οι γραμματεις y.   v. 4. συν-
βουλευσαντο y.   δολω κρατησωσι abcdefghklmnopqrsy.
fin. αποκτεινωσι e.   απολεσωσιν (*pro* αποκτ.) a.   v. 5.
γινεται p.   v. 6. βιθανια b.   +τη (*ante* οικια) c.   v. 7.
πολυτιμου (*pro* βαρυτιμου) gp.   +αυτο (*post* κατεχεεν) p.
της κεφαλης hxy.   −αυτου p.   v. 8. ηγανακτισαν y.   εις
τη x.   απολεια by.   απολια x.   *fin.* +του μυρου γεγονεν q*.
v. 9. ειδυνατο c.   εδυνατο f*gp.   −το μυρον ceg.   +τοις
(*ante* πτωχοις) adefg**lmnoqry.   v. 10. λεγει (*pro*
ειπεν) a.   παρεχεται x.   ηργασατο x.   εποιησεν (*pro* ειργα-
σατο) p.   v. 11. τους πτωχους γαρ παντοτε bcefq*rsxy.
v. 12. ενταφιασε x.   πεποιηκεν y.   v. 14. ισκαριωτης k.
εισκαριωτης x.   ισκαριοτης y.   v. 15. και εγω bdfhkmno

qs.   v. 16. ευκεριαν x.   αυτω (pro αυτον) y.   v. 17.
−αυτῳ ep. θελης b.   ετοιμασομεν ahlm*npqrs. φαγην x.
v. 18. init. ὁ δε ιησους ειπεν αυτοις xy. υπατε a. εστι
dhmnqry.   v. 19. εποιεισαν x.   −οἱ μαθηται q*.   v. 20.
fin. +μαθητων cg.   v. 22. λυπουμενος p. λοιπουμενοι s.
ηρξατο hp.   +εἰς (ante ἑκαστος) d.   v. 23. χειραν p.
οὕτως (pro οὕτος) e.   v. 24. ὁ μεν ουν ὁ υἱος p. καθὼς b.
παραδιδοτε x.   v. 25. αυτων (pro αυτον) f*?   v. 26.
λαβον x.   −τον dm*q*ry.   −και prim. c.   ευχαριστησας
(pro ευλογησας) abcdefghkopq*rsxy.   +αυτου (post μα-
θηταις) d.   −το u.   v. 27. −το y.   v. 28. −γαρ bpxy.
κενης x.   v. 29. απαρτι ου μη πιω h.   απαρτι bdhkgy.
−τουτου s. γενηματος abcdefgklpqrsxy. αυτω (pro αυτο)
sxy.   καινον μεθ' ὑμων c.   των ουρανων (pro του πατρος
μου) y.   v. 30. εξηλθων x.   v. 31. σκανδαλισεσθε gy.
νυκτη x. διασκορπισθησονται dqrsy.   v. 32. εγερθηνε x.
v. 33. −δε f*.   −και abcdefhkoq*rsxy.   σκανδαλισθη-
σοντε x.   +δε (post εγω) bcdefhkq*rsxy.   σκανδαλισθη-
σομε x.   v. 34. νυκτη x. αλεκτωρα φωνισαι y.   τρεις ex.
ἀπαρνισει c.   απαρνησει fy.   μαι (pro με) e.   v. 35. δὲ εἰ x.
δε ει μαι y.   αποθανην x.   απαρνησωμαι afhklmnpqrs*x.
+δε (post ὁμοιως) abcdefghklmnopqrsxy.   −οἱ μαθηται q.
v. 36. γεθσημανι beg. γεθσιμανη c. γεθσημαμι ?o.   +αυ-
του (post μαθηταις) abeq*ruxy. καθησατε bxy.   εκει (pro
αυτου) c.   αν (pro οὑ) eg. προσευξομαι acefhm**oqrs**y.
προσυξομαι x.   v. 37. λυπισθαι x. · αδημονην x.   v. 38.
+ὁ ιησους (post αυτοις) bcdefghklmnopqr?sxy.   γρηγο-
ρητε x.   v. 39. προσελθων bcfhkopsxy.   το ποτηριον

τουτο παρελθετω απ᾽ εμου y. παρελθετο x. αλλ᾽ ὡς c.
αλλος x. σοι (*pro* συ) cfx.   v. 40. *init.* −και q. +ανα-
στας απο της προσευχης (*ante* ερχεται) bfh. τωι y *raro.*
ούτως ; k. γρηγορησε x. γρηγορεισαι y.   v. 41. εις πει-
ρασμον εισελθητε y. πηρασμον x. αληθεις y.   v. 42.
προσευξατο f. δυνατε x. το ποτηριον τουτο c. −το
ποτηριον g. αυτω esxy. πιω αυτο d. γενηθιτω b.   v. 43.
παλιν ευρισκει αυτους f. ευρεν ceglmnp. οἱ οφθαλμοι
αυτων pqry.   v. 44. παλιν απελθων cy. προσηυξατο
παλιν egp. προσευξατο f. −προσηυξατο y*. −εκ τριτου
cegy.   vv. 45, 46. −ιδου ηγγικεν *usque ad* αγωμεν (v.
46) h.   v. 45. −αὑτου cegp. ειπων (*pro* και λεγει αυ-
τοις) y. −το mp. +γαρ (*post* ιδου) p. ηγγηκεν (*sic* v.
46) x. +ανθρωπων (*post* χειρας) y.   v. 46. *init.* +ὁ r??
εγειρεσθαι e. +εντευθεν (*post* αγωμέν) y. −ηγγικεν lm
nq**.   v. 47. πολλοις x. +των (*ante* πρεσβυτερων) f.
v. 48. εαν (*pro* αν) cdghklmnos. κρατισατε y.   v. 49.
ραββει x.   v. 50. −αυτω e. ετερε x. ἑτεραι y. εφ᾽ ὃ
abcefgkpry. κρατισαντες (*pro* εκρατησαν) y.   v. 51. *init.*
−και y. +του (*ante* ιησου) cy. εκτηνας x. απεσπασαι q.
ὁτιον p.   v. 52. αυτωι s. −σου c*e. σον m*? την μα-
χαιραν σου d. την θηκην (*pro* τον τοπον) s. λαβωντες x.
αποθανουνται (*pro* απολουνται) abc(αποθανουντε)dfhklm
noqrsxy.   v. 53. +ου (*ante* δοκεις) m. δοκει σοι (*pro*
δοκεις) p. δωκει x. δυναμε x. παρακαλεσε x.   v. 54. δη
(*pro* δει) b. ούτως dqu. γενεσθε x.   v. 55. εξηλθατε
cxy. καθημεραν l. εκαθεζωμην f*x. εν τω ἱερω διδασκων
glmnp.   v. 56. αυτων (*pro* αυτον) p.   v. 57. απιγαγον

x. αρχιερεαν c.   v. 58. ἠκολουθη bgxsemel y.   ἠκολουθη
exsem.   μακρωθεν xsem.   εκαθητω xsemel.   v. 59. +του
λαου (post πρεσβυτεροι) s.   ὁλον το συνεδριον jmxsem.
θανατωσωσιν αυτον bcdefghklmnopqr?sx(θανατοσωσιν x).
θανατωσουσιν j.   απολεσωσιν (pro θανατ.) u.   ὡστε θανα-
τωσαι αυτον (pro ὁπως αυτον θανατ.) y.   v. 60. ουκ
ηυρον prim. j.   −και πολλων usque ad εὑρον f*(notat
margo) k.   −και secund. j.   προσελθωντων x.   ελθοντων
cysem.   ελθωντων ysem.   −ουχ εὑρον secund. j (d obelo
notat), ουκ ηυρον j**.   ουχ ευρων xsem.   προσελθωντες x
sem.   ελθοντες p.   +τινες (post δυο) j.   v. 61. δυναμε jx.
αυτων (pro αυτον) n*.   v. 62. αποκρινει ysem.   σοι (pro
σου) d.   καταμαρτυρουσι ysem.   vv. 62, 63. −ουδεν απο-
κρινη usque ad ειπεν αυτω xsem.   v. 63. εξορκηζω xsem.
ὁρκιζω gp.   fin. +του ζωντος jysemel.   v. 64. +εγω
(post πλην) c.   απαρτι dkq.   v. 65. −ὁ n.   διερριξε xsem.
y.   −ετι ysem.   χριαν x.   εχωμεν cxsem. ysem.   ειδε y
sem.   ἠκουσατε xsem.   v. 66. −αποκριθεντες c.   v. 67.
εκολαφησαν bhxy.   εραπισαν gysem.   εραπησαν xsem.
−οἱ δε ερραπισαν s*.   v. 68. πεσας xsem.   v. 69. εξω-
θεν (pro εξω) c.   εκαθητω n.   προσηλθον ysemel.   ισθα y.
+του (ante ιησου) e.   v. 70. +αυτων (ante παντων) bcdf
hklmnoqrsxysem.   αυτων (pro παντων) egysem.   +ὁτι
(ante ουκ) bd.   v. 71. ποιλωνα x.   ιδεν y.   λεγει αυτοις·
εκει και (pro τοις) abc**dfghklmnopqrx (hiat e).   αυτοις·
ει (pro τοις εκει) s.   λεγει αυτω και συτος ην εκει ysem.,
at αυτω· εκει και ουτος semel.   +του (ante ιησου) c.   γαλι-
λαιου (pro ναζωραιον) xsemel. ysemel.   v. 72. μετα

ὁρκου g. −μεθ᾽ ὁρκου y.   v. 73. μετα δε μικρον k. εστο-
τες xsemel. διλον xsem. δειλον ysem.   v. 74. καταθε-
ματιζειν abcdfghklmnopqrsxy (hiat e). ωμνυειν y.   v. 75.
−του (ante ιησου) cfhlmnoqrx. ειρηκοτως n. ειρηκωτος y
sem. ἀλεκτωρα dfhm*xy. φωνισαι y. τρεις απαρνησει
cy.

CAPUT XXVII. v. 1.   +ηδη (ante γενομενης) xsem.
ελαβων xsem.   −του λαου lmn.   v. 2. δισαντες xsem.
−αυτον secund. hy. αυτω x. πηλατω b. ἡγεμωνι d*f*x
sem.   v. 3. προδιδους d*. εστρεψε ysem.   −τοις (sic) u.
v. 4. ειπων x. οψη bkx.   v. 5. −εν τῳ ναῳ ysem. ανε-
χορησε xsem. ανεχωρισε y. απελθον xsem.   v. 6. −δε
p*.   −τον p. κορβωναν a. κορβοναν c. τημη xbis.   v. 7.
λαβωντες x. αυτω d*. κεραμαιως (sic v. 10) y.   v. 8.
την (pro της) bcy.   v. 9. ῥειθεν xsem. ελαβων xsem.
τετημημενου xsem. −ὸν ετιμησαντο ad fin. vers. c. ὼν
(pro ὸν) y. ισδραηλ xsem.   v. 10. καθ᾽ ἀ bk. +ὁ (ante
κυριος) ysem.   v. 11. ἑστη d. εστι (pro εστη) xysemel.
ἡγεμωνος xsem. ysem. επηρωτισεν y. λεγει (pro εφη) b.
−αυτῳ s.   v. 12. −των secund. glmnqry.   v. 13. πη-
λατος b.   v. 14. ουδ᾽ c. ἡγεμωνα sxsem.   v. 15. Deest
in ysem. εωρτην xsem. ειωθη bgl*pqsysem. ιωθει f
(ι rubro). το οχλω xsem. τω οχλω ἑνα acdempx. ηθε-
λων xsemel. fin. +ειχον δε τοτε δεσμιον ὸν ηθελον d*.   v.
16. ειχεν ysem.   +τινα (ante δεσμιον) ysem. επισιμον
py.   v. 17. δε (pro ουν) c.   +απο των δυο (post θελετε)
y. το (pro τον) k.   v. 18. ειδη ysem., at ηδη sem.   v. 19.
−επι του ysemel. δεικαιω xsem.   −εκεινῳ ysem. επαθ-

ων xsem.   −σημερον p.   κατοναρ l.   v. 20. επησαν y.
αιτησονται bdhy.   ετησονται xsem., at sem.   ετισοντε.
απωλεσωσιν h.   v. 22. +ουν (post λεγει) h.   ποιεισω x
sem. λεγουσι gp. −αυτω g. −παντες c.   v. 23. περισ-
σος xsem. −λεγοντες eg.   v. 24. πηλατος b.   οφελει
xbis y. γηναιτε xsem.   απενηψατο xsem.   μοι (pro ειμι)
ysem. οψεσθαι xsem.   v. 25. −πας ysem.   υμων (pro
ἡμων) e.   v. 26. φραγελωσας ek.   φραγγελλωσας py
sem. φραγγελωσας x. +αυτοις (post παρεδωκεν) j.   v.
27. στρατιωτε xsem.   ἡγεμωνος beuysem.   παραλα-
βωντες xsem.   πρετοριον c (post quod deest reliqua pars
versús : habet margo).   πραιτοριον xbis.   −την ysem.
σπιραν j.   v. 28. εκδησαντες q.   αυτον (pro αυτω) a*?
−αυτω ysem.   χλαμοιδαν c.   χλαμοιδα x.   χλαμμυδα ey
sem. χλαμιδα ysem.   v. 29. εθηκαν gjp.   επη prim. x.
εν τη δεξια j. −και καλαμον επι τη δεξια αυτου c*. γον-
υπετουντες c.   γονυπετισαντες y.   ενεπεζον bxsem. ysem.
ενεπεζων αυτον xsem.   βασιλευ (−ὁ) ep.   ιδαιων y.   v. 30.
−εις prim. o.   v. 31. ενεπεξαν bjx.   αυτον (pro αυτω) cy.
αυτω (pro αυτον prim.) ysem.   χλαμοιδαν c.   χλαμμυδα e.
−αυτον tert. cf.   v. 32. εξερχομενων k.   ηὑρον jx.   κυρη-
νεον j.   κυριναιον fxy.   ηγκαρευσαν qr.   αρει y.   v. 33.
εξελθοντες c. +οἱ στρατιωται (post ελθοντες) f. γολγο-
θαν adhjk. ὁ εστιν bj. ὁ εστι cefhklmnqr?sxy. λεγομε-
νον lmn.   μεθερμηνευομενον hxsem. ysem.   ἑρμηνευομενος
j** (pro λεγομενος quod legit j*).   v. 34 −αυτω k.   πιην
xbis.   οινον (pro οξος) e.   μεμηγμενον xter.   ειθελεν xbis.
v. 35. σταρωσαντες xsem.   διεμερεισαντο xsem.   βα-

λοντες fmnox*sem*. y*sem*.   κλιρον x*sem*.   −ινα πληρωθη
ad fin. vers. abcdefghklmnopqrsuxy.   v. 37. −ιησους
cx*ysem*.   v. 38. σταυρουντε x*bis*.   λισται x*sem*.   εξευο-
νυμων be.   v. 39. αυτω (pro αυτον) cx*bis*.   v. 40. κα-
ταλυον x*ysem*.   οικοδωμων x*sem*.   καταβηθη fx.   v. 41.
−δε και g.   εμπεζοντες x*sem*. y*sem*.   +προς αλληλους
(post εμπαιζοντες) e.   γραμματαιων ex*sem*. y.   −και πρεσ-
βυτερων x*sem*.   +και φαρισαιων (ante ελεγον) abcdefgh
klmnopqrsx*bisy*.   v. 42. σωσαι; fgkmns.   καταβατο
x*sem*.   πιστευσωμεν bdfqsx*sem*. y.   πιστευομεν c. +επ'
(ante αυτω) abdefghklmnopqrsxy.   v. 43. κυριον (pro
τον θεον) c.   −νυν cepy*sem*.   αυτων prim. p*.   θελη m*.
ημι (pro ειμι) x.   v. 44. Deest in y*semel*.   το δ' αυτω x
sem.   λισται sx*sem*.   συνσταυρωθεντες y*sem*.   ονειδιζον y.
αυτον (pro αυτω secund.) abdefghklmnopqrsxy*sem*.   v.
45. εγενετο σκοτος cx*sem*.   ενατης f.   ενατης acdehkmn
opsx*semel*.   v. 46. ενατην f.   ενατην acdehkmnopsx*se-*
mel.   φωνη μεγαλη ὁ ιησους b.   φωνην μεγαλην c.   ιλι
ιλι y*semel*.   ηλι ηλι kp.   ηλη ηλι c.   λειμα bfox.   λιμα
acdeghklmnpqr?sy*semel*.   λιμᾶς αβαχθανι y*semel*.   σα-
βαχθανει dqx*sem*.   σαβακτα e(margo prima manu εν
αλλοις βαχθανι).   τουτεστιν fxy.   −θεε μου unum p.   εγ-
κατελειπας c.   εγκατελειπες ex*semel*.   εγκατελειπεις x
semel.   v. 47. −ἑστωτων b* (habet marg.).   ηλιαν fkpxy
sem.   φωνη efx*sem*. y.   v. 48. δραμον x*sem*.   −και se-
cund. d.   σπογγον λαβων d*.   v. 49. −ιδωμεν d* (hab.
marg.).   ιδομεν m*y*sem*.   ειδωμεν x*sem*.   ερχετε x*bis*.

ἠλιας fkpxy*sem*. σωσαι y*sem*. σωσον dexb*is* y. αὐτον e.
v. 50. παλλιν x*semel*. φωνην μεγαλην c. παρεδωκε (*pro*
αφηκε) c. v. 51. εσισθη be. ἐ (*pro* αἰ) x*sem*. εσχησθη-
σαν x*sem*. v. 52. ηνεωχθησαν xy*sem*. ανεωχθη agp.
κεκοιμενων x*sem*., *at* κοιμημενων *sem*. ηγερθησαν c. v.
53. εξελθωντες x*sem*. αναστασιν (*pro* εγερσιν) a. εισηλ-
θων x*sem*. πολην x. ενεφανησθησαν x*sem*. v. 54. ση-
σμον x. αληθος x*sem*. –οὑτος u. v. 55. +και (*ante*
γυναικες) delmnpx. –απο ce. αιτηνες x. v. 56. μαγ-
δαλινη ey. –ἡ του gy. +του μικρου (*post* ιακωβου) x
semel. v. 57. αριματθαιας g. αριμαθιας p. –απο αρι-
μαθαιας y. v. 58. –οὑτος *usque ad* ιησου p. ἠτισατο bx.
τω σωμα *prim*. e. –ὁ ay. αποδωθηναι x. –το σωμα (*sic*)
u. v. 59. –ὁ c?y. ισηφ f*. ιωσιφ x. αυτον e. αυτω
d. ενετυληξεν αυτω σινδωνι x. v. 60. αυτω px. μεγαν
λιθον d*. μεγα sxy. v. 61. –εκει k. μαγδαλινη ey.
απεντι c. v. 62. –οἰ *secund*. g. v. 63. ὁ πλανος εκεινος
ab**cpx. +ὁτι (*ante* μετα) k. εγειρομε x. v. 64. τρη-
της x. κλεψωσιν αυτον νυκτος hu. –νυκτος cgko. +ὁτι
(*ante* ηγερθη) lmny. v. 65. –δε adfgkpuxy. ασφαλη-
σασθε x. v. 66. σφραγησαντες e.

Caput XXVIII. v. 1. –δε y. σαββατω (*pro* σαβ-
βατων *prim*.) cry. επιφασκουση b? μαγδαλινη bef*y.
θεωρισαι y. v. 2. +και (*ante* προσελθων) cp. απεκυλησε
x. +του μνημειου (*post* θυρας) acl**opy (μνημηου c). του
μνημειου (*pro* της θυρας) s. καθισεν (*pro* εκαθητο) d**.
v. 3. ειδεα fgh. αυτου ἡ ιδεα y. ὡς (*pro* ὡσει) k. v. 5.

–γαρ d. ζητιτε τον εσταυρωμενον c.   v. 6. –γαρ acn
ρυ. v. 7. πορευθησαι xy. οτη x. +ιδου (ante ηγερθη) p.
–ιδου (ante προαγει) p. +καθως ειπεν υμιν (post γαλι-
λαιαν) c. –εκει αυτον ad fin. versús c. ειπων x.   v. 8.
απαγγειλε x.   v. 9. –ως δε επορευοντο απαγγειλαι
τοις μαθηταις αυτου y. επορευοντω f*. –και primum
ap. –ο bfhmnoqr*sxy. υπηντησεν de. υπηντησεν αυ-
ταις ο ιησους p. χαιρεται e.   v. 10. φοβεισθαι e. φο-
βησθε υμεις x. και εκει bdeklmns, εκει ο (pro κακει). μαι
(pro με) y. οψωνται p.   v. 11. πολην p*x. αρχιερευσι y.
απαντα τα γενομενα τοις αρχιερευσιν o*.   v. 12. δε (pro
τε) x. –τε y. στρατιωτες b.   v. 13. λεγωντες p*.   v.
14. πεισωμεν cqrsxy. ποιησωμεν cf*qrsy.   v. 15. λα-
βωντες x. διαφημεισθη y.   v. 17. αυτον (pro αυτῳ) cxy.
εδεισταϲαν xsem.   v. 18. εδωθη fx. επη xsemel.   v. 19.
–ουν abcdefghklmnopqrsux (habet y). –του (ante αγιου)
c.   v. 20. ημι (pro ειμι) y.

Subscriptiones codicum. Τελος του κατα Ματθαιον
(+αγιου r) ευαγγελιου aer. ευαγγελιον κατα Ματθαιον b.
το κατα Ματθαιον ευαγγελιον εξεδοθη υπ' αυτου εν ιλημ
(ιεροσολυμοις g) μετα χρονους οκτω της του Χριστου ανα-
ληψεως cgkpsv. τελος του κατα Ματθαιον (+αγιου m)
ευαγγελιου στιχοι βχ. εξεδοθη υπ' αυτου τουτο μετα
χρονους οκτω κ.τ.λ. lmn. τελος του κατα Ματθ. αγιου
ευαγγ. οπερ εξεδοθη υπ' αυτου εν ιλημ μετα χρονους
οκτω κ.τ.λ. q. Hiat f. Nil habent ho. Plane singulare

4

d : τελος λαβων το κατα Ματθ. ευαγγ. *et postea :* ιστεον ὁτι το κατα Ματθαιον εὐαγγελιον ἑβραϊδι διαλεκτωι γραφεν ὑπ' αυτου· εν ἱερουσαλημ εξεδοθη· ἑρμηνευθη δε ὑπο Ιωαννου· εξηγειται δε την του Χριστου γενεσιν· και εστιν ανθρωπομορφον τουτο το ευαγγελιον.

S. MARCI EVANGELIUM.

Ευαγγελιον κατα Μαρκον bcefgh. ευαγγελιον το κατα Μαρκον d. ευαγγ. ἁγιον κατα Μαρκ. k. το κατα Μαρ. ἁγιον (–ἁγιον p) ευαγγ. lmnpsv.

CAPUT I. v. 2. ὁς (*pro* ὡς) b. καθως e. μου (*pro* σου *secund.*) k.   v. 3. +του (*ante* Κυριου) qr.   v. 5. εξεπορευοντο dfghkopy. –ἡ cx. Ιουδαιων c. –οἱ c. Ἱερυσολομιται y. –ὑπ᾽ αυτου c.   v. 6. +ὁ (*ante* Ιωαννης) abcdef ghklmnpqrsvxy. Ιαννης fn. καμιλου exy. –αὐτου q? +ην (*ante* εσθιων) v.   v. 7. +γαρ (*post* ερχεται) x. –ὁ ισχυροτερος μου y. ισχυρος x. κυμψας c.   v. 8. ὑμας εβαπτισα u. +εις μετανοιαν (*post* ὑδατι) q*r. +και πυρι (*post* ἁγιω) v.   v. 9. –και *prim.* c. ταις ἡμεραις εκειναις e. +ὁ (*ante* ιησους) cdelmnrsxy. ναζαρετ acfgklmnpqrsy. εις την Γαλιλαιαν sxy*sem.* εις τον Ιορδανην ὑπο Ιωαννου x.   v. 10. ὡς (*pro* ὡσει) fhkoy. –το y**semel.* +του θεου (*post* πνευμα) h. καταβαινων y*semel.* +και μενον (*post* καταβαινον) g.   v. 11. του ουρανου y*sem.* ουτος εστιν (*pro* συ ει) bxy*sem.* σοι (*pro* ᾧ) uy*sem.* ηυδοκησα hoy.   v. 12. ευθεως bdemnopsy.   v. 13. –εν τη ερημῳ e. +και νυκτας τεσσαρακοντα (*ante* πειραζομενος) cv. –οἱ cdy.   v. 14. –τον bcghopy. –ὁ bfhky. –ὁ ιησους op.   v. 15. –και *prim.* bfop. πιστευσατε qr. –εν o.   v. 16. σιμωναν e. +τον λεγομενον Πετρον (*post* Σιμωνα) v. +του Σιμωνος (*post* αυτου) abcdefghklmnopqrsvy. αμφιβαλ-

λοντας efg. βαλλοντος p. αμφιβληστρα a. εις την θα-
λασσαν c.   v. 17. −γενεσθαι e.   v. 18. −ευθεως e.
v. 19. *fin.* +αυτων cdev.   v. 20. +ευθεως (*ante* αφεντες) c.
αυτον (*pro* αὐτων) d.   v. 21. εισπορευεται g*. +την (*ante*
συναγωγην) acehklmnprsy.   v. 22. +παντες (*ante* επι) c.
−αυτους o. *fin.*+αυτων cv.   v. 23. εκραξεν c.   v. 24. συ
(*pro* σοι) e. ναζοριναι c. ναζαρινε ey. ἡμας˙ v.   v. 25. επητη-
μησεν v. απ᾿ (*pro* εξ) csv.   v. 27. ἑαυτους abcdefghklmno
pqrsvy. λεγοντες qrs.   v. 28. και εξηλθεν (−δε) y. −ευθυς
e. εκεινην (*pro* της Γαλιλαιας) s*.   v. 29. εισηλθον q*r.
v. 30. +του (*ante* σιμωνος) clmn.   v. 31. −της y.   v. 32.
−τους (*ante* δαιμονιζομενους) c.   v. 33. και ην ἡ πολις
επισυνηγμενη (−ὁλη) y. τη θυρα p.   v. 34. παντας τους
(*pro* πολλους) c. πολλα δαιμονια b. εξεβαλλεν bc. ηφιει s.
fin. +τον χριστον ειναι cr. +χριστον ειναι lmnq*y. +ειναι
τον χριστον v.   v. 35. εννυχα y. +ὁ ιησους (*post* απηλθεν)
bfgp.   v. 36. κατεδιωξεν y. ὁ τε Σιμων dep.   v. 37. λεγον-
τες y. σε ζητουσι abcdefghklmnopqrsvxy.   v. 38. και
εκει abdefghklmnpqrsx. εκει (*pro* κακει) cvy. κηρυσσον v.
εληλυθα dglmnpqr.   v. 39. ́εις τας συναγωγας cv. −τα r.
εκβαλων x.   v. 40. γονυπετων αυτω f. −αυτον *secund.* y
tertium g.   v. 41. +και (*ante* εκτεινας) c.   v. 42. ἡ λεπρα
απ᾿ αυτου ade. εκαθερισθη y.   v. 43. αυτον (*pro* αυτῳ)
cex. εξεβαλεν αυτον ευθεως e. −ευθεως s. −αυτῳ ευθεως
εξεβαλεν αυτον y.   v. 44. −μηδενι n*. −μηδεν b*v?y. αλ-
λα dhkop. προσενεγκαι mn. −σου y. ὡ (*pro* ἁ) c. μωϋσης
ekop.   v. 45. −αυτον *prim.* k. ελθειν (*pro* εισελθειν) s.
αλλα cp. +τοις (*ante* ερημοις) u. πάντοθεν acv.

CAPUT II. v. 1. εισηλθε παλιν adeghklmnopqruv.
+ὁ ιησους (post παλιν) p. ελθων παλιν c. εισελθων παλιν
b. εισηλθεν ὁ ιησους παλιν fs.   v. 2. +αυτω (post συν-
ηχθησαν) v.   +αυτοις (post μηκετι) v.   -την e*.   v. 3.
παρα (pro ὑπο) y.   v. 4. αυτον (pro αυτῳ) v. +ὁ ιησους
(post ην) d. εξοριζαντες r. κραβαττον (sic vv. 9, 11, 12)
abcdfhkux. κραβατον v. ἐφ᾽ ὁ cy.   v. 5. αφεονται epx.
αφαιονται sy (sic fere v. 9).   v. 6. γραμματαιων v. -εκει
y. διαλογηζομενοι v.   v. 7. init. ὁτι (pro τι) p. ουτω el
mn. -ουτως cgpr. ουτος ουτως v.   v. 8. γνους h. -ὁ ιη-
σους y. +αυτοι (ante διαλογιζονται) abcdefghklmnopqrx.
αυτοις (pro ἑαυτοις) c.   v. 9. σου (pro σοι) abcdghklmn
oprx. εγειρε bdefgkoqxy (sic fere v. 11).   τον κραββα-
τον σου dlmnrvx.   v. 10. -δε c. -επι της γης v. επι
της γης αφιεναι cdlmnqxy. ἁμαρτιας επι της γης o.
+και (ante λεγει) y.   v. 11. -σοι λεγω y. σου τον κραβ-
βατον και περιπατει y.   v. 12. κραβατγον o. +και (ante
εξηλθεν) d*. ενοπιον (pro εναντιον) c.   v. 13. -και εδι-
δασκεν αυτους e.   v. 14. +ὁ ιησους (ante ειδε) efk**rs.
λευι pq*rsvy.   v. 15. -και secund. s.   v. 16. -ελεγον us-
que ad ἁμαρτωλων x. fin. +ὁ διδασκαλος ὑμων c.   v. 17.
+και (ante ουκ) l. ου γαρ ηλθον y. -εις μετανοιαν hko.
v. 18. Φαρισαιοι (pro των φαρισαιων) bis e.   v. 19. -οἱ
b. μετ᾽ αυτων bis e. αυτου (pro αυτων) k.   v. 20. νη-
στευουσιν ac. εκεινη τη ἡμερα cv.   v. 21. init. -και acu
vy. ουδεις δε c. ῥακκους ef. ακναφου v. ῥαπτει g*. -επι
c. ει δε μηγε dey. +απ᾽ (post πληρωμα) c. +απο (post
καινον) f**. αιρει απ᾽ αυτου το πληρωμα το καινον de.

+ἱματιου (*post* παλαιου) y.   v. 22. –ὁ νεος b. αλλ᾽ csy.
v. 23. +εν τω (*post* εγενετο) c. –εν aevx.   v. 24. +οἱ
μαθηται σου (*post* ποιουσιν) c. –εν c. –εν τοις σαββασιν h.
v. 25. –και επεινασεν b.   v. 26. –εις τον οικον ο. –του
(*ante* αρχιερεως) abefghklmnopqruxy. επι Αβιαθαρ του
αρχιερεως. *in locum post* εφαγεν *transfert* c. –εφαγεν r.
+μονον (*post* ει μη) s. μετ᾽ αυτου (*pro* συν αυτῳ) chp·
v. 27. σαβαττον *prim.* c.

CAPUT III. v. 1. εξηραμενην (*sic* v. 3) acn*vxy.   v. 2.
+εν (*post* ει) y. τοις σαββασιν αυτον θεραπευσει d.   v. 3.
+ὁ ιησους (*post* ανθρωπω) c. χειραν c. εγειρε bcdefgkoy.
εγερθητι v.   v. 4. απολεσαι (*pro* αποκτειναι) auv.   v. 5.
ὑπο (*pro* επι) s. –σου f**hkopxy. απεκατεσταθη cefgps
xy. –ὑγιης ὡς ἡ αλλη hk*o.   v. 6. –ευθεως s. εποιη-
σαν hvy. παραδωσουσι (*pro* απολεσωσι) c.   v. 7. εις (*pro*
προς) svy. ηκολουθησαν αυτω απο της Γαλιλαιας c. ηκο-
λουθησεν lmnv.   vv. 7, 8. *Transfert* s* και περαν του
Ιορδανου *in locum post* Ιουδαιας.   v. 8. –απο *primum* a.
–απο της Ιδουμαιας c. +και οἱ περαν του Ιορδανου (*post*
Ιορδανου) n*. τυρω c. σιδων d. εποιησεν v.   v. 9. ειπον
be. +τι (*post* ἱνα) y.   v. 10. εθεραπευεν e. επιπειπτειν
v. τουτου (*pro* αυτου) h.   v. 11. εθεωρουν cy. προσε-
πιπτον acegkpvy. –αυτῳ f. εκραζον cdefpvy. εκραυγα-
ζον g.   v. 12. φανερον αυτον abcdefhklmnopqrsuvy.
–αυτον g.   v. 13. ηλθον (*pro* απηλθον) s.   v. 14. –ινα ωσι
μετ᾽ αυτου και s. αποστελλει qv.   v. 16. επεθηκεν ονομα
τω σιμωνι y.   v. 17. –του *prim* b. –του *secund.* dfgo.
+αυτου (*post* αδελφον) ce. αυτου (*pro* του Ιακωβου) v.

απεθηκεν f. βοανηργες e.   v. 18. −και tertium c. Αλφεου
o. Θαιδδαιον? y. κανιτην h*.   v. 19. Ιουδα Ισκαριωτη p.
v. 20. συνερχονται fv. +ὁ (ante οχλος) ch. μηκετι (pro
μη) y. −μητε c. μηδε (pro μητε) deflmny.   v. 21. εξε-
στιν (pro εξεστη) c.   v. 22. +αρχιερεις και (ante γραμ-
ματεις) c.   v. 27. ουδεις (+δε q) δυναται (−ου) abcdefgh
klmnopqrsvy. διαρπασας (pro διαρπασαι) y. δηση τον
ισχυρον k. διαρπαση abdefklmns, διαρπασαι c (pro διαρ-
πασει).   v. 28. τοις υιοις των ανθρωπων τα ἁμαρτηματα
y. τοις ανθρωποις (−τοις υιοις) c. +αἱ (ante βλασφημιαι)
sy. εαν (pro αν) y.   v. 29. εσται e.   v. 30. ελεγεν p*.
εχη v.   v. 31. +αυτου (post αδελφοι) ceq. οἱ αδελφοι
αυτου και ἡ μητηρ p. ἡ μητηρ αυτου και οἱ αδελφοι αυτου
y.   v. 32. −και εκαθητο οχλος περι αυτον q*r. ἐκαθηντο
y. περι αυτον οχλος cdeoy. +πολυς (ante οχλος) s. −δε f.
−ιδου c. +και αἱ αδελφαι σου (ante εξω) bdefghklmnopq
vy.   v. 33. αποκριθεις c. τι (pro τις) fy. και (pro η) ab
cdegq*rv.   v. 34. Deest hic versus in gq*rv. ιδου ce
lmn.   v. 35. ποιησει (−αν) p. −και ἡ αδελφη μου f*.
−μου secund. bcv. αδελφοι (pro αδελφη) s. Confer Matth.
xii, 50. +μου (post μητηρ) delmn.

Caput IV. v. 1. συνηχθησαν h. −το ce. +και (ante
καθησθαι) s. καθησαι g. fin. ησαν (pro ην) y.   v. 2. αυ-
τους (pro αυτοις) ckm*oy.   v. 3. −ακουετε o. −ιδου c.
fin. +τον σπορον αυτου bg.   v. 4. +αυτον (post σπειρειν)
c. επι (pro παρα) y. ηλθον py. −του ουρανου abdefghkl
mnopqrsvy. κατεφαγον p.   v. 5. init. +και y. καλην
(pro πολλην) b.   v. 6. −δε y. εκαυματισθη και transfert

s *in locum ante* εξηρανθη. v. 7. επι (*pro* εις) ac. απε-
πνιξεν y. v. 8. αυξανοντα και αναβαινοντα s. v. 9.
—αυτοις abcdefghklmnopqrsv. v. 10. τον ιησουν (*pro*
αυτον *prim.*) p. v. 11. δεδοτε v. τα μυστηρια my. —τοις
εξω g. —τα cde. *fin.* παντα δεδοται c. v. 12. ινα βλε-
ποντες μη βλεπωσι και ιδοντες μη ιδωσι s. βλεψουσιν
και ου μη ιδωσιν c. +μη (*ante* βλεπωσι) df**pv. ακουουσι
v. ου μη συνιωσιν c. επιστρεψουσι cp*. αφεθησεται e.
v. 15. +σπειρομενοι (*post* οδον) c. ευθυς y. v. 16. ακουω-
σοι v. —ευθεως u. v. 17. ριζας cp. αυτοις (*pro* εαυτοις)
y. γινομενης k*. ευθυς y. v. 18. —ουτοι εισιν *secund.* a
bcdefghklmnpqrsy. ακουσαντες g. v. 19. βιου (*pro*
αιωνος τουτου) c. v. 20. —εν *tertium* d. v. 21. ερχε-
ται ο λυχνος y. —υπο την κλινην c. επι (*pro* υπο *secund.*)
r. υποκατω (*pro* υπο *secund.*) h. —την *prim.* hs. τεθη
(*pro* επιτεθη) ghkps. v. 22. —τι cdlmnopsuy. —ο o.
ου (*pro* εαν) ad. —μη y. ελθη εις φανερον y. v. 24.
αντιμετρηθησεται lmnq**s. —και προστεθησεται υμιν y.
v. 25. εαν (*pro* αν) dh. v. 26. +αυτοις (*post* ελεγεν) d.
ος αν y. +αυτου (*post* σπορον) p. v. 27. καθευδει es.
εγειρεται fopq*rsy. βλαστανει esy. μηκυνεται q*rs.
v. 28. σταχυ a. πληρης c. v. 29. γαρ (*pro* δε) g. v. 30.
πως (*pro* τινι) y. ομοιωσομεν ab**dhlmpqrs. τινι (*pro*
ποια) y. παραβαλουμεν p. παραβαλλομεν s. v. 31. κοκ-
κον abdefghklmnopqrsy. κοκον c. μικροτερων p. εστιν
επι (—των) s. v. 32. αυξηθη (*pro* σπαρη) q*r. μειζων
παντων των λαχανων y. μειζον o. μειζονων q. v. 33.
τοιαυτα b**. —πολλαις fo. εδυναντο acdefghklmnopqs.

v. 34. +τον λογον (*post* ιδιαν) y. –αὑτου s. παντα
επελνε u.   v. 35. ελεγεν qr.   v. 36. –δε h. δεκα (*pro* δε)
g. πλοια εοy. πλοια ην μετ᾽ αὑτων c.   v. 37. μεγαλου c.
επεβαλεν abdfglmnopqrsy. επεβαλον e. επεβαλλον k.
ηδη αυτο g. *fin.* ὡστε ηδη αυτο ηδη βυθιζεσθαι y. κατα-
ποντιζεσθαι d.   v. 38. και διεγειρουσιν αυτον λεγοντες
διδασκαλε c. –και λεγουσιν αυτω d*. αυτον (*pro* αυτω)
d*. μελλει ehq*ry. απολυμεθα egp.   v. 39. εγερθεις s.
–τη θαλασση a.   v. 40. οὑτως abdeflmnr (*sic passim*).
v. 41. +σφοδρα (*ante* φοβον) p. μεγα p. –ὁ y. οἱ ανεμοι c.

Caput V. v. 1. ηλθεν cd*ehps. –των n*. γεργεση-
νων y.   v. 2. εξελθοντος αυτου y. ὑπηντησεν cdf.   v. 3.
οικησιν dklmn. μνημασι abcdefghklmnopqrsuy. ἁλυσε-
σιν (*sic* v. 4 *bis*) s. εδυνατο acdehkopqrsy.   v. 4. –δια το
usque ad δεδεσθαι c. τας ἁλυσεις ὑπ᾽ αυτου p. απ᾽ (*pro* ὑπ᾽)
bgo. ισχυσε clmn. ισχυεν αυτον ey.   v. 5. –νυκτος και
ἡμερας u. ἡμερας και νυκτος d. εν τοις μνημασι και εν
τοις ορεσιν cdelmny. –εν *secund.* g. κατακοπτον dg.
+τοις (*ante* λιθοις) u.   v. 6. –απο dey. αυτον py.   v. 7.
λεγει (*pro* ειπε) deoy. –σοι y* συ y**.   v. 8. το ακα-
θαρτον πνευμα c. απο (*pro* εκ) s.   v. 9. τι ονομα σοι
και λεγει αυτω λεγεων oy.   v. 10. αποστειλη αυτους
dforuy (αυτον o).   v. 11. τω ορει abcdghklmnopqr. το
ορει efs. το ορος y(f* *Burnei., vix*). –μεγαλη y +πολ-
λων (*post* μεγαλη) u. *fin.* +προς τω ορει y. v. 13. αυτους
cg. –τα ακαθαρτα l. τα ακαθαρτα πνευματα c. εισηλ-
θεν a. ιδου ὡρμησε πασα q*r. γαρ (*pro* δε) h.   v. 14.
–τους χοιρους c. απηγγειλαν doy. –εις *secund.* y. ηλθον

y. *−τι εστι* c.   v. 15. *−καθημενον και* c. *−και tertium* p. *ειματισμενον* h.   v. 16. *διηγησαντο δε* (*−και*) abcdfgh klmnopqrs. *+και* (*ante πως*) p.   v. 18. *εμβαινοντος* eoy. *μετ' αυτου η* eoy.   v. 19. *init. και* (*pro ο δε ιησους*) eoy. *πεποιηκε* abcdefghklmnoqrsy.   v. 20. *−και απηλθε* e. *−και παντες εθαυμαζον* q*.   v. 22. *τις* (*pro εις*) ce. *εις* (*pro προς*) cqr.   v. 23. *παρακαλει* gp. *−πολλα* s. *επιθεις* fsy. *επιθηση* g. *αυτω* y. *ζησηται* a.   v. 24. *ηκολουθησαν* c**f*. *αυτω* (*pro αυτον*) cs.   v. 26. *παρ' αυτης* abcdefghklmnpqrsy. *ωφελησασα* y.   v. 27. *των ιματιων* y.   v. 28. *+εν εαυτη* (*post γαρ*) eos. *−αυτου* y.   v. 29. *ιασατο* y.   v. 31. *λεγουσιν* (*pro ελεγον*) y.   v. 32. *περιβλεπετο* c.   v. 33. *εαυτη* (*pro επ' αυτη*) y. *ηλθεν και πεσεν* y.   v. 34. *init. ο δε ιησους* x. *θυγατηρ* e. *+θαρσει* (*post θυγατερ*) q.   v. 35. *−ετι* y. *ερχεται* p. *λεγοντος* p. *σκυλης* c. *σκυλεις* fs.   v. 36. *−ευθεως* a.   v. 37. *αυτω ουδενα* y. *ακολουθησαι* eo. *ιαννην* q. *+του* a, *+αυτου του* e (*ante Ιακωβου*).   v. 38. *+και* (*ante κλαιοντας*) d*euy. *κλαιοντα* p. *αλαλαζοντα* p.   v. 40. *κατεγελουν* c. *εκβαλλων* f. *παντας* abcdefghkmnopqrsy. *λαμβανει* p. v. 41. *ταληθα* a. *κουμ* bemnp. *κουμη* ky. *κυμ* u. *εγειρε* bcefgko.   v. 43. *−πολλα* e. *αυτην* (*pro αυτη*) g.

Caput VI. v. 1. *−εκειθεν* d. *αυτον* (*pro αυτω*) c. v. 2. *+του* (*ante σαββατου*) p. *+ο ιησους* (*post ηρξατο*) p. *ακουσαντες* y. *+επι τη διδαχη αυτου* (*post εξεπλησσοντο*) d. *−οτι* bcfghklmnpry. *ινα* (*pro οτι*) do. *−και* (*ante δυναμεις*) dos. *γινωνται* deo.   v. 3. *−και* (*sic*) u. *εστιν ο τεκτονος υιος Μαριας* c. *ο του τεκτονος υιος και της Μα-*

ριας y. πασαι (pro ὡδε) f*. fin. ἑαυτω c.   v. 4. –ὁτι u.
συγγενευσιν es. συγγενεσιν αυτου g.   v. 5. εδυνατο afo
py. ειδυνατο e. ποιησαι δυναμιν y. ολιγους αρρωστους ac.
εθεραπευε p*.   v. 7. και προσκαλεσαμενος τους δωδεκα
μαθητας αυτου ηρξατο c. +μαθητας αυτου (post δωδεκα)
f*g. –και secundum d. –αυτους f. κατα πνευματων ακα-
θαρτων c. –των bis x.   v. 8. παρηγγελλεν bdhkp.
παρηγγελεν f. +την (ante ὁδον) x. ῥαβδους μονον x. και
(pro μη secundum) d. +μη αργυριον (post αρτον) x. τας
ζωνας x.   v. 9. αλλα x. ενδυσησθε bdfghklmnpqrsxy.
ενδυσισθε c.   v. 10. λεγει b. +ὁ ιησους (ante ὁπου) c.
αν (pro εαν) k. +την (ante οικιαν) x.   v. 11. εαν (pro αν)
deflmnopsxy. εισακουσωσιν x. ὑμας (pro ὑμων prim.) c.
εκει χουν (pro τον χουν) g. –τον secund. a. των (pro τον
sec.) h. κολληθεντα εκ (pro ὑποκατω) y. και η Γομορ-
ῥοις c. γομοροις p.   v. 13. εξεβαλον cdeos.   v. 14. ἡρω-
δης ὁ βασιλευς y. +την ακοην ιησου (post ἡρωδης) cek**.
ανεστη (pro ηγερθη) eo. αἱ δυναμεις ενεργουσιν ce. –εν
s*.   v. 15. initio. αλλοι δε eho. –αλλοι ελεγον ὁτι ηλιας
εστιν d. –ηλιας εστιν αλλοι δε ελεγον ὁτι q*rsy.
–δε cgux. –η abcdefghklmnopqrsxy.   v. 16. –ὁ cf*m
pqrsxy. –ὁν d*. –αυτος ηγερθη εκ νεκρων x. +γαρ (ante
ηγερθη) b. απο τον νεκρων c. +των (ante νεκρων) gh.
v. 17. –ὁ y. –τη abcdefghklmnoqrsxy. –την s.   v. 18.
–ὁ py. –ὁτι x. –την c. +Φιλιππου (post γυναικα) cd.
v. 19. αυτον (pro αυτῳ) y. εδυνατο eop.   v. 20. –και
ἁγιον s*. ακουων mn. +ἁ (post πολλα) s.   v. 22. –της
secund. x. μοι (pro με) cy. fin. +ὁ εαν θελης de.   v. 23.

αιτησης με de.   αιτηση s.   αιτησεις y.   μοι (pro με) y.
ἡμισου y.   v. 24. αιτεισωμαι c.   αιτησωμαι fx.   v. 25.
ελθουσα s.   –ευθεως p.   δωσεις y.   –εξ αυτης y. επι πινακι
transferunt ad fin. versus by.   v. 26.   +δε (post δια) r**s.
ὁρκους s.   v. 27. ὁ βασιλευς αποστειλας d.   –ὁ βασιλευς
a.   σπεκουλατοραν c.   σπεκουλατυρα defgkoqrsy.   ιῶ (pro
αυτου) s.   v. 28. ὁ δε απελθων usque ad πινακι deest in b.
και (pro ὁ δε) y.   –εν τη φυλακη c.   τον Ιωαννην (pro αυ-
τον) a.   –αυτην (sic) u.   v. 29. σωμα n**.   v. 30. ανηγ-
γειλαν h.   +τα γενομενα (post παντα) c.   –και tertium
bdgsy.   v. 31. +και (post δευτε) y.   τοπον ερημον g.
–οἱ secund. cgy.   –και ουδε ad fin. vers. p. ευκαιρουν bcd
fhklmnqrsy.   v. 32. απηλθεν hkqs.   +εν (post τοπον) e.
–τῳ y.   v. 33. –οἱ οχλοι abcdefghklmnopqrsy. αυτους
(pro αυτον prim.) delmnoy.   –των y.   προσηλθον goq*y. αυ-
τον n*?, αυτοις s (pro αυτους secund.).   –και συνηλθον προς
αυτον y.   v. 34. ὁ ιησους ειδε cdehy.   οιδεν r.   οχλον
πολυν p.   εχοντες q*r.   ηρξαντο y.   αυτους διδασκειν de.
v. 35. –αυτῳ adeo.   +αυτω (post λεγουσιν) dego.   εστι
τοπος (–ὁ) p.   και ἡ ὡρα (–ηδη secund.) h.   v. 36. αγορα-
σουσιν c.   αυτοις (pro ἑαυτοις) y.   εχωσιν ey.   v. 37. δη-
ναριων διακοσιων abceghklmnoqruy.   v. 38. λεγουσιν αυ-
τω πεντε py.   +αρτους (post πεντε) y.   v. 39. αυτους c.
Deest συμποσια unum c**f**n**p.   v. 40. ανεπεσαν bdh
p.   ανεπεσον ανα c.   –ανα secund. s.   v. 41. ηυλογησεν c.
κλασας y.   –και quartum y.   διεμερισε s.   v. 43. +των
περισσευσαντων (ante κλασματων) c.   v. 44. –ωσει abc
defghklmnopqruy.   v. 45. ηναγκασεν ὁ ιησους e.   +αυ-

τον (post προαγειν) c.   βηθσαϊδα kps. εως ου cd. απο-
λυσι c. απολυσει adlnpqrysemel.   v. 47. +ην (post μονος)
c.   v. 48. +σφοδρα (post αυτοις) c.   ηθελεν αυτους παρ-
ελθειν s.   v. 49. επι της θαλασσης περιπατουντα c.
φαντασιαν g.   v. 50. –θαρσειτε f**. φοβησθε p.   v. 51.
εν τω πλοιω s. εξισταντο εν αυτοις s.   v. 52. τους αρ-
τους s. αυτων η καρδια abdefhklmnopqrsy.   v. 53. εις
(pro επι) ch. γενισαρετ c. γεννησαρεθ deho. γεννησαρετ
fglpsy.   v. 54. fin. +οι ανδρες του τοπου εκεινου c.   v.
55. κραβαττοις abcdfhk. κραβατγοις o. φερειν παντας
τους κακως εχοντας, περιεφερον γαρ αυτους οπου αν
ηκουσαν τον ιησουν ειναι c. v. 56. –αν (sic) u. εαν (pro αν
primum) hks. εισεπορευοντο h. επορευετο p. +εις (ante
πολεις) py. +εις (ante αγρους) y. των ιματιων ds. αψοντε
c. αψονται sy.

CAPUT VII. v. 2. αρτον e. εμεμψατο n. –εμεμψαντο
bfks.   v. 3. νιψονται πυγμη y. νιψοντες c. ουκ εσθιουσιν
αρτον g. παραδωσιν (sic fere vv. 5, 8) bc.   v. 4. απ' go.
ραντισωνται g. αγορας δε οταν εισελθωσιν εαν μη βαπτι-
σοντε c. χαλκειων bdhmnqr.   v. 5. επηρωτισαν y. +λε-
γοντες (post γραμματεις) c. εσθιουσιν αρτον deos.   v. 6.
επροφητευσε a. περι υμων των υποκριτων ησαϊας a. αυ-
του (pro αυτων) g.   v. 7. σεβωνται r.   v. 8. κρατουσι p.
παραδωσιν p. ποτηριων και ξεστων q*. ποιειτε πολλα de.
ποιειται h.   v. 9. παραδοσιν (pro εντολην) y.   v. 10.
μωϋσης de. –σου secundum bs**.   v. 11. +οτι (ante εαν)
c. +αυτου (post πατερι) q*r. –τη n* +αυτου (post μη-
τρι) do. κορβαναν p.   v. 13. παραδωσει b*k*qry. –τοι-

αυτα y. πολλα τοιαυτα p. v. 14. ὁ ιησους (pro παντα)
f* ἁπαντα y. v. 15. ὁν c, ου y (pro ὁ). κοινοι (pro εστι
τα κοινουντα) y. κινουντα g. v. 17. εισηλθον cs. εις την
οικιαν e. +τον (ante οικον) s. v. 18. ουτως abdr, οντως
p. συνετοι m*. ουπω (pro ου) cgy. εισπορευομενον εξωθεν
g. v. 19. αφαιδρωνα g. εκβαλλεται c, εισπορευεται y
(pro εκπορ.). καθαριζων fpy. v. 20. −το y. −εκ του αν-
θρωπου c. πορευομενον y. εκπορευομενον εκ του ανθρωπου
oqrs. v. 22. ασελγειαι q*rsy. πονηρος οφθαλμος q*r.
βλασφημιαι hsy. υπερηφανιαι s. v. 23. ταυτα παντα cy.
−τα b. εκπορευονται sy. v. 24. κακειθεν p. ελθων (pro
εισελθων) a. −την bcdefhklmnopqy. ηθελησεν cy, εθελεν
u. εδυνηθη opy. v. 25. −αυτης f**s*. προσεπεσεν εις
qr. v. 26. Ἑλλινης b. συρα· φοινικισσα bcghklmns,
συρα· φοινικησσα p, συραφοινικισσα dqr, συροφοινικισσα
a*eo, συροφοινικησσα y, συρροφοινικισσα f. το γενος o.
εκβαλη abdhlmnoqr, εκβαλει cpy, εκβαλλει e. −εκ g.
v. 28. ἡ δε αποκριθεισα ειπεν αυτω c. απο κατω y. εσθι-
ουσιν c. πιπτοντων (pro παιδιων) s. ψιχιων των πιπτον-
των απο της τραπεζης c. v. 29. απο (pro εκ) p. v. 30.
+το παιδιον βεβλημενον επι την κλινην (post ευρε) y.
θυγατεραν y. v. 31. init. −και k. +ὁ ιησους (post εξελ-
θων) abcefk**lmnq**su (initio pericopes). v. 32. αυτον
(pro αυτω prim.) c. μογγιλαλον aceghlmnpqrsxy. −αυ-
τον c. αυτω (pro αυτον) p. v. 33. επιλαβομενος fsy.
αυτου (pro αυτον) s. εκ (pro απο) fpy. γλωττης qry.
v. 36. ανοιχθησαν c. ορθος c. fin. +ὡστε παντας εξιστα-
σθαι c. v. 36. διεστελετο x. −αυτος c. αυτοις αυτος d.

v. 37. εξεπληττοντο c. πεποιηκεν ὁ κυριος c. ποιειν (pro ποιει) p.

CAPUT VIII. v. 1. +παλιν (ante παμπολλου) c. παμπολου bhm*o. το τι φαγειν y. −ὁ Ιησους cey. v. 2. ἡμεραι bcdefghkops. εχωσιν cehy. v. 3. νηστις blmn. +τον (ante οικον) cs. ου θελω μηποτε (pro εις οικον αυτων) y. εκληθωσιν y. +εξ (ante αυτων) dkq*r. ἡκασιν cepr. ἡκουσι μακροθεν y. v. 4. τουτοις p. αρτον cgsy. ερημιαις eo. v. 5. +λεγων (ante ποσους) c. αρτους εχετε cek. v. 6. +και (ante ευχαριστησας) glmn. παρατιθωσι y. v. 7. ειχεν p. +ταυτα do, +αυτα y (ante ευλογησας). ευχαριστησας (pro ευλ.) c. παραθηναι defhloqry. και αυτα παρατεθηναι c. −και αυτα g. −και tertium bp. v. 8. +παντες (post εχορτασθησαν) cdo. των περισευματων κλασματων c. σπυριδων y. fin. +πληρεις q*r. v. 9. −ὡς y. v. 10. εμβας ενθεως c. −το bcmy. δαμανουθα e. δαλμουνουθα y. v. 11. εξηλθαν c. −και ηρξαντο e. συνζητειν c. −πειραζοντες αυτον p. v. 12. −τι g. ταυτη (pro αὑτη) c. v. 13. −εμβας y. −παλιν e. παλιν εμβας d. Transfert παλιν post απηλθεν y. −το primum bfghklmnqr. −εις το περαν y. v. 14. +οἱ μαθηται αυτου (post επιλαθοντο) lmnqrs** (−αυτου s). αρτους λαβειν q*. v. 15. +απο (ante της ζυμης secund.) p. v. 16. ελαβομεν (pro εχομεν) q*. v. 17. και λεγει αυτοις ὁ ιησους (−γνους) c. +εν ταις καρδιαις ὑμων ολιγοπιστοι (post διαλογιζεσθε) c. εχωμεν (pro εχετε prim.) c. −συνιετε y. v. 18. −και ωτα εχοντες ουκ ακουετε b. Deest interrogationis nota ad fin. v. 18 in defgmnprsy. v. 19. ὁτι (pro ὁτε) c.

+και (*ante* ποσους) y. −πληρεις h*. κλασματων πληρεις y.
v. 20. −τους *secund.* g. πληρωματων g.   v. 2].. λεγει
adeflmnqr. +ουν (*post* πως) q**. ουπω (*pro* ου) clmn,
(*pro* πως ου) ey.   v. 22. βησαϊδαν d. βηθσαϊδα kpqrs.
βιθσαϊδα y.   v. 23. −αυτον *prim.* c.   v. 24. ειπεν (*pro*
ελεγε) u. −ὁτι cy. −ὁρω cy. v. 25. −αυτου d. ανεβλεψε
cfghmprsy. ενεβλεψαι q. απεκατεσταθη cefgo. v. 26.
−τον abdefgkop. v. 27. καισαριας x. v. 28. +αυτω (*post*
απεκριθησαν) q*r. −και g. αλλοι δε ηλιαν ἑτεροι δε ἱερε-
μιαν η ἑνα c. v. 29. −ὁ *prim.* a. −αυτῳ c.   v. 31. −πολ-
λα y*semel.* ὑπο (*pro* απο) d. των αρχιερεων και των πρεσ-
βυτερων και των γραμματεων x. +των (*ante* αρχιερεων)
abcdghklmnosy*semel.* +των (*ante* γραμματεων) abdfghk
lmnopqrsy*bis.* −των γραμματεων c. −και *ultimum* b.
v. 33. *initio* ὁ δε ιησους d.   v. 34. ακολουθειν (*pro* ελθειν)
bcghlmnpxy.   v. 35. θελει epqy. απολεσει (*pro* -η)
ch*qrxy. την ἑαυτου ψυχην abdfghkopqrsuxy. οὑτως
(*pro* οὑτος) y.   v. 36. +τον (*ante* ανθρωπον) a. ανθρωπος
cfx. κερδησει cy. τον κοσμον ὁλον κερδηση o.   v. 37.
ανταλαγμα cfy.   v. 38. εαν (*pro* αν) cdfgklmnopy. αυ-
τω (*pro* αυτον) xy. −τῃ (*ante* δοξῃ) y. +αυτου (*post* αγ-
γελων) q*.

CAPUT IX. v. 1. αμην *bis* d. −αμην λεγω ὑμιν y. γευ-
σοντε c. γευσονται dpsxy.   v. 2. −τον (*ante* Ιακωβον)
bcdq*rsy. −τον (*ante* Ιωαννην) bcdghkoq*rsy*. −μο-
νους y. +εν το προσευχεσθαι αυτον (*ante* μετεμορφωθη) c.
v. 3. −τα g*. εγενοντο cfghpqry. ὡσει g**y. κναφευς
lmn. ου δυναται κναφευς επι της γης y. +οὑτως (*ante*

λευκαναι) c.   v. 4. μωϋση acklmnqrs. μωϋσει dp. μωση
gy. λαλουντες c.   v. 5. αποκριθεις δε (−και) h. εστι y.
−και primum y. ποιησομεν g. μωση cdfgkpqrsy. μιαν
ηλιαν p.   v. 6. λαλησει abdghklmnopqry. εμφοβοι by.
v. 7. αυτωι d, αυτους coy (pro αυτοις). −λεγουσα abcdh
klmnoq**rsu(?). v. 8. εξεφνης y. αλλ᾽ η g. v. 9. εκ (pro
απο) f. διηγησοντε c. διηγησονται su. αναστηναι p*.
v. 10. προς αυτους g.   v. 11. επηρωτησαν qr. πρωτος p.
v. 12. καθως (pro και πως) ce.   v. 13. −και primum cgp
q*r. +εν (ante αυτω) dep.   v. 14. πολλυν οχλον c. πο-
λυν οχλον uy. v. 15. ιδοντες y. εξεθαμβηθησαν y.   v. 16.
γραμματης e. fin. αὑτους gklnsalii. ἑαυτους y. αλληλους c.
v. 17. −διδασκαλε p.   v. 18. εαν (pro αν) dep. −αν qr.
τρισσει p. εκβαλλωσιν eg.   v. 19. init. και αποκριθεις ὁ
ιησους ειπεν αυτοις c. +αυτω (post λεγει) y. εσωμαι προς
ὑμας c. ανεξωμαι q*r.   v. 20. ιδον am**nopx. την γην y.
v. 21. ποσους χρονους c. ὁς (pro ὡς) y. εγενετο p. +εκ
(ante παιδιοθεν) c. παιδοθεν e.   v. 22. +το (ante πυρ) b
defghkoq*rsxy. εβαλλεν e. απολεσει cexy. v. 23. −το
cp.   v. 24. μοι (pro μου) y.   v. 25. συντρεχει c. +ὁ
(ante οχλος) abcdelmnpqrxy. −αυτῳ s. −πνευματι usque
ad το p. −εγω σοι επιτασσω y.   v. 26. −πολλα c.
πολλα και q*r. +απ᾽ αυτου (post εξηλθεν) h.   v. 27. αυ-
του (pro αυτον prim.) c. της χειρος αυτου y. −αυτον
secundum cy. v. 28. λεγοντες (pro κατ᾽ ιδιαν) c. +τι
(ante ὁτι) q*r. διατι (pro ὁτι) acdp. εκβαλλεῖν e. v. 29.
ουκ εκπορευεται (pro εν ουδενι δυναται εξελθειν) y. v. 30.
εκει s. εξελθοντες εκειθεν a. εξελθων παρεπορευετο c.

ηθελον k.   v. 31. −αποκτανθεις xy. *fin.* εγερθησεται ey.
v. 32. *Deest in* c.   v. 33. ηλθον kp. +ὁ ιησους (*post* ηλ-
θεν) e.   αυτοις (*pro* αυτους) g.   διελογιζοντο e.   v. 34.
διειλεχθησαν r.   v. 35. τοις δωδεκα g.   +μαθητας (*post*
δωδ.) c.   θελη cx.   εστω acdmnx.   δουλος (*pro* διακονος) g.
v. 37. −ἐν ey.   δεχεται (*pro* δεξηται *secund.*) c.   v. 38.
−δε y.   −ὁ abcdefgkopsxy.   εκβαλοντα c.   −και εκωλυ-
σαμεν *ad fin. vers.* c.   *fin.* μεθ᾽ ἡμων qr.   v. 39. ειπεν
αυτοις e.   εν (*pro* επι) x.   ακολουθησαι (*pro* κακολογησαι) y.
v. 40. ὑμων *bis* acdfghklmnopxy.   *Pro primo* ἡμων es.
v. 41. ποτισει ex.   −τῳ abdefghklmnopqry.   χρῦῖ n**
(i.e. χριστιανοι).   +ὁτι (*ante* ου μη) cd.   απολεσει cdefx.
v. 42. εαν (*pro* αν) abcdefghklmnopqrs.   σκανδαλισει b*c.
σκανδαλησει e.   σκανδαληση h.   +τουτων (*post* μικρων) h.
εστι s.   μαλλον αυτω f.   μυλος ονικος a.   μυλικος λιθος p.
μυληκος s*.   v. 43. σκανδαλιζει ar.   εκκοψον y.   εις την
ζωην εισελθειν κυλον c.   −την *secund.* y.   v. 44. τελευ-
τησει e.   +αυτων (*post* πυρ) cp.   vv. 45, 46. *Desunt in* c.
v. 45. σκανδαλιζει e.   +γαρ (*post* καλον) adep.   σοι εστιν
y.   σε (*pro* σοι) abkop.   εις την ζωην εισελθειν bf.   εις την
ζωην απελθειν g.   −τους y.   −την *secund.* h.   v. 46. πυρ
αυτων p.   v. 47. +ὁ δεξιος (*ante* σκακδαλιζη) y.   σκανδα-
λιζει r.   μονοφθαλμος c.   −εισελθειν y.   +τους (*ante* δυο) y.
απελθειν (*pro* βληθηναι) y.   v. 48. −αυτων fgklmnq**s*.
πυρ αυτων cp.   v. 49. −και πασα *ad fin. versus* b*s.   v. 50.
−αυτο e.   αρτυθησεται e.   εαν αυτοις n.   ειρηνευσατε b.
ειρηνευεται f.   ειρηνευητε g*(?).   αλληλους (−εν) c.

CAPUT X. v. 1. και εκειθεν y.   −δια του cy.   οχλος g.

v. 2. –οἱ abefglnopqrs*u. επηρωτουν c. επηρωτον y. v. 3.
μωϋσης adeg. μωσσης cy. v. 4. μωϋσης aeg. επετρεψεν
μωϋσης y. ενετειλατο (pro επετρεψεν) c. v. 5. +μωσης
(ante προς) q*r. v. 6. απ᾿ αρχης (–δε)u. fin. +και ειπεν e.
v, 7. ἑνεκα g. v. 8. ουκ (pro ουκετι) g. σαρξ μια cdeflmn.
v. 9. –ὁ artic. e. v. 10. εις την οικιαν y. –αυτου prim. y.
περι τουτου acghpy. –του s. –περι του αυτου e. επηρω-
τουν c. επηρωτων y. v. 11. +ὁ ιησους (ante ὁς) ṗ. αν (pro
εαν) y. απολυσει ce. γαμησει cef*. v. 12. απολυσει ef*.
απολυσασα y. γαμηση p. v. 13. αυτων ἁψηται y. v. 14.
–και (ante μη) bcdefhklmnopr(?). v. 15. +το (ante
παιδιον) y. v. 16. –τας p. επ᾿ αυτοις c. ευλογησεν eu.
κατηυλογει τιθεις τας χειρας επ᾿ αυτα (–αυτου) y. ευλο-
γει abcdfghklmnpqrs. v. 17. πορευομενου f. +ιδου τις
πλουσιος (ante προσδραμων) acdep. –εἰς acdep. τις (pro
εἰς) lmn. αυτω (pro αυτον prim.) cqr. +λεγων (ante δι-
δασκαλε) c. –ἱνα y. v. 18. –αυτω y. v. 19. φονευσεις e.
–μη αποστερησης e. fin. +σου c. v. 20. –αυτω p. fin.
+τι ετι ὑστερω cdp. v. 21. αυτου (pro αυτω prim.) f.
λεγει (pro ειπεν) au. +ει θελεις τελειος ειναι (ante ἐν)
cdpy. σε (pro σοι) y. –τοις acdefhklmnopqrs. fin. +σου
cy. v. 23. ειπε (pro λεγει) g. εισελευσονται εις την
βασιλειαν του θεου p. –εις την βασ. ad fin. vers. y.
v. 24. +αυτου (post μαθηται) e. εθαυμαζον (pro εθαμ-
βουντο) c. ειπεν (pro λεγει) g. –τεκνα f**. εστιν τοις e.
πεποιθωτας b*. –τοις secund. abcefghklmnopqrsy. επι
χρηματα d. v. 25. ευκοποτερον b*. +γαρ (ante εστι)
mnq**. καμιλον b*. –της bis cpy. –της prim. flmnq**s.

εισελθειν (*pro* διελθειν) abcdefghklmnosy. πλουσιος y.
v. 26. πρυς αυτους p.   v. 27. ὁ ιησους λεγει αυτοις e.
εφη (*pro* λεγει) g.   -τῳ *prim.* abcfghklmnoq**rsy.
-εστι y. +τω πιστευοντι (*post* εστι) q. -παντα γαρ *ad*
fin. vers. ey. v. 28. *init.* -και abdefghklmnopqrsy. +ουνy,
+δε deg**lmnopqr (*post* ηρξατο).   v. 29. *init.* +και dq*
rs. -δε bdhkq*rs. +ὁτι (*ante* ουδεις) c. +ἑνεκα g, +ἑνε-
κεν bchlmnopqy (*ante* του ευαγγελιου). *fin.* +μου p.
v. 30. και πατερα και μητερα acehlmnopq**y. μητερα d.
+και γυναικα (*post* μητερα) p. διωγμον h**m*?y. *fin.*
+κληρονομισει c.   v. 31. -δε y. -οἱ abfglmnopq**y.
v. 32. αυτοις (*pro* αυτους) gs. -και ακολουθουντες εφο-
βουντο e. εθαμβουντο (*pro* εφοβουντο) s. +ὁ ιησους
(*post* παλιν) f. +και (*ante* ηρξατο) es. μελοντα c. v. 33.
αναβαινωμεν e. -τοις *secund.* abcdefhkopqrx.   v. 34.
εμπεξουσιν b*x. αυτον (*pro* αυτῳ *prim.*) gy. εμπτυσω-
σιν c. αυτον (*pro* αυτῳ *secund.*) cfgx. -και αποκτενου-
σιν αυτον f.   v. 35. προπορευονται c. -οἱ bgpqr.
θελωμεν ady. +σε (*ante* εαν) cdp. -εαν g.   v. 36. ποιη-
σομαι y. -με cy. ἡμιν c.   v. 37. καθησωμεν b*.   v. 38.
-ιησους x.   v. 39. βαπτισεσθε y.   v. 40. -μου *secund.*
abcdefghkopsx. ἡτοιμασθαι x.   v. 42. αυτοις (*pro* αυ-
τους) e. κατακυριευσουσιν csy. +εθνων (*ante* κατεξου-
σιαζ.) b*. -αυτων *secund.* g.   v. 43. οὑτως abdlmnr.
-εν *prim.* g. ὁστις s. θελει cey. εστω (*pro* εσται *secund.*)
rs. ὑμων διακονος abcdefghklmnopqrsxy.   v. 44. εαν
(*pro* αν) abcdefhklmnopqrsxy. θελει cy. γενεσθαι ὑμων
pqr.   v. 46. ερχεται o. εκπορευομενων αυτων c. -και

των μαθητων αυτου c. ιδου ὁ υιος c. ὁ υιος q*ry. –ὁ
(ante τυφλος) y. v. 47. υιε ysemel. –ιησου ysemel.
v. 48. επετιμουν c. αυτον ysemel. πολλα d. σιωπισει e.
v. 49. εκκελευσεν (pro ειπεν) c. φωνησατε αυτον (pro αυ-
τον φωνηθηναι) ysemel. αυτωι (pro αυτον) d. εγειρε defg
kosy*semel. v. 50. αυτον (pro τον ιησουν) ysemel.
v. 51. ὁ ιησους λεγει αυτω eo. τι σοι θελεις ποιησω dep
y. λεγει (pro ειπεν) ysemel. ῥαββουνι adef**ghkoprsy
semel. ῥαβουνι blmnqysemel. ῥαβουνη c. v. 52. και
ὁ ιησους (–δε) ysemel. –ὁ δε ιησους ειπεν αυτῳ ysemel.
ηκολουθη b*epq*y. ηκολουθησε gklmnq**s. αυτω (pro
τῳ ιησου) a.

Caput XI. v. 1. ηγγισαν c. ηγγισεν y. βηθσφαγη
ad**f*ghlmnpqrsy. βιθσφαγη c. βιθανιαν ef. –και βηθα-
νιαν y. απεστειλεν y. v. 2. πολιν (pro κωμην) y. απεναντι
cd. –δεδεμενον y. +ουπω (ante ουδεις) e. +ποτε (ante κε-
καθηκεν) c. –αυτον c. fin. +μοι c. v. 3. ποιητε y. –ὁτι c.
αποστελλει αυτον ap. αποστελλει bcefhklmnoqrsy. αυ-
τους αποστελλει ysemel. παλιν (pro ὡδε) y. v. 4. –τον
adefhkos*y. εξω προς την θυραν c. –επι p. v. 5. ἑστωτων
cflmnq*y(semel). v. 6. ειπαν ysemel. +αυτοις(ante ὁ ιησους)
ysemel. v. 7. επεθηκαν (pro επεβαλον) c. εκαθησαν b*y.
v. 8. τους χιτωνας a, τους χειτωνας u (pro τα ἱματια).
εν τηι ὁδωι bis d. –δε secund. y. στιβαδας defg**op.
στυβαδας ky. –εκ των d. εστρωννυον f. fin. εν τη ὁδω cy.
v. 9. –ὡσαννα ad fin. vers. y. v. 10. init. +και deop. –ἡ
ερχομενη g. –εν ονοματι κυριου cy. v. 11. –και secund. a.
παντας y. ετι (pro ηδη) g. +την (ante βηθανιαν) s**. fin.

+μαθητων y.   v. 12. —αυτων p.   βιθανιας e.   επηνασε l*.
v.13. απο μακροθεν μιαν συκην c.   απομακροθεν y.   μιαν συ-
κην dp.   —ει primum p.   τι ευρησει gpy.   καιρος ην d.   v.14.
—ὁ ιησους cy.   μηδεις (pro ουδεις) abcdefghklmnopqrsy.
φαγει c.   φαγη lmnopqsy.   v.15. +παλιν(post ερχονται)y.
ελθων (pro εισελθων) p.   +τους (ante αγοραζοντας) cey.
κολυβιστων eks.   τραπεζας (pro καθεδρας) y.   v. 17. —ὁτι
ch.   εθνεσι o.   αυτον εποιησατε eqry.   v. 18. ηκουον c.   οἱ
αρχιερεις και οἱ γραμματεις cdp.   +και οἱ φαρισαιοι (post
γραμματεις) hy.   απολεσουσιν ahlmnr.   απολεσωσιν b*efk
opsy.   απολεσωσι d.   —αυτον secund. deop.   εξεπλησσοντο
de.   v. 19. ὁταν (pro ὁτε) ep.   εγινετο?h.   εξεπορευοντο
cep.   v. 20. παραπορευομενοι πρωϊ y.   v. 21. ιδου s.
εξηραται abcq*r.   εξηρανθη s.   v. 22. +ὁ (ante ιησους)
abdfhklnpqrsy.   θεου; k.   v. 23. —γαρ c.   —ὁτι pri-
mum p.   εαν (pro αν) o.   πιστευσει aef*s.   πιστευη h.
πιστευει ybis.   πιστευει ὁτι θελει γινεται c.   ὁσα (pro ὁ) c.
v. 24. +ὁτι (ante παντα) q*.   —παντα y.   εαν (pro αν) e.
ευχομενοι b.   αιτησθε ab**k**lmnopqrx.   αιτισεσθε c.
v. 25. στηκετε csx.   στηκειτε ef*.   ουρανιος (pro εν τοις
ουρανοις) y.   αφησι y.   v. 26. Deest in f* (habet margo) p.
—ὑμων (primum) h.   —τοις e.   —εν τοις ουρανοις y.   +ὑμιν
(post αφησει) qr.   v. 28. η (pro και secund.) cy.   δεδωκεν
p.   εδωκεν την εξουσιαν ταυτην cegy.   fin. ποιεις cdef*hy.
v.29. —ιησους p.   καγω ὑμας d.   και εγω beghklmnos,
—καγω pq.   +εαν (ante αποκριθειτε) c.   —και tertium c.
v. 30. —αποκριθητε μοι lmn.   v. 31. διελογιζοντο cdp.
—ουν y.   v. 32. αλλα ch.   —αλλ᾽ g.   —εαν abefhklmnopq

rsy. ειπομεν aqs.   φοβουμεθα co.   −οντως y.   v. 33.
αποκριθεις ὁ ιησους de.   −αποκριθεις f.

CAPUT XII. v. 1.   −αυτοις e.   +αυτου (ante φραγ-
μον) c.   ωρυξε k.   v. 2. δουλον τω καιρω de.   v. 3. και
(pro οἱ δε) y.   −αυτον y.   εδηραν elmnqr.   καινον e.   v. 4.
λιθοβολισαντες s.   v. 5. οὑς μεν, οὑς δε c.   εδειραν τους
δε απεκτειναν g.   δαιροντες lmnqr.   αποκτενοντες acdef*
lmnqr.   αποκτεννοντες hkops.   αποκτεινννντες y.   v. 6.
init. +ὑστερον δε (−ουν) c.   υἱον ἑνα k.   ειχεν s.   εσχατον
προς αυτους eopy.   −ὁτι dkq*rs.   v. 7. +θεασαμενοι αυ-
τον ερχομενον (post γεωργοι) cy.   −οἱ n.   προς ἑαυτους
ειπον y.   εν ἑαυτοις e.   αποκτεινομεν s.   v. 8. απεκτειναν
αυτον y.   +αυτον (ante εξω) cy.   v. 9. +τοις γεωργοις
εκεινοις· λεγουσιν αυτω (ante ελευσεται) c.   +εκεινους c,
+τουτους y (post γεωργους).   v. 10. init. + και λεγει αυ-
τοις ὁ ιησους c.   ταυτην την γραφην a.   −ταυτην s.   απε-
δωκιμασαν m*.   εγεννηθη e.   v. 11. εστη eos.   ὑμων mq.
v. 12. κρατησαι αυτον c.   +ταυτην (post παραβολην) q*r.
v. 13. +εκ (post τινας) g.   −των secund. q*.   −και των
ἡρωδιανων c.   λογον qr.   v. 14. και (pro οἱ δε) c.   οἱ φαρι-
σαιοι επηρωτον αυτον λεγοντες διδασκαλε c.   μελλει ab**
cefhq*r.   ουδε (pro ου γαρ) c.   ειπε ουν ἡμιν εξεστιν cy.
δουναι κηνσον καισαρι cey.   v. 16. −αυτω y.   v. 17. +ουν
(post αποδοτε) cdq*ry.   v. 18. +οἱ (ante Σαδδ.) g.   −μη
ειναι b*.   μη ειναι αναστασιν y.   v. 19. μωϋσης deps*.   απο-
θανει y.   καταλειπει c.   καταλειπη f**.   γυναικαν primum
c.   εξαναστησει cef*oy.   v. 20. −ουν abdefgklmnoqrs.
+παρ’ ἡμιν (post ησαν) e.   v. 21. −ὁ δευτερος usque ad

σπερμα s*. −και απεθανε y.   v. 22. αφηκεν c. εσχατον
adf*s. +δε (*post* εσχατη) cs. και ἡ γυνη απεθανε y.   v. 23.
−ουν abhklmnq**s.   −γυνη c.   παντες γαρ (*pro* οἱ γαρ
ἑπτα) c.   v. 25. ὁτε (*pro* ὁταν) c. γαμωσιν c. εκγαμι-
ζονται d. εκγαμισκονται q*r. −οἱ adeflmnpqrsy. θεου
(*pro* οἱ) c.   v. 26. −τη s. μωϋσεως delmnp. του (*pro* της)
abcdhklmnqruy. πως (*pro* ὡς) d. +ειμι (*post* εγω) cy. −ὁ
secund. p. ἀβραμ h.   v. 27. −ὁ ep. ὁ θεος θεος νεκρων fh.
−θεος *secund.* afhmps.   −πολυ c.   πολλυ f*.   πολλοι k.
v. 28. εἰς γραμματευς c.   γραμματευς τις x.   ιδων (*pro*
ειδως) c.   τι (*pro* ὁτι) p.   −αυτοις c.   απεκριθη αυτοις p.
αυτω (*pro* αυτον) x.   παντων abcdefghkopq*rsuxy. εν-
τολων q**.   v. 29. ειπεν (*pro* απεκριθη) y. παντων abcde
fghkopq*rsuxy.   −των abceprsy. εντολη acepr. ὑμων
(*pro* ἡμ.) lmn**q*.   −κυριος *secund.* y.   v. 30. *init.* −και x.
−και εξ ὁλης της ψυχης σου ce. ισχυως x. +παντων dp,
+και μεγαλη (*post* πρωτη) x.   v. 31. −και sx. +δε (*post*
δευτερα) fx.   αυτῇ hx. ἑαυτον cdeghpq*rs. μειζω fy.   v.
32. ειπες b*?kops. λεγεις x. εστιν ὁ θεος c. −θεος abde
hklmnopq*rsu (v. 3 *in MS*) xy.   v. 33. −το *secundum* x.
σεαυτον bdfk*. ὁλοκαυτοματων s. πλειον παντων εστιν
ὁλοκαυτωματων y.   −των *secund.* bcdefhklmnopqrsuxy
(*habet* a).   v. 34. ειδων x. ειδως f*q*r. ουκ (*pro* ουκετι) c.
επερωτησαι αυτον ουκετι x.   v. 35. +του (*ante* δαβιδ) be.
δαυϊδ o.   v. 36. −δαβιδ g. ειπεν εν πνευματι ἁγιω· λεγει
ὁ κυριος acefghklmnpqr. εν πνευματι ἁγιω λεγει· ειπεν b.
λεγει εν πνευματι ἁγιωι· ειπεν d. εν πνευματι ἁγιω os.
−τῳ (*sic*) u.   −ὁ c.   v. 37. δαυδ. o.   πολλυς e.   ηκουον cp.

–αυτου *secund.* g.   v. 38. αυτους (*pro* αυτοις) eg.   +φιλουν-
των (*ante* ασπασμους) adpq*r.   v. 39. προτοκαθεδριας b*.
πρωτοκαθεδριαις d.   πρωτοκλησιας b*d*efs.   v. 40. +γαρ
(*post* ουτοι) o.   ουτω ληψοντε c.   λειψονται y.   v. 41.
απεναντι g.   εβαλον aglmpy.   εβαλων c.   v. 42. κοδραντες
y.   v. 43. +ὁ ιησους (*post* προσκαλεσαμενος) y.   ειπεν
(*pro* λεγει) apy.   –αυτοις y.   ἡ πτωχη αυτη y.   εβαλε (*pro*
βεβληκε) e.   βαλλοντων adefhmnoq*ry.   v. 44. εκ του
περισσευματος αυτων (*pro* αυτοις) y.   περισσευματος u.
εβαλλεν e.

CAPUT XIII. v. 1. +εκ (*post* εις) e.   –διδασκαλε c.
v. 2. αποκριθεις ὁ ιησους dlmnp.   –ὁ ey.   τας μεγαλας
ταυτας y.   –μεγαλας u.   +ὡδε (*ante* λιθος) lmnq**y.   επι
λιθον cdy.   v. 3. επι (*pro* εις) e.   κατεναντι (*sic*) u.
v. 4. μελλει cef*hy.   ταυτα παντα bcghos.   –παντα y.
v. 5. αποκριθεις ειπεν (*sic*) u.   –αυτοις y.   πλανησει ce.
πλανηθητε (*pro* τις ὑμας πλανηση) y.   v. 6. ὁ καιρος ηγ-
γικεν (*pro* πολλους πλανησουσιν) e.   v. 7. +και ακατα-
στασιας (*post* πολεμους) y.   θροησθε q*r.   v. 8. –γαρ y.
επ᾽ εθνος cey.   σισμοι e.   τοπον g.   v. 9. αρχη ap.   ταυτα
παντα αρχαι οδηνων c.   εν ταις συναγωγαις αυτων x.   –και
επι *usque ad* σταθησεσθε x.   +δε (*post* ἡγεμονων) do.
+επι (*ante* βασιλεων) y.   βασιλειων g.   ᾽ αχθησεσθε (*pro*
σταθησεσθε) lmnq**u.   v. 10. *Deest in* x.   v. 11. αγω-
σιν clmnpq**y.   αγαγωσι παραδωσε ὑμας x.   μεριμνατε d
fghkopqrsxy.   λαλησετε ab*cfghlmnpqr, λαλησειτε y (*pro*
λαλησετε).   μη (*pro* μηδε) p.   λαλητε c, λαλησατε q*, λα-
λησετε r, λαλησητε x (*pro* λαλειτε).   ὑμεις εστε cq*x.

v. 12. –δε ο.   v. 14. το δια δανιηλ του προφητου ρηθεν
y. εστος fk. –ου e. ουδεις (pro ου δει) y.   v. 15. κατα
βαινετω d.   v. 16. –ων c.   v. 18. –δε g. ημων e. fin. +η
εν σαββατω c.   v. 19. θλιψεις οιαι ου γεγοναν τοιαυ
ται y. απ᾽ αρχης κτισεως τοιαυτη e. κτησεως g. +τον κοσ
μον (post θεος) d.   v. 20. init. και ει μη εκολοβωθησαν
αἱ ημεραι εκ. y. +ὁ (ante κυριος) m. –κυριος ey. εκολω
βωσε secundum r. +εκεινας (ante ουκ αν) cde. +ὁ θεος e,
+ὁ κυριος y (post εξελεξατο). v. 21. –και lmnq. –η cglm
nq. πιστευεται cs. πιστευετε ef*g*hk.   v. 22. δωσωσι
y. αποπλανησαι d.   v. 23. +γαρ (post ιδου) c. ἁπαντα
acdhpy.   v. 24. των ημερων εκεινων (pro εκεινην) d.
v. 25. +εκ (ante του ουρανου) cd. εσονται εκ του ουρανου
πιπτοντες py.   v. 26. και δοξης πολλης acdep.   v. 27.
αποστελλει e.   αὑτου prim. b (sic).   +μετα σαλπιγγος
φωνης μεγαλης (post αγγελους αυτου) p.   –καὶ επισυναξει
τους εκλεκτους αὑτου g* (habet margo). +της (ante γης)
adpy. +του (ante ουρανου) adpy.   v. 28. μανθανετε u.
ηδη ὁ κλαδος αυτης lmnp. ὁ κλαδος αυτης c. ὁ κλαδος αυτης
ηδη y. –ηδη cuy. γενηται ἁπαλος ey. εκφυει y. γινωσκεται
lmn. –εγγυς το g. –εστιν aop.   v. 29. ουτως ad. ιδητε
ταυτα y. γενομενα cs. –γινομενα o.   v. 30. –ὁτι cs*.
ταυτα παντα agpsy.   v. 31. παρελευσεται abdeghlmnp
uy. παρελευσονται (pro παρελθωσι) y.   v. 32. η (pro
και) bdefghklmnopqry. –της secund. bcefghklmnoqrs.
–οἱ prim. f. –οἱ secund. cesy. +τω (ante ουρανω) degkl
mnoqrs. –ὁ prim. y.   v. 33. –και lmnq*.   v. 34. ὡσ
περ γαρ c, ὡσπερ e (pro ὡς). αποδημων c. γρηγορει c.

v. 35. γρηγορητε y. –γαρ y. μεσονυκτιω c.   v. 36. εξε-
φνης b*gs. ευρησι c.   v. 37. ὁ (pro ἀ) py. γρηγορητε ce.
N.B.   MS x non continet cap. xiv.

CAPUT XIV. v. 1. τον ιησουν (pro αυτον) g. εν δολω
κρατησωσιν αυτον f.   v. 2. γενηται (pro εσται) ap.
v. 3. –τη dkoq*rs. αλαβαστρον μυρου εχουσα c. τον
αλαβαστρον (pro το) bekop. –της s.   v. 4. προς ἑαυ-
τους αγανακτουντες b. –και y. απολεια h.   v. 5. εδυνατο
ap. +το μυρον (post τουτο) dey. –τοις chpy. ενεβρι-
μουντο c. αυτην f.   v. 6. κυριος (pro ιησους) y. εν εμοι
abcdefghklmnopqrsy.   v. 7. μεθ᾽ ἑαυτους y. θελετε c.
αυτοις f. –δε e*.   v. 8. εσχεν abcdfghklmnopqrsy.
αυτηι h. μυρησαι e*. –το σωμα e. +μου (post σωμα) y.
v. 9. +δε (post αμην) bdfghp. εαν (pro αν) abcdefghklm
noqrsy. –τον s*. κοσμον λαληθεσεται (sic) u.   v. 10.
–ὁ primum adfglmnop. ισκαριοτης fy.   v. 11. εχαρισαν
ey. –αυτω ce. αργυρια efgmnpqrs**y.   v. 12. –πρωτη
y. θελης c. –απελθοντες h. ἑτοιμασομεν ab**dlmnpr.
φαγεις y.   v. 13. ακολουθεισατε h.   v. 14. αν (pro εαν) p.
–ὁτι h.   v. 15. ουτος y. δειξη b*e. ανωγεων almnp.
ανωγαιον b*eghqsy. ανογεον f. αναγεον ?k. αναγαιον ?o.
–μεγα y. –ἑτοιμον deks. fin. ὑμιν a.   v. 16. εξελθοντες
(pro εξηλθον) c. –οἱ μαθηται αυτου και ηλθον f*. ειπον y.
v. 18. –ὁ ιησους e.   v. 19. λυπεισθε u. –και αλλος μητι
εγω s.   v. 20. init. ὁ δε ιησους c. –εκ c.   v. 21. ἐγενηθη s.
v. 22. +τον (ante αρτον) ep. +και (ante ευλογησας) lmn
q**.   v. 23. –το acdg.   v. 24. –το secund. bfk. fin. +εις
αφεσιν ἁμαρτιων c.   v. 25. +δε (post αμην) ab*dfghk

ou. −ουκετι b*. +απαρτι (post πιω) e. γενηματος abde fghklops. αυτω b*?f*s.   v. 27. −εν εμοι εν τη νυκτι ταυτη abefg*hkosu. διασκορπισθησονται cu. fin. +της ποιμνης epqr.   v. 28. μετα δε (−αλλα) mnq**.   v. 29. −και c. +εν σοι (ante αλλ') c.   v. 30. −και c. −αμην λεγω σοι r*. +συ (ante σημερον) abdfghklmnopqr**s. −η c. αλεκτορα δις c.   v. 31. init. ὁ δε πετρος c. −με o. δεη με cd. συν σοι αποθανειν c. απαρνησωμαι abfhklmnqr. απερνησημαι u.   v. 32. γεθσημανι b*go. γεθσημανει f**. καθησατε g. ἑως αν gs. +οὐ απελθων (post ἑως) c. προσευξομαι acdfhlmnoqrs*.   v. 33. −τον bis g. −τον secund. abcdfhklmnoqrs. +τον (ante Ιωαννην) ep. ιωανην n. εκθαμβεισθαι και ακηδιαν και τοτε αδημονων λεγει αυτοις c.   v. 34. λεγειν bghk.   v. 35. προσελθων bcfghk o*?ps. επεσεν επι προσωπον επι την γην c. η δυνατον εστιν ινα c.   v. 36. απ' εμου το ποτηριον cep. τουτο απ' εμου g. θελω εγω (−τι) u. αλλ' ὁτι g. αλλ' ὡς σοι θελης c. σοι (pro συ) b.   v. 37. αγρυπνησαι (pro γρηγορησαι) c. fin. +μετ' εμου ce.   v. 39. απελθων παλιν b. προσευξατο f.   v. 40. αυτων οἱ οφθαλμοι e. καταβαρυνομενοι elmnp. βεβαρυμενοι qr. ηιδησαν b*. −αυτῳ g. ανταποκριθωσιν dp.   v. 41. καθευδεται e. −το secund. abdfhklm nq**s*u. +το τελος (post απεχει) c. −ἡ y. −τας ep. v. 42. ηγγικεν ὁ παραδιδους με c.   v. 43. +ὁ ισκαριωτης (post ιουδας) adp. −ων cpy. −των (ante γραμματεων) do py. −και των γραμματεων s. −των (ante πρεσβυτερων) y.   v. 44. δεδοκει h. αυτοις σημον c. σημειον s. συσημον y (cf. v. 48). αγαγετε kosy. +αυτον (ante ασφαλως) cy.

v. 45. προσεκυνησεν αυτω και (pro προσελθων αυτῳ) g.
–λεγει y. +αυτω (post λεγει) cdfghklmnqrs. χαιρε (pro
ῥαββι prim.) y.　　v. 46. τας χειρας αυτων επ᾽ αυτον p.
–αὐτων c.　　v. 47. παρεστηκωτων y. –την y. επεσε ce
qry. –τω (sic) u.　　v. 48. εξηλθατε cy. συλαβειν y.
v. 49. διδασκων εν τω ἱερω ce. πληρωθη ἡ γραφη y. fin.
+των προφητων c.　　v. 50. τοτε οἱ μαθηται (pro και) c.
–παντες s.　　v. 51. ηκολουθησεν abcdefghklmnpqrsy.
v. 52. καταλειπων ce. εφυγεν γυμνος y. επ᾽ (pro απ᾽) p.
v. 53. +καϊαφαν (post αρχιερεα) cep. και οἱ γραμματεις
και οἱ πρεσβυτεροι dp (–θὶ prim. p).　　v. 54. –ἑως d.
ἑως της αυλης (–εσω εις) cy. –ην c. –των l*. θερμενομε-
νος nsy. +το (ante φως) defghklmnpy.　　v. 55. ψευδο-
μαρτυριαν κατα του ιησου e. εὑρον c. ηὑρισκον e.　　v. 56.
+αυτων (post μαρτυριαι) a. εισαν h. –και ισαι usque ad
κατ᾽ αυτου v. 57. c.　　v. 58. –και δια τριων ad fin. vers. y.
χειροποιητον (pro αχειρο.) b.　　v. 59. εἴσι ἠν c.　　v. 60.
–το abcdefghklmnopq**sy. αποκρινει y. σοι (pro σου)c.
v. 61. απεκρινετο a. επηρωτησεν αυτον εκ δευτερου λεγων
αυτω c. λεγων (pro και λεγει αυτω) y. +του θεου (post
υἱος) epy. ευλογιμενου c.　　v. 62. +αὐτω (post ειπεν) cy.
συ ειπας ὁτι εγω ειμι· και οψεσθαι c. εκ δεξιων καθημενον
bcdefghklmnopqrsu. εκ δεξιων της δυναμεως καθημενον y.
επι (pro μετα)cp. v. 63. ῥιξας c. εχωμεν c.　　v. 64. +παν-
τες (post ηκουσατε) c. +του στοματος αυτου c, +αυτου
p (post βλασφημιας).　　v. 65. +ἡμιν χριστε c, +ἡμιν g
(post προφητευσον). ῥαπισματι g. –αυτον secund. c.
εβαλον cdko. εμβαλλον p.　　v. 66. –κατω c.　　v. 67. εις

αυτον (*pro* αυτω) q*r. ναζωρινου c. ναζαρινου e.   v. 68.
+αυτον (*post* ηρνησατο) de. ουτε (*pro* ουδε) cdfhklmnq
rs. εξελθων (*pro* εξηλθεν) e.   v. 69. –ή e. παρεστωσιν
dp. ηρνησατο cn*?.   v. 70. +γαρ (*ante* ή λαλια) c.   v. 71.
ομνυναι abdefghk**lmnoqrs.   v. 72. +ευθεως (*ante* εκ
δευτερου) c. ὁ αλεκτορ c. εμνησθη q*r. το ῥημα ὁ abcd
efghklmnopqrs. το ῥημα (*sic*) u. απαρνησει c. τρεις b*.
επιλαβομενος (*pro* επιβαλων) c. εκλεεν h.

CAPUT XV. v. 1. επι τω cd*ef*qrx. +αυτω (*post* πα-
ρεδωκαν) c. –τω c.   v. 2. +ὁ ιησους (*ante* αποκριθεις) q*.
ειπε (*pro* ειπεν αυτω) g.   v. 3. αυτον y. *fin.* +αυτος δε ουδεν
απεκρινατο cq*r.   v. 4. αποκρινει cy.   v. 5. –ουκετι y.
v. 6. ήτουντο h (*sic* v. 43).   v. 7. εἰς (*pro* ην) k**. –ὁ f.
–λεγομενος b*. βαραβας cps. εποιηκησαν c. πεποιηκασι
g. πεποιηκεσαν q*r. πεποιεικεισαν x.   v. 8. –ὁ e* (*habet*
margo). αυτος y.   v. 10. *Deest hic versus in* r. επεγινω-
σκε p. παρεδωκαν c. παρεδωκεισαν fy. παρεδωδεσαν g.
παραδεδωκασιν h. παρεδεδωκεισαν ps.   v. 11. ανεπεισαν
fk**. βαραβαν g*. απολυσι c. απολυσει eqrxy.   v. 12.
–παλιν eks. –ὁν λεγετε e. +τον (*ante* βασιλεα)ce.   v. 13.
εκραυγαζον ανασιωμενοι ὑπο των αρχιερεων και ελεγον c.
+λεγοντες (*post* εκραξαν) dp.   v. 14. περισσος c. περισ-
σως dp. περισσοτερον hs. περισσοτερος x. περισσωτερως
y. εκραζον acdp.   v. 15. το ἱκανον ποιησαι τω οχλω r.
φραγελωσας ce.   v. 16. +τον ιησουν (*pro* αυτον) x. εις
την αυλην του καϊαφα (*post* εσω) xsemel y. +του καϊαφα
(*post* αυλης) p. πρετοριον c. συγκαλουσι y.   v. 17. αυτω
(*pro* αυτον) c. περιτεθεασιν f. στεφανον ακανθινον y.

v. 18. λεγοντες s**, και λεγειν lmnqr (ante χαιρε). ὁ βασιλευς cdefghlmnpqrsxy. v. 19. την κεφαλην αυτου dekpqrs. ενεπτοιον αυτον xsemel. αυτον (pro αυτῳ secund.) c. —και τιθεντες ad fin. vers. g* (habet margo). v. 20. ενεπεξαν x. αυτον (pro αυτῳ) y. —αυτον την πορφυραν και ενεδυσαν g* (hab. mar.). τα ιδια ιματια αυτου c. v. 21. ακγαρευουσιν q?. αγκαρευουσιν r. κυριναιον aefxy. αρει xy. v. 22. +τον (ante γολγοθα) ac. γολγοθᾶν dpsx semel. v. 23. εδιδου y. εσμυρνησμενον x. εσμιρνισμενον ysemel. v. 24. διεμεριζοντο achxsemel. διαμεριζωνται x semel. διαμεριζονται befgklmnopqrsysemel. εκαθηντο διαμεριζοντες d. διαμεριζον ysemel. βαλοντες ehkmnox. αρει xy. v. 25. τριτη ωρα p. ἑκτη (pro τριτη) k**. v. 26. —επιγεγραμμενη h*. γεγραμμενη y. —και ἡ επιγραφη της αιτιας αυτου (ante γεγραμενον) x. v. 27. εξευονυμων e. —αυτου g. v. 28. Deest in beg*hk**sxy (habet g in margine: —και secund.) v. 29. αυτω (pro αυτον) cx. —εν bko. v. 30. καταβηθι q*r. v. 31. —δε abcdefghkmnopq**sxy semel. εμπεζοντες xy. —προς αλληλους s. fin. σωσαι; fgk mn. v. 32. —του prim. op. καταβατωι h. πιστευσομεν c. +επ᾿ αυτω qysemel, +αυτω bcd**efglmnrxsemel ysemel (post πιστευ.). ονειδιζον achpqx. αυτω (pro αυτον) c. v. 33. επι πασαν (pro εφ᾿ ὁλην) x. ενατης acdefhkmnops. v. 34. +εν (post και) c. —τη ωρα c. ενατη acdfhkmnops. ενατην e. ανεβοησεν u. φωνην μεγαλην c. —λεγων e. ἐλωϊ bis f. λιμα ab*cdhklmnopqrs. —λαμμα e. λειμα gx. λειμας αβαχθανι f*y. σαβαχθανη b**. σαβακτα e. σαβακθανει c. σαβαχθανει qr. —μου primum cdelmnopq**y.

εγκατελειπας c. εγκατελειπες ef*.   v. 35. παρεστικο-
των ex. +ὁτι (ante ιδου) adop. ειδε c. φωνη f*x.   v. 36.
γεμησας ex. εποτισεν ο. ιδομεν s**.   v. 37. φωνην αφεις e.
v. 39. κεντυριον hy. παρεστικως qx. οὑτω lmn. θεου ηυ p.
v. 40. –ην p. –και secund. cf*lmnoqrxy. μαγδαλινη ey.
–ἡ του dp. –του prim. o. ηωση c.   v. 41. init. –αἱ cks.
v. 42. –επει ην ad fin. vers. c. παρασκευη ην elmn. προσ-
σαβατον beo*qr. προς σαββατον fh.   v. 43. init. ελθων
(pro ηλθεν) aeflmnpqrxy.   +ὁ (ante ιωσηφ) ysemel. –ὁ
cr. αριμαθιας y. αρημαθαιας xsemel.   v. 44. καιτυριωνα
s. –αυτον h* (habet marg.).   fin. ει ηδη τεθνηκεν c.   v.
45. εδωρισατο hxsemel.   v. 46. αυτω (pro αυτον prim.)
xsemel. ενειλισσε b**. ενειλισε foqr. ενηλησε x. ενηλισε
y. εθηκεν (pro κατεθηκεν) y. εις μνημειον ysemel. ὡ (pro
ὁ) d. προσεκυλησε efx.   v. 47. μαγδαλινη b*eg*y. +ἡ
(ante ιωση) h**. ιακωβου και σαλωμη (pro ιωση) c. τεθη-
ται c. τεθειται o. τηθεται x. Deest post ἡ δε ad του σαβ-
βατου cap. xvi. v. 1. in p.

CAPUT XVI. v. 1. μαγδαλινη begy. –ἡ του abcefglm
nqrsxy. –του secund. hk. αληψωσιν exy. τον ιησουν (pro
αυτον) b*clmnq**xy.   v. 2. –του e.   v. 3. αποκυλιση q.
αποκυληση xsemel. απο (pro εκ) c.   v. 4. αποκεκυλησται
b*.   v. 5. ιδον efy. περιβεβλημμενον e.   v. 6. εκθαμ-
βησθε qr. ναζωρινον c. ναζαρινον y. ἡγερθη a.   v. 8.
–ταχυ abcdef*ghklmnopqrsuxy.   v. 9. +ὁ ιησους (ante
πρωϊ) bdelmn. –πρωϊ s. πρωτης x. σαββατων cdoqrx.
σαββατω y. μαγδαλινη ef*y. εκβεβληκη l.   v. 10. πο-
ρευθησα b*xy. απελθουσα (pro πορευθεισα) o. κλεουσι

xy.   v. 11. εκεινοι (*pro* κακεινοι) c.   v. 13. απειγγειλαν
b. λυποις e.   ουτε y.   v. 14. +δε (*post* υστερον) c. ωνει-
δησε b*de.   ωνειδισεν f.   ονηδησε xsemel.   ονειδισε hxsemel.
ονειδησε y.   απιστειαν b*exy.   εγειγερμενον cx.   +εκ νεκ-
ρων (*ante* ουκ) c.   v. 15. πασι y.   κτησει x.   v. 17. κειναις
ak*.   κεναις y.   γεναις c.   v. 18. πιωσι x.   ποιωσιν p. βλα-
ψη abcdefghklmnopqrsxsemel.   επιθησωσιν cy.   v. 19.
Ισ (*pro* κυριος) e (I *rubro*).   αυτους f*.   ανελειφθη ey.
εκαθησεν efxy.   εν δεξια dp.   εν (*pro* εκ) s.   πατρος (*pro*
θεου) c.   v. 20. βεβαιουντες e.   *fin.* +αμην abcdefghklm
nopqrsxy.

SUBSCRIPTIONES.   Τελος του κατα Μαρκον ευαγγελιου
adg.   ευαγγελιον κατα Μαρκον b.   τελος το κατα M.   ευ-
αγγ. e.   *Nil habent* ho.   το κατα M. (+αγιον n) ευαγγε-
λιον cknpqrv.   +εξεδοθη (+υπ᾽ αυτου rv) μετα χρονους
(χρονων s, ετη qr) δεκα (λβ̄ r) της του (−του rv) Χριστου
αναληψεως cklmnpqrv.   +διηγορευθη δε υπο Πετρου εκ
῾Ρωμης qr.   *Codex* d *multa addit e Cosma Indicopleustâ.*
Habet praeterea ιστεον οτι το κατα M. ευαγγελιον υπη-
γορευθη υπο Πετρου εν ῾Ρωμηι· *et mystica quaedam de*
Cherubim (*Apocal. c.* iv).

S. LUCÆ EVANGELIUM.

Ευαγγελιον (+ἁγιον k) κατα Λουκαν bcdeghk. ευαγ-
γελιον εκ του κατα Λουκαν a. ιστεον ὁτι το κατα Λουκαν
ευαγγελιον ὑπηγορευθη ὑπο Παυλου εν ῾Ρωμη (sequuntur
mystica quædam) l. το κατα λουκαν ἁγιον (–ἁγιον p)
ευαγγελιον mnpsv.

CAPUT I. v. 1. επεχειρισαν g. –εν gy. –ἡμιν f*.
v. 2. παρηδοσαν a*. παρεδωσαν bel*m*xy. παρεδωκαν ο.
–του λογου γενομενοι y. v. 3. συ (pro σοι) x. v. 5.
ἑλισαβετ passim gk. v. 6. –δικαιοι y. +τοις (ante δι-
καιωμασι) a. v. 7. –ἡ y. v. 8. ευημεριας q. εναντιον
ceoxy. –του p. v. 9. ἱερατιας a?x. v. 10. ην του λαου
abdefghkpqrsxy. v. 11. Deest in g* (habet margo). –κυ-
ριον n. v. 12. επεσεν y. v. 13. +ιδου (ante ἡ γυνη) q.
v. 14. γενεσει bko. χαρισονται be. v. 15. –του cefghk
m*?qrsxy. σικαιρα sy. πιει cx. v. 17. προσελευσεται p.
κατασκευασμενον cex. v. 18. προβεβηκυα e. v. 19.
+γαρ (post εγω) s. +ὁ (ante γαβριηλ) g. v. 20. εσει y.
v. 21. εγχρονιζειν p. –εν τῳ ναῳ k. v. 22. εδυνατο ο.
εγνωσαν cy. ἑορακεν bfo. διεμεναι a. επεμενε g. v. 24.
τας ἡμερας ταυτας c. –ελισαβετ a. ζαχαριου (pro αυ-
του) y. αυτην s*y. v. 25. ουτος b. ουτως dlmnqr. εποιη-
σεν p. εφιδεν c. v. 26. ναζαρετ abefgklmnopqrsy.
v. 27. +και πατριας (post οικου) ag. v. 28. κεχαριτομενη b.

και χαριτωμενη x. σοι (pro συ) b.   v. 29. –ειη c.   v. 30.
αυτη ο αγγελος qr.   v. 31. συλλειψη b. συλληψει py.
τεξει cy.   v. 33. –αυτου p.   v. 34. +μοι (post εσται) ef
qrs**xy. –εσται f*?.   v. 35. αποκριθεις δε (–και) c.   γε-
νομενον aexy. γεννομενον b.   +εκ σου (post γεννωμενον)
k**. –αγιον d*. +του θεου (post αγιον) y.   v. 36. συγ-
γενη ex. συγγενις f. γηρει bdef*hklmnpqry. γηρη c.
γειρει x.   v. 37. αδυνατηση x. –παρα ghp.   v. 39. και
αναστασα (–δε) o. ορηνην h. ορινην ey. –μετα σπουδης y.
v. 41. +εν αγαλλιασει (post βρεφος) c.   v. 42. ανεβοησε
(pro ανεφωνησε) dy. σοι (pro συ) x.   v. 44. –σου y. εσ-
κιρτησε το βρεφος εν αγαλλιασει abcdefghklmnopqrsxy.
v. 49. μεγαλια b.   v. 50. εις γενεαν και γενεαν cghs.
v. 51. υπεριφανους bf. υπερηφανων qr. διανοιας bcp.
v. 53. καινους e.   v. 55. εως αιωνος (pro εις τ. αι.) clmnr.
v. 57. επλεισθη h. εγενησεν x.   v. 58. –και οι συγγενεις
αυτης y.   v. 59. αυτω (pro αυτο) x. επι το ef.   v. 61.
–οτι y. +επι (post καλειται) cp.   v. 62. –το c. θελη f.
θελει ry.   v. 63. εσται (pro εστι) lmnpy. εθαυμαζον g
q*r.   v. 64. –το στομα αυτου b*. παραχρημα το στομα
αυτου c. –παραχρημα και η γλωσσα αυτου g. –αυτου
secund. c. –και secund. y. ελαλη e.   v. 65. εγενετο δε
(–και) o. παντα g. ακουοντας ταυτα (pro περιοικουντας
αυτους) x. αυτου (pro αυτους) o.   v. 66. ακουοντες qr.
v. 69. –τω l.   v. 73. ωμωσεν f*.   v. 74. αφοβος b.
v. 75. –της ζωης bf**. fin. αυτου (pro ημων) p.   v. 76.
κληθησει cy. προπορευσει bcey.   v. 77. ημων (pro αυ-
των) c.   v. 80. –προς τον Ισραηλ g.

Caput II. v. 1. −δε c. −εκειναις d. κεσαρος x. −απο-
γραφεσθαι *ad fin. vers.* p*.   v. 2. −η̃ p. κυρινιου bs.
v. 3. ἁπαντες p. απογραψασθαι g. −ἑκαστος c.   v. 4.
ναζαρετ (*sic* vv. 39, 51) abcefgklmnopqrsy. ιδαιαν q.
βιθλεεμ e.   v. 5. απογραφεσθαι c. ενκυω ce. εγγιω p.
εγγυω qry.   v. 7. −τη̣ o.   v. 8. ταυτη (*pro* τη αυτη) c.
v. 9. −κυριου *prim.* y. αυτους (*pro* αυτοις) p*. μεγα ax.
v. 10. φοβεισθαι e. φοβησθε qrx.   v. 11. η̃μιν y. −σημε-
ρον mn. −κυριος g.   v. 12. ευρησεται abcn. −τη abcdefg
hklmnopqrsx (*habet* y).   v. 13. εξεφνης be. −τω̣ d*.   v.
15. −εις τον ουρανον g. οι αγγελοι εις τον ουρανον c. −οι
ανθρωποι c. διελθομεν ep. +εις (*ante* βηθλ.) y. +τι (*post*
ιδωμεν) a. ιδομεν τουτο το ρημα g. γεγονως h*.   v. 16.
η̃υρον c. ευρον g. −τη̣ c.   v. 17. διεγνωρησαν bexy.
εγνωρησαν c.   v. 18. ακουοντες c.   v. 19. συνετηρει παν-
τα a. −ταυτα a. συμβαλουσα m*x.   v. 20. ὑπεστρεψαν
abcdefghklmnopqrsxy. ιδον (*sic* v. 30) efx.   v. 21. +αἱ
(*ante* η̃μεραι) de. αυτον (*pro* το παιδιον) bchlmnoqrs.
v. 22. αυτων (*pro* αυτης) abcdefghklmnopqrs (xy *non*
habent). μωϋσεως abdeg. μω̃ϋσεος p.   v. 23. διανοιγων ey.
v. 24. −εν νομω̣ κυριου f. νοσσους fk.   v. 25. ευσεβης (*pro*
ευλαβης) do. τω (*pro* του) xy. −και πνευμα ἁγιον ην επ'
αυτον f. ην ἁγιον acdeghklmnopqrsxy. επ' αυτω y.
v. 26. και χρηματισμενον x. −η c. ιδειν (*pro* ιδη̣) eo.
−τον p.   v. 27. εισαγειν d. ηθισμενον q. ιθισμενον y.
v. 28. −αυτος y. αυτον (*pro* αυτο) cepsxy. αγγαλας n.
v. 33. +ὁ (*ante* ιωσηφ) ao.   v. 36. προφητης bef*hy.
ἑπτα μετα ανδρος co. +του (*ante* ανδρος) r. παρθενειας e.

v. 37. αὐτὴ abdgkmpqs. ἧι h. αφισταται e. ἡμερα αy.
v. 38. αὕτη a. αὑτῆ (pro αυτη αὑτῆ) p. αὑτη τῆ αυτῆ y.
−αυτῆ k**. ανθομολογειτο bdfhk*. ανθομολογητο x.
ανθωμολογητω y*.   v. 39. παντα c. −τα h**. μωϋσεως
(pro κυριου) c. ἑαυτων defhklmn**oqr.   v. 40. εκραται-
ουτω s.   −πληρουμενον σοφιας c.   επ᾽ αυτω cdglpxy.
v. 42. αναβαινοντων c.   −αυτων e.   v. 43. τελειοσαντων
b. εμεινεν c.   −ὁ b**.   +μονος (post παις) c.   εγνωσαν c.
ουδε (pro και tert.) g.   οἱ γονις αυτου (pro ιωσηφ και ἡ
μητηρ αυτου) c.   v. 44. εν τη συνοδια αυτον c.   −αυτον
prim. y.   εζητουν c.   συγγενευσι cefy.   −εν tert. ch*qr.
v. 45. +την (ante Ἱερουσ.) g.   v. 46. −και secund. g.
v. 47. τοις (pro ταις) y.   v. 48. ωδυννωμενοι bs.   οδυννο-
μενοι y.   −οδυννωμενοι r*.   v. 49. αυτοις (−προς) c.   v. 50.
ελαλει y.   v. 51. ηλθον h.   ἡ δε μητηρ (−και) abf**qry.
τα ῥηματα ταυτα παντα c.   +συμβαλλουσα (ante εν τη
καρ.) g.   v. 52. +ὁ (ante ιησους) c.   και χαρις θεου ην επ᾽
αυτω (pro χαριτι ad fin.) y.

CAPUT III. v. 1. −δε prim. cg.   Τιβερειου bk.   τη-
βεριου x.   −δε secund. s.   τε (pro δε secund.) y.   τετραχω-
νιτιδος s.   αβηληνης bg.   αβηλινης f.   αβιλινης y.   v. 2. επι
(pro επ᾽) r.   επι αρχιερεως abcdefghklmnopqsxy.   κυριου
(pro θεου) co.   προς (pro επι secund.) y.   −του abdefghk
lmnqrx.   v. 3. −του g.   v. 5. φαραξ aeflxy.   −και παν
usque ad ταπεινωθησεται c.   λιας def*g.   v. 7. −οχλοις
e.   γενηματα e.   αιχιδνων g.   v. 8. εχωμεν y.   −λεγω γαρ
ad fin. vers. x.   v. 9. βαλλετε f*.   v. 10. init. −και y.
+και (ante οἱ οχλοι) y.   ποιησωμεν bcefgkl*qrsxy.   v. 11.

86   S. LUCÆ Cap. III. vv. 11—30.

χειτωνας e. μεταδωτω dy. μεταδιδοτω f.   v. 12. ηλθων a.
–βαπτισθηναι y. +ὑπ᾽ αυτου (post βαπτισθηναι) cdekl
mns**. ποιησωμεν a*bcefgkqrsxy.   v. 14. +οἱ (ante
στρατευομενοι) y. ποιησωμεν bcefgkqrsxy. ειπε δε (–και)
y. μηδεν (pro μηδενα) y. συκοφαντησετε c. οψονιοις fxy.
v. 15. προσδοκοντος eh. –παντων y. –του sec. q*ry. ει
(pro ειη) y. v. 16. –ὁprim. g. αυτοις (pro ἁπασι) c. πα-
σιν ὁ Ιωαννης f. βαπτιζω ὑμας εν ὑδατι c. ισχυρωτερος x.
+οπισω μου (ante οὐ) q*r. +κυψας (ante λυσαι) x.   v. 17.
αλονα y. αποθικην e.   v. 18. αλλα (pro ἑτερα) dg. τω
λαω lmp.   v. 19. –Φιλιππου abcdfghklmnpqrs*. του
αδελφου αυτου Φιλιππου e. πονηρηων c.   v. 21. –ἁπαντα
c.   v. 22. σωματικως o. ειδη e. ευδοκησα adefklmnpqr
sy.   v. 23. ὡς (pro ὡσει) c. αρχομενος ὡσει ετων τρια-
κοντα e. –ων ὡς c. –υἱος c. +του (ante ιωσηφ) c. +του
ιακωβ (post ιωσηφ) g. ηλει celmnpy**. ἡλι gqr.   v. 24.
ματθαν bdglmnops. ματταθ c. ματθα y. λενει ce. μελχει
ce. ιωαννα y.   v. 25. ματθιου cdgopy. ματθαιου f. εσ-
λιμ ag. εσλειμ h. εσλει ef. ελσι y. ναγχαι d. αγγαι gh.
vv. 25, 26. –του ματταθιου usque ad του ιωσηφ r.   v. 26.
–του ματταθιου e. μαθθαθιου h. ματθιου o. ματθειου p.
σεμεει acmpqy. ιωσηχ g**h. ιουδ b. ιωδα g.   v. 27. ιω-
ναν bhs. ιωννναν y. ιωανναν efglmnqr. ιωαναν cdkop. σα-
λαθαηλ c. νηρει cfp. νηρη y.   v. 28. μελχει cf. ελχι p.
αδδη c. αδδει ef. κοσσαν qr. κοσαμ y. ἐλμωδαν k. ελμοδαν
(?μ)qr. ελλαδαμ g. ἡρ k. ειρ y.   v. 29. ἐλιεζερ hk. ιωριμ
bcdko. ματταθ achy. ματαθ gp. ματθαν f. λενει c.   v.
30. ιωδα y. ιωνα hy. ιωανναν aefqr. ιωαναν cd. ελιακημ

c. ἐλιακειμ dhk.   vv. 30, 31. −του ελιακειμ usque ad μαϊναν p. Bis habet r.   v. 31. μελε e. μαϊνα y. ματταθ g. δανειδ f.   v. 32. ιεσσαι a. ιωβηδ cgh. −του ναασσων g*. v. 33. αμιναδαμ apqrs. αμηναδαμ c. του αραμ του αμινα-δαμ g. +του αδμην του ηρνι του ιωραμ (post αραμ) e. +του ιωαραμ a, +του ιωραμ (post αραμ) bcdklmnopqrs. εσρμω bkm. εερων y?.   v. 34. θαρρα abcdklmnqrsy.   v. 35. σε-ρουχ cdefghklmnopqrsy. γαυ (pro ραγαυ) h. ραγαβ lm n**. φαλεγ bcfhop. αβερ a. ἐβερ k.   v. 36. αρφαξατ c. αφαξαδ y.   v. 37. ιαρεθ qr. μαλελεη p.   v. 38. ενος acd.

CAPUT IV. v. 1. πληρης πνευματος ἁγιου adglmn. −εν c. −την y*. εις την ερημον εν τω πνευματι g.   v. 2. +και νυκτας τεσσαρακοντα (ante πειραζομενος) g. πει-ρασθηναι c. ουδε επιεν (pro ουδεν) e. συντελεσθησων fqr s*. τελεσθησων y.   v. 4. init. −και p. +ὁ (ante ιησους) cfgy. −ὁτι c. −ὁ abcfghlmnpqrsy. +εκπορευομενω δια στοματος (ante θεου) gr. εκπορευομενω (pro θεου) y.   v. 5. αυτον (pro αυτῳ) c.   v. 6. δοσω e. τουτων ο, αυτων s (pro ταυτην). ἁπασαν ταυτην p. παραδιδοται e. παραδε-δωται n*. ὁ (pro ῳ) sy.   v. 7. +πεσων (post εαν) d. προσκυνησις bc. προσκυνησεις ehy. εμου acdefghklmnop qrs. σοι (pro σου) lmny. πασα abcdefghklmnopqrsy. v. 8. ὁ ιησους ειπεν cfy. +αυτω (post ειπεν) acdo. −γαρ abdefgklmnopqrs. προσκυνησις c. λατρευσις c.   v. 9. −ὁ acdefghklmnpqrs. −εντευθεν f**y.   v. 11. −ὁτι bd efghklmnopqrsy. μηποται p*. μηποτι s**. προσκοψεις p y.   v. 12. γεγραπται (pro ειρηται) c. −ειρηται y.   v. 13. αχρη b.   v. 14. ὑπεστρεψεν δε (−και) h. −ὁ abdek

oqr. +ή (ante φημη) c. περιχορου e.   v. 15. +δοξαζο-
μενος υπο παντων (post εδιδασκεν) c. παρα (pro υπο) de.
v. 16. +ὁ ιησους (post ηλθεν) k**. —την prim. y. ναζα-
ρετ abcfgklmnoqrsy. ηλθε (pro εισηλθε) q. —και ανεστη
αναγνωναι x.   v. 17. πτυξας g.   v. 18. ἡνεκεν b. εινεγκεν
c. εἱνεκεν defglmnqrsxy. ευαγγελισασθαι abdefghklm
nopqrxy. ευαγγελισασθε cs. τη καρδια c.   v. 20. ησαν
οἱ οφθαλμοι c. ενατενιζοντες o. fin. εις αυτον y.   v. 21.
fin. ἡμων y.   v. 22. +οἱ οχλοι bc, +αυτω y (post εθαυ-
μαζον). —του ysemel.   v. 23. +και (ante ὁσα) cq*r. —τῃ
prim. p.   vv. 23, 24. πατριδη x.   v. 24. Deest in p.
—ειπε δε e. ὑμιν λεγω fhkqrs. —ὁτι y. εστι δεκτος g.
v. 25. +ὁτι (ante πολλαι) pq*ry. χηρε b. +δε (post ὁτε)
d*. —πασαν x.   v. 26. αρεπτα adex. αρεφθα g. σαρε-
φθα hq*ry. σαρεπθα q**. σιδονος p.   v. 27. —ησαν g.
εν τω Ισραηλ επι ελισσαιου του προφητου cg. ἑλισσαιου
k. εκαθερεισθη x. εκαθερισθη y. νεεμμαν h.   v. 28. επ-
λεισθησαν a. ἁπαντες cd.   v. 29. αυτων (pro αυτον prim.)
n*? —της secund. abdefghklmnopqrsxy (hiat c). εφ' ὁ
o. κατακρημνησαι do. κατακριμνησαι e. κατακριμνισαι
s. κατακρημνησε x. κριμνησαι y.   v. 30. —δε e.   v. 31.
init. —και e. +ὁ ιησους (post κατηλθεν) afp. —αυτους s.
v. 32. —εν g.   v. 33. δαιμονιον (pro πνευμα δαιμονιου ακα-
θαρτου) y.   v. 34. συ (pro σοι) sy. ναζαρινε by.   v. 35.
φημωθητι ay. εξηλθεν (pro εξελθε) g. απ' (pro εξ) ag.
—το secund. abdfhklmnopqrsx.   v. 38. +ὁ ιησους (ante
εισηλθεν) d. —ἡ bdefghklmnpqrsy.   v. 40. δυναντος dqr.
v. 41. κραυγαζοντα bdfgkoy. —ὁ prim. y? λεγειν (pro

λαλειν) s.   v. 42. επορευετο depqr. επεζητουν abdfhko q*rsy. πορευεσθε (pro πορευεσθαι) p.   v. 43. –ταις b. απεσταλμε bhr.   v. 44. εις τας συναγωγας y. ιουδαιας (pro γαλιλαιας) gy.

Caput V. v. 1. +ὁ ιησους (post ἑστως) cf**k** rubro. περι (pro παρα) lmn. λυμνην y. γενησαρετ a?bmn. γενισαρετ c.   v. 2. init. –και cx. εστοτα x. αλιης b. απεπλυνον a. δεικτυα b. δικτοια d. δυκτιον n. fin. +αυτων x.   v. 3. πλοιαριων (pro πλοιων) c. επαναγην c.   v. 4. χαλασαται x. ἡμων (pro ὑμων) c. ακραν e.   v. 5. αποκριθεις δε (–και) p. χαλασομεν a. χαλασωμεν p.   v. 6. συνεκλεισε x. πληθος ιχθυων abcdefghklmnopqrsxy. πολυν bh*p. διερηγνυτο g. διερριγνυτο x. fin.+ὡστε μη δυνασθαι αναγαγειν αυτο s** in margine.   v. 7. κατεπλευσαν (pro κατενευσαν) k. ελθοντος gy. αμφοτεροι p. –τα c. v. 8. γωνασιν c. γονασιν ιησου (–του) abcdefhklmnopqr sxy*.   v. 10. –ὁμοιως δε usque ad τῳ σιμωνι e. ιωαννην και ιακωβον g. ζογρων f.   v. 11. το πλοιον c. –τα πλοια επι την γην αφεντες q* (habet marg.).   v. 12. προσεκυνησεν αυτω (pro εδεηθη αυτου) y. θελεις y.   v. 13. ειπον p*. απ᾽ αυτου απηλθεν e.   v. 14. αυτον (pro αυτῳ) gp. αλλ᾽ f. προσενεγκαι mn. μωϋσης depy.   v. 15. +οἱ (ante οχλοι) d*. απ᾽ (pro ὑπ᾽) g.   v. 16. –ὑποχωρων g. ὑποχορων m*.   v. 17. +ὁ ιησους (ante ην διδασ.) g. (post διδασκων) cf**k**. διδασκαλοι o. συνεληλυθοτες s**. ιουδαις k.   v. 18. +δυο (post ανδρες) y. +της (ante κλινης) p. κληνης f*. θηναι exy.   v. 19. πως (pro δια ποιας) almns. –δια prim. bdefghkopxy. +ὁδου (post ποιας) dqr. δομα-

τιον y. κλιδιω q. −το secund. g.   v. 20. αφεονται x. αφαι-
ονται y. −σου y.   v. 21. −διαλογιζεσθαι y. οἱ φαρισαιοι
και οἱ γραμματεις y. −οἱ secund. p. εἰς (pro μονος) y.   v.
22. θεος (pro ιησους) d. διαλογιζεσθαι en*. διαλογηζεσθαι
x.   v. 23. ευκοποτερον y. αφεονται xy. σου (pro σοι) ky.
εγειρε bdefgkoxy.   v. 24. ιδητε f*y. ὁ υἱος του ανθρωπου
εξουσιαν εχει p. εχη k. +και (ante ειπε) y. λεγει (pro ειπε)
x. παραλυτικω y. συ (pro σοι) y. εγειρε bdegkoxy. κλη-
νιδιον x.   v. 25. ἐφ' ὁ (pro ᾧ) bdefhkopqry.   v. 26. −και
εκστασις usque ad θεον qry. ελαβε παντας ah*. επλει-
σθησαν y. +ἁπαντες (ante φοβου) d. ιδομεν py.   v. 27.
ειδεν o, ιδεν p (pro εθεασατο). λευι bp. επι τω e. λεγει
(pro ειπεν) y.   v. 29. −ὁ abdefghklmnopqrxy. λευι bo.
−αυτῳ g. εν τω οικω p. πολλυς e.   v. 30. +των (ante
τελωνιον) adelmnqrxy. −και ἁμαρτωλων hr.   v. 31. προς
αυτους ειπεν ὁ ιησους e. ειπεν αυτους (−προς) x. ισχυοντες
(pro ὑγιαινοντες) g.   v. 33. ποικνα y.   v. 34. δυνασθαι
deqr. ἑως (pro εν ᾧ) g.   v. 35. −και lmnp. ὁτε (pro
ὁταν) y. απο r? νηστευουσιν ad. νηστευσωσιν c. ἡμερες
(pro −αις) d.   v. 36. επι ιματιω παλαιω f. σχιζεται c.
σχισει y. και το παλαιον συμφωνει (−ου) d. ου συμφωνει
το επιβλημα το απο του παλαιου y. −επιβλημα secund.
abcdefghklmnopqr.   v. 37. ρυξει y. −νεος g. ὁ οινος ὁ
νεος y.   v. 38. αλλ' cp. νεους (pro καινους) y. βλητ αιον
y.   v. 39. ποιων (pro πιων) y. ευθυς k. νεον θελει ad.
εστι d.

Caput VI. v. 1. επορευετο ὁ ιησους τοις σαββασιν
(−δευτεροπρωτῳ) xy. −των h. −τους b. ισθιον em*. fin.

ταις χερσιν αυτων c.　v. 2. –δε y. ποιητε d. ποιεται g.　v. 3.
ὁ ιησους ειπε προς αυτους adopx. εποινασεν d. επινασεν x.
v. 4. εισηλθον g. –ελαβε και ep. μονον c.　v. 6. –εγενετο
δε *usque ad* διδασκειν xy. διδασκην p. –ην g.　v. 7. –αυτον
abcdefghklmnopqr(s *hiat*)xy.　–εν lmnpq**.　–τῳ y.
+κατ᾽ (*ante* αυτου) deoq*. *fin.* ινα κατηγορησωσιν αυτου c.
v. 8. ιδη (*pro* ηδει)c. εξηραμμενην p. χειραν ce. εγειρε bc
degkoxy. και (*pro* ὁ δε) c. ἑστη g (*sic* v. 17).　v. 9. προς
αυτους ὁ ιησους dpqr. ὑμας· τι abcdefghklmnpqx. σαβ-
βασι x. αποκτειναι (*pro* απολεσαι) abcdefghklmnopqrxy.
fin. +οἱ δε εσιωπων dp.　v. 10. αυτους παντας d. ειπεν
αυτω(*pro* τῳ ανθρωπῳ)abcdefghklmnopqrxy. –ὁ δε εποι-
ησεν ουτω c. ουτως dlmn. εποιησε (–ουτω) abfghkqrx.
εξετεινε (*pro* εποιησεν ουτω) y. απεκατεσταθη cefgoxy.
–ὑγιης ko. ὡσει (*pro* ὡς ἡ) e.　v. 11. ελαλουν ep.　v. 12.
+εκει (*ante* διανυκτερευων) r.　v. 13. τοις μαθηταις b.
εξ (*pro* απ᾽)dq*ry. ονομασε bm*y. ὠνομασε e.　v. 14.
ονομασε bdm. πετρον ονομασεν y. –και *secund.* y. +και
(*ante* ιακωβον) ep.　v. 15. μαθαιον p. +και (*post* Θωμαν)
c. ακωβον d. –του b. –και *secund.* o. ζηλοτην b.　vv.
15, 16. και τον και καναντην σιμωνα τον καλουμενον ζη-
λωτην και ιουδαν τον και λεμβαιον ητοι θαδδαιον ιακωβου
και ιουδ. ισκ. p.　v. 16. *init.* +και e. –ιουδαν ισκαριωτην
y.　v. 17. +ὁ ιησους (*post* εστη) ek** *rubro.* του (*pro*
τοπου) bfko. πολλυ x. *fin.* αὐτων k.　v. 18. απο (*pro*
ὑπο)fgkp. *fin.* +ὑπ᾽ αυτου y.　v. 19. ἁπταισθαι h.　v. 20.
+τω πνευματι (*post* πτωχοι) g.　v. 21. πεινοντες b. πι-
νωντες e. χορταθησεσθε b. κλεοντες x.　v. 22. μισησο-

σιν b. –οἱ ανθρωποι e. αφορησωσιν dfhx. ονειδησωσιν
f*x. ὀνειδισωσιν py. εκβαλλωσι eo. –του υἱου d (hab.
mar.). v. 23. χαρητε abcdefghklmnopqrxy. –γαρ prim.
p. τοις ουρανοις y. v. 26. –ὑμιν abefghklmnopq**y.
ἡμας c, ὑμῖν d (pro ὑμας). ειπωσιν (–παντες) abfhklmn
oqr. ειπωσιν ὑμας oq**. κατα τα αυτα d. fin. ὑμων c,
αυτον p* (pro αυτων). v. 27. αλλα acdegklmnopqry.
ἡμων (pro ὑμ.) b*.   v. 28. ὑμας (pro ὑμιν) clmnp. –και
adefghklmnopqry.   προσευχεσθαι e. επερεαζοντων a*b
f*. επηρεαζωντων p*.   v. 29. +μιαν (ante σιαγονα) c.
σιαγωνα gl*. +σου (post ἱματιον) y. κωλυσις p.   v. 30.
–δε be. απαιτη g.   v. 31. init. –και f. ὑμων (pro ὑμιν) y.
v. 32. αγαποντας b. –γαρ p*. v. 33. –και prim. g. αγαθο-
ποιειται c. αγαθοποιειτε ef*hxy. και γαρ και d.   v. 34.
δανηζειτε x. δανειζετε opy. δανιζετε b*c. –οἱ bdhklmn
opq**. +τοις (ante ἁμαρτωλοις) g. δανιζωσιν c. δανει-
ζουσι e. δανιζουσιν x.   v. 35. αφελπιζοντες c. εστε (pro
εσται) k. +εν τοις ουρανοις (post πολυς) y. –του abcdefg
hklmnopqrxy. χριστος (pro χρηστος) ef. εστῐ επι n.
v. 36. –οικτιρμων e.   v. 37. init. –και p. ἱνα (pro και ου
prim.) q*r. +και (post κριθητε) a. καταδικαζητε (pro
-ετε) qr.   v. 38. δοθησετε g. +και (post καλον) e. –και
• σεσαλευμενον (habet marg.) g*. ὑπερεκχυννομενον f. αντι-
μετριθησεται bf*p.   v. 39. +και (post δε) c. εμπεσουνται
cgy.   v. 40. +ουδε δουλος ὑπερ τον κυριον αυτου (ante
κατηρτισμενος) g. fin. +και δουλος ὡς ὁ κυριος αυτου g.
v. 41. βλεπης b. τω εν bey.   v. 42. εκβαλλω d. τω εν
(prim.) bef*h*p. το καρφος εκ του οφθαλμου (pro το εν

τω οφ.) c. −σου *tert.* q**. διαβλεψις p.   v. 43. +ουδε
δενδρον καλον ποιουν καρπον σαπρον (*post* σαπρον *prim.*)
p.   v. 44. −γαρ *prim.* g. −ιδιου a. εκ βατων σταφυλην
τρυγωσιν y.   v. 45. ὁ πονηρος ὁ ανθρωπος y.   −το (*ante*
πονηρον) y.   −του (*ante* περισσευματος) bf*kop. το στομα
λαλει (−αυτου) y.   v. 47. τους λογους c.   v. 48. οικονομ-
ουντι y.   +και (*ante* εσκαψε) y. εβουθυνε y.   +το (*ante*
θεμελιον) c. πλημυρρας f*. προσερριξεν p. οικεια e. αυτη
(*pro* αυτην) f.   v. 49. οικοδομουντι c. +την (*ante* οικιαν)
lmn. επι της γης g. θεμελιων y. ευθυς y. συνεπεσεν y.
−το def*k.

CAPUT VII. v. 1. ταυτα (*pro* αυτου) dg. +ὁ ιησους
(*post* εισηλθεν) c**rubro ek**rubro. καπερνναουμ n**.
v. 2. κακος x. εμελλε adfhklmnopqr. ιμελλε e. αυτος
(*pro* αυτῳ) y.   v. 3. +δε (*ante* προς) y. διασωσει aey.
v. 4. παραγεναμενοι c. παραγενωμενοι r. σπουδεως x.
+αυτω (*post* λεγοντες) op. παρεξη cehop. παρεξεις g.
τουτω (*pro* τουτο) f*y.   v. 5. αυτου (*pro* αυτος) y.
v. 6. −κυριε c. σκυλου cdekx. μου ὑπο την στεγην adfg
lmnpqy.   v. 7. αλλ᾽ abdfghklnoprxy. αλ᾽ c. αλλα μονον
q.   v. 8. ὑπ᾽ g. τουτο (*pro* τουτῳ) bx. αλλο x. τουτου
d*, τουτω e (*pro* τοῦτο).   v. 9. +αμην (*ante* λεγω) c.
+ὁτι (*post* ὑμιν) fy. ουτε bfhkoq*r.   v. 10. εις τον οικον
οἱ πεμφθεντες dp. +αυτον (*post* εὑρον) y.   v. 11. τω
(*pro* τη) bfhk. πορευεσθαι p, εισηλθεν y (*pro* επορευετο).
+ὁ ιησους (*post* επορευετο) cef**k**rubro. +την (*ante*
πολιν) c. ναειν c. −αυτῳ f. −οἱ ac. −αυτου c. πολλυς e.
fin. +της πολεως e.   v. 12. τεθνηκος ax. αὐτὴ χηρα adg

hklmnpx. αὐτῇ χηρα boy. αὐτὴ ην χηρα qr. −ην abcde fgklmnopqrxy.   v. 13. −επ᾿ αυτη h. επ᾿ αυτην aef*py. v. 14. ἐστησαν dg.   συ (pro σοι) h.   αναστηθι (pro εγερ-θητι) c.   v. 16. παντας abcdfhklmnopq**xy. κυριος (pro ὁ θεος) f. fin. +εις αγαθον egop.   v. 17. −ουτος e. −ὁλη qr.   −εν secund. y.   fin. +περι του ιησου y.   v. 18. των εργων αυτου (pro τουτων) y.   −τινας cx. εκ των μαθητων αυτου δυο x. −ὁ p.   v. 19. init. +και c.   v. 20. Deest in q* (habet marg.) x.   παραγεναμενοι c.   απεστειλεν p. ἑτε-ρον (pro αλλον) e.   v. 21. εκεινη (pro αυτη) y.   −δε y. εθεραπευσεν ὁ ιησους fx.   πολους x.   −και πνευματων πο-νηρων g.   πολλοις τυφλοις p.   πολλυς (pro -οις) x.   −το efgq*.   v. 22. ιδετε efhpx. οιδατε q*. ηκουσετε y.   −ὁτι y. βλεπουσιν f. και χολοι y. +και (ante κωφοι) gy, (ante πτωχοι) q*rx. εγειρωνται x.   v. 24. μαθητων (pro αγ-γελων) deoxy.   +ὁ ιησους (post ηρξατο) x.   τοις οχλοις (−προς) abdfhklmnoqr. ιαννου h. εξηλθετε dop. εξηλθα-ται x. θεασασθε bq.   v. 25. Deest in y.   εξηλθετε dgo. εξηλθατε x.   και δοξη (pro ενδοξῳ) e.   διαγοντες (pro ὑπαρχοντες) p.   v. 26. εξηλθατε x. και (pro ναι) y. πε-ρισσωτερον x. προφητην (pro προφητου) p*.   v. 27. +γαρ (post ουτος) acey. κατασκευαση b.   v. 28. −γαρ ey. −προφητης p. αννου του βαπτιστου εν γενητοις γυναικων προφητης ουκ εγειργερτε x.   −ὁ δε μικροτερος ad fin. vers. f* (habet margo). των ουρανων (pro του θεου) x.   v. 29. και πας ὁ οχλος και οἱ τελωναι ακουσαντες g. τω βαπτισματι x.   v. 30. ἠθετησαν d.   v. 31. −ειπε δε ὁ κυριος abcdefghklmnopqr (hiat s: habet y initio perico-

pes). ὁμοιοσω b. v. 32. καθεζομενοις c. ηυλισαμεν begho. ορχισασθε b. ορχησασθαι e. −ὑμιν *secund.* y*. v. 33. βαπτισθεις e. λεγεται e. vv. 33, 34. λεγουσι (*pro* λεγετε) g. v. 34. φιλος τελωνων abcdefghklmnopqry. v. 35. −παντων g. v. 36. τι των φαρισαιων τον ιησουν c. Ιουδαιων (*pro* φαρισαιων) b. +τον ιησουν (*ante* ἱνα) e. φαγει e. ανεκληθη kq*x. v. 37. +και (*ante* επιγνουσα) bcghlmn. v. 38. του ιησου (*pro* αυτου *prim.*) op. εξεμασε g. εξαιμασσε x. κατεφιλη g. ειληφε pr. ειληφεν το μυρων c. v. 40. προς αυτων f*. τι σοι τι f*. v. 41. χρεοφειλεται bdfx. χρεοόφειλετε c. χρεωφιλεται h. δανιστη ef. οφειλε dnx. ωφιλεν f. πεντικοντα b. v. 42. −αυτων *prim.* dg. αμφωτεροις p. αυτον ειπε πλειον d. πλεον g. v. 43. +αυτω (*post* ειπεν *prim.*) d. −ὁτι g. +ιησους (*post* ὁ δε) g. v. 44. −της κεφαλης cp. −αὑτης e. v. 45. εισηλθεν y. διελειπε dekox. v. 46. ειληψας e. μυρον c. τους ποδας μου abdfhkx. v. 47. λεγωσι (*pro* λεγω σοι) p. αφαιονται c. αφαιωνται m*. αφεονται x. +αυτη (*post* αφεωνται) y. αυτης αἱ ἁμαρτιαι op. ἡγαπησεν f. ολιγων *secund.* q. v. 48. αφαιονται c. αφεονται x. v. 49. εστιν οὑτος c. −και *secund.* eg. αφιεισιν y. v. 50. πιστη x. ὑπαγε (*pro* πορευου) c.

CAPUT VIII. v. 1. διοδευεν bd*. v. 2. τιναις e. +απο νοσων και μαστιγων και πν. (*post* τεθεραπευμεναι) y. −ἡ p. μαγδαλινη bey. αφεις bey. εξεληλυθη bdegy. v. 3. σωσαννα aceghklmnr(?) σουσανα p. +και (*ante* αἱτινες) g. αυτοις (*pro* αυτῳ) abcdefhkq*r. εκ (*pro* απο) p. v. 4. συνοντος p. επιπονηρευομενων f. v. 5. *init.* +ιδου q*. −του cp. εαυτου afhkq*r. επεσεν επι την οδον a. +υπο των ανθρωπων (post κατεπατηθη) c. fin. αυτω cx. Inter vv. 5, 6, b inserit και ετερον επεσεν επι την πετραν και τα πετεινα του ουρανου κατεφαγεν αυτο. v. 6. ακμαδα c. v. 7. Deest in b* (habet marg.). φνεισαι d. φυησαι y. fin. αυτα c. v. 8. εις (pro επι) abcdefhlmnopx. εκατονταπλασιωνα e. −ταυτα λεγων ad fin. vers. xy (habent v. 15). v. 9. αυτων (pro αυτου) b. ην (pro ειη) q*r. −ή p. v. 10. δεδωται d. λυποις e. −μη prim. c. v. 12. ακουσαντες d. + τον λογον (post ακουοντες) c. των καρδιων c. v. 13. −οι δε επι της πετρας c. προσκαιρος πιστευονται c. −και εν καιρω πειρασμου αφιστανται c. v. 14. πεσων ehy. ακουοντες p. +τον λογον (post ακουσαντες) c. οιπο (pro υπο) x. του (pro και ante πλουτου) c. v. 15. fin. +πολλη f. +ταυτα λεγων εφωνει ο εχων ωτα ακουειν ακουετω abceflmnq** xy. Addit περισσον a. v. 16. −δε bg. καλυπτη c. +η υπο τον μοδιον (post σκευει) c. +της (ante λυχνιας) q*r. επι την λυχνιαν epx. επι λυχνιαν y. βλεπουσι cg. v. 17. φανερωθησεται (pro φανερον γενησεται) d. ελθει f*o. v. 18. εαν (pro αν) bis abdefhlmnoq*rx. (pro αν primo) k (pro αν secund.) c. −αν secund. k. εχει bis cy. εχει prim. be. +και αυτο (post αρθησεται) y. v. 19. +αυτου (post μητηρ) cy. −αυτου (post αδελφοι) c. εδυναντο bdehklmn op. v. 20. απηγγελει e. απηγγελλη fq*. απηγγελθη h. λεγωντων οτι y. v. 21. ή μητηρ μου και οι αδ. y. εισιν ουτοι c. −αυτον acko. −και ποιουντων αυτον p* (habet marg.). v. 22. εγενετο δε (−και) cp. ανεβη gq*ry. ενεβη ο ιησους c** rubro fk** rubro. +το (ante πλοιον) cg. διελ-

θομεν y. λημνης b.   v. 23. λελαψ bexy. λαιλαμψα p. λη-
μνην b.   v. 24. και προσελθοντες (–δε) lmnopq**. ηγηραν
c. διηγειρον h.   επιστατα *semel tantum* bdfy.   κλυδονι b.
επαυσατο p. γαλινη bef**x. *fin.* +μεγαλη p.   v. 25. *init.*
και ειπεν (–δε) y.   –εστιν *prim.* cp.   –προς αλληλους x.
–και τω υδατι c.   v. 26. κατεπλευσεν ο ιησους c.   κατε-
πλευσεν m. αντιπερα abdefhkopq*?. περαν g. γαδαρινων
y (*sic* x v. 27 *initio peric.*).   v. 27. επι της γης a. απην-
τησεν f. –αυτω *sec.* qr. –τις y. δαιμονιον c. *fin.* μνημειοις
g.   v. 28. αυτων (*pro* αυτω) p. συ (*pro* σοι) oy. –Ιησου
y.   v. 29. παρηγελλεν d. παρηγγελλεν fhp. αυτῶ (*pro*
αυτον) g. παιδες (*pro* πεδαις) exy. φυλαττομενος p. δια-
ρησσων ehp. διαρρησων n.   v. 30. πολλα δαιμονια c. εισ-
ηλθον ce. *fin.* εισηλθε συν αυτω y.   v. 31. παρεκαλουν h.
επιταξει bcxy.   v. 32. εκεισε p. βοσκομενη cgk*. ορη b.
παρεκαλει ko. επιτρεψει bcqry. επιτρηψει x. αυτους
(*pro* αυτοις *prim.*) d. +ει (*ante* εις) q. *fin.* ο ιησους (*pro*
αυτοις) f.   v. 33. εκ (*pro* απο) y. εισηλθον abdfghlmnoq
rx. +ιδου (*ante* ωρμησεν) q*. κριμνου befxy. απεπνιγησαν
g.   v. 34. γεγονως c. γεγονος p. γενομενον y. –απελ-
θοντες abdefghklmnopqrxy.   v. 35. γεγονως bhy. εξε-
ληλυθη by.   v. 36. αυτους p*. –οἱ cd*. δαιμονισθης r.
v. 37. ηρωτησεν p. –της περιχωρου c. γαδαρινων b. συν-
ηχοντο b.   v. 38. εξεληλυθη bxy.   v. 39. αποστρεφε g.
ὁλιν p. κηρυσσον bx. θεος (*pro* ιησους) cy.   v. 40. *fin.*
προς αυτον (–παντες προσδοκωντες) c.   v. 41. –ηλθεν dg.
ανθρωπος (*pro* ανηρ) cxy. ἱαιρος c. ιαηρος x. ουτος (*pro*
αυτος) g. –του c.   v. 42. ωσει p. και αὑτὴ ag. εν δε το

7

b. συνεπνιγων p*. συνεθλιβον c. συνεθληβον x.   v. 43.
+τις (post γυνη) c.   ιατροις (–εις) abcdefghklmnopqr
(hiat s)xy. καταναλωσασα g.   v. 44. +δε (post προσελ-
θουσα) k. οπισθεν a. ηψατο οπισθεν p. εστη d.   v. 45.
με (pro μου prim.) c. –και οι μετ' αυτου επιστατα p. συν
αυτω (pro μετ' αυτου) c. συνθλιβουσιν d.   v. 46. εξ (pro
απ') f.   v. 47. –δε d*. –αυτω secund. ep.   v. 48. init. ο
δε ιησους gx. σοι (pro σε) g.   v. 49. απο (pro παρα) c.
σκυλε a**cky.   v. 51. init. ελθων abcdefghklmnopqrxy.
ουδενα εισελθειν q*. και ιωαννην και ιακωβον abcdefghkl
mnopq**xy.   v. 52. +ιησους (post ο δε) c. κλεεται p.
κλαιεται x. ου γαρ (ante απεθανεν) g.   v. 53. ιδοτες h.
v. 54. εκβαλον ex. παντας εξω cep.   vv. 55. ο δε παρ-
ηγγειλεν (pro και διεταξεν) a**.   v. 56. παριγγηλεν x.

Caput IX. v. 1. +ο ιησους (post δε) ek**rubro. –μα-
θητας αυτου abcdf*(hab. marg.)gklmnopqr. –δυναμιν και
y.   v. 2. ιασθε x.   v. 3. ερεται c. –την g. πειραν y.   v. 4.
+δ' (ante αν) f. –αν blmn.   v. 5. εαν (pro αν) bdefghklm
noqrx. δεξονται dy. δεχωνται gx. –απο ay. μαρτυριων p.
αυτοις (pro επ' αυτους) e.   v. 6. –τας a.   v. 7. –δε d. τε-
τραχης y*. γενομενα ap. –παντα f. –το y. εγηγερτε b.
εγειγερται d. +των (ante νεκρων) gy.   v. 8. init. τινων
δε λεγοντων (–υπο) c. ηλιας fk alii passim. εφανει k.
τις (pro εις) y. αρχεων d. εστιν (pro ανεστη) c.   v. 9. –ο
abcdefhklmnopqry. ιωανν d. απεκεφαλησα bfky. –εγω
secun. k. εζητειν p (cf. v. 16).   v. 10. υπεχωρησαν g.
ανεχωρησεν y. ερημον τοπον ac. –πολεως g. –καλουμενης
o. καλουμενην g. βηθσαιδαν abdfghp. βιθσαιδα y.   v. 11.

γνωντες eg. αποδεξαμενος c. αυτοις (pro αυτους) d. +τα
(ante περι) egq. ιασατο g. v. 12. ηρχετο f*. τους οχλους
ek. +εις (ante τους αγρους) f. v. 13. πλειους g. ει μη
(pro η) p. ιχθνες δυο abcdefghklmnopqry. αγορασομεν
a**blmn. απαντα g. v. 14. κλησιας be. πεντηκοτα p.
v. 15. ουτως adlmnqry. παντας c. v. 16. +και (ante ανα-
βλεψας) c. ηυλογησεν cf*y. εδιδουν p. παραθηναι cy. v.
17. +παντες (post εφαγον) c. απαντες d. ηθη (pro ηρθη)
y. κωφινοι b. δωδεκα κωφινοι g. v. 18. +αυτου (post μα-
θηται) gy. αυτοις (pro αυτους) p. ανθρωποι (pro οχλοι) c.
fin. −ειναι e. v. 19. ηλιας f. ηλιαν p. προφητις a. v. 20.
−με y. λεγεται ey. −ὁ abdefhklmnoqr. v. 21. +αυτοις
(post παρηγγειλεν) p. λεγειν (pro ειπειν) egpry. v. 22.
γραμματαιων y. αναστηναι (pro εγερθηναι) p. v. 23. θε-
λη c. οπισω ab. ερχεσθαι (pro ελθειν) y. ελθειν οπισω μου
g. εαυτου (pro αυτου) y. −καθ' ημεραν bcdefghklmnoqry.
ακολουθητω bdm*. v. 24. εαν (pro αν prim.) abdefhkl
mnoqr. θελει hpy. απολεση (pro απολεσει) q. −ὁς δ' αν
απολεση ad fin. vers. d. απολεσει (pro -ση) bch*y.
v. 25. την δε ψυχην αυτου (pro εαυτον δε) c. απωλεσας r.
ζημωθεις y. v. 26. εαν (pro αν) hy. και (pro τουτον) e.
−αγιων y. v. 27. +ὁτι (ante εισι) gop. εστοτων e. εσ-
τωτων abcghklmn**opqry. οιτινες (pro οἱ) eo. γευ-
σωνται aefghklmnqr. v. 28. ὡς cgpqr. +ὁ ιησους (post
παραλαβων) d. −τον abcdfgklmnpq**. και ιακωβον και
ιωαννην gr. +και (ante ανεβη) c. v. 29. ιματεισμος x.
v. 30. δυο ανδρες p. Μωϋσης bep. −μωσης και ηλιας c.
v. 31. οἱ ωφθεντες αυτω εν δοξη και ελεγον την δοξαν

αυτου ην εμελεν x. *init.* οι g. +και (*ante* ελεγον) g.
−αυτου c. εμελε p*. v. 32. ιδου epx. −τους *secund.* s.
v. 33. ειπε πετρος (−ο) abcdfhkqrs. +παντοτε (*ante* ωδε)
gx. −και *secund.* gx. ποιησομεν p**. τρεις σκηνας x. συ
(*pro* σοι) b. μιαν μωσει abklmnoqrs. μιαν μωση cdef*g
hx. μιαν μωϋσει p. ηλιαν cn*. τι (*pro* ο) x. ελαλει (*pro*
λεγει) q*r.   v. 34. λαλουντος (*pro* λεγ.) s. επεσκιαζεν x.
εισελθειν εκεινους g. εισελθην εκεινους x.   v. 35. εγενετο
φωνη q*r. +εν ω ηυδοκησα (*post* αγαπητος) bgx. ακουε-
ται x.   v. 36. −ο befkops. εωρακεισαν a. εωρακησαν c.
εορακασιν ef**ko. εωρακαν x.   v. 37. κατελθοντι τω
ιησου μετα των μαθητων αυτου απο c. κατελθοντι τω
ιησου απο x. πολλυς x.   v. 38. δεομε e. επιβλεψε g. επι-
βλεψαι bcehkopx. μοι εστι sy.   v. 39. σπαρασει n*x.
μολις be. αποχορει p. συντριβων f*k*q*y.   v. 40. εδεηθη
k. εκβαλωσιν abcdefghklmnpqrsx. αυτω cep*. αυτον y.
εδυνηθησαν do.   v. 41. εσωμαι r. εως ποτε (*pro* και
secund.) eopy. ανεξομε e. ανεξωμαι r. −εσομαι προς υμας
και s* (*hab. mar.*). τον υιον σου ωδε abcdefghklmnopqrs
xy.   v. 42. διερρηξεν q*r, ερριψεν xy (*pro* ερρηξεν).
συνεσπαρεξεν n. +αυτον (*post* συνεσπαραξεν) deop. −δε
secund. y. −ο ιησους m.   v. 43. μεγαλιοτητι fxy.   v. 45.
ηγνωουν f*. εσθοντε c. αισθονται ef. επερωτησαι p.
v. 46. −το d.   v. 47. ειδως aepq**s. τους διαλογισμους
a. −της καρδιας c. αυτου (*pro* αυτων) e. παιδιον cs. εστη-
σεν g. αυτω (*pro* αυτο) b. *fin.* παρεαυτο e.   v. 48. αν
(*pro* εαν *prim.*) c. −και *secund.* g. εν πασιν υμων lmn.
πασην p*. εστιν (*pro* εσται) c.   v. 49. −ο e. ιδομεν ep.

—τα abcd**efgklmnopqrsy. ἡμιν (*pro* μεθ' ἡμων) hyse-
mel.　v. 50. αυτους (*pro* αυτου) c. κωλυεται p. +ου γαρ
εστι καθ' ὑμων hy,+αυτον g (*post* κωλυετε). ὑμων (*pro*
ἡμων) *bis* ahpry: *primo* g. ὑμων ὑπεριμων c. *fin.* εστη r.
εστι y.　v. 51. εστηριξε το προσωπον αυτου h. +μη (*ante*
πορευεσθαι) y. πορευεσθε n. *fin.* εν ἡλημ. c.　v. 52. ἑαυ-
του bcefkl**mn. πολιν (*pro* κωμην) cs. κωμιν f. ἐτυμᾱ-
σαι f.　v. 53. εισπορευομενον e.　v. 54. θελης h. ειπομεν
boy. —και *tertium* g.　v. 55. +ὁ ιησους (*post* δε) adefopq*
rs. αυτους (*pro* αυτοις) f. ποιου q*. *fin.* ὑμεις; s.　vv. 55,
56. —και ειπεν *usque ad* σωσαι bcfhky.　v. 56. επορευθη g.
v. 57. εκπορευομενων m. ακολουθεισω h. εαν (*pro* αν) acde
opsy. απερχει y.　v. 58. αλοπεκες b. φολεους xy. πετηνα
d. κλινει ef*kq**rs. κλιναι gy. κληναι c.　v. 59. +τον
(*ante* ἑτερον) sy. ακολουθη bel*y. απελθειν dep. πρωτον
απελθειν y.　v. 60. απελθον y. διαγγελε epx.　v. 61.
κυριε (*pro* μοι) y. τους (*pro* τοις) y.　v. 62. ὁ ιησους προς
αυτον abcdefghklmnopqrsxy. επιβαλλῶν e. αρωτρον esy.
στραφεις (*pro* βλεπων) y. των ουρανων (*pro* του θεου) e.

CAPUT X. v. 1. ιησους (*pro* κυριος) s. εκ των μαθητων
αυτου δυο (—ανα) x. ανα δυο δυο adp. ἑαυτου f. ἡμελλεν
b. ημελλεν cdhsx. *fin.* διερχεσθαι gs. πορευεσθαι c.　v. 2.
αυτοις (*pro* προς αυτους) x. πολλυς em*. πολλοις x. ὀλι-
γοι f. +αν (*post* ὁπως) dp. εκβαλει cy. εκβαλλει e. εκ-
βαλη abdefghklmnopqrsx.　v. 3. ὑμας αποστελλω c.
προβατα (*pro* αρνας) cg.　v. 4. βασταζεται s. +δε
(*ante* βαλαντιον) d*. βαλλαντιον ak. μητε πηραν μητε g.
μη (*pro* μηδε) lmn. ασπασασθαι c.　v. 5. +πολιν η (*ante*

οικιαν) y. εισερχεσθε cy.   v. 6. –μεν abcefghkopq*ry.
ει (pro ᾖ) y. –ὁ abcdefghklmnopqrsy. επ᾽ αυτο e. ανα-
καμψη e.   v. 7. –δε e. –τα ps*. –γαρ y*. –ὁ y.   vv.
8, 9 desunt in g* (habet marg.).   v. 8. –δ᾽ abefhkoq*rs.
εισερχεσθε cy. εισερχεσθαι e. δεχοντε c. δεχονται bdfp
qrsy.   v. 9. αρρωστους (pro ασθενεις) c. +ὁτι (ante ηγ-
γικεν) y. –εφ᾽ ὑμας f.   v. 10. init. +και g. εισερχεισθε x.
εισερχεσθε y. δεχοντε c. δεχονται bqrxy.   v. 11. κολ-
λυθεντα r. ὑμιν (pro ἡμιν) k*?y. απομασσωμεθα ey. +εις
τους ποδας ἡμων (ante απομασσομεθα) acdop. ὑμην m*.
πλην εν τουτω y. πλην τουτω e. –εφ᾽ ὑμας y. εφ᾽ ἡμας
p*.   v. 12. –δε adefhklmnopqrsx. –ὁτι f.   v. 13. –σοι
prim. c.   χοραζειν beo. χωραζιν ahmn. χωραζειν fgpy.
χωραζιιν c. βηθσαϊδαν dg.   –ει b*. γεναμεναι c. καθη-
μενοι dh.   v. 14. –εν τη κρισει η c. –τη p.   v. 15.
–του a. ὑψωθησα y. καταβιβασθησα y. καταβιβασ-
θεισηι d. καταβιβασθειση fk. καταδικασθησα c.   v. 16.
ὑμων ακουων p.   v. 17. ἑβδομικοντα b. ἡμιν ὑποτασ-
σεται s. ὑμιν (pro ἡμιν) ceq*rx. –σου c.   v. 18. πεσωτα
εκ του ουρανου c.   v. 19. διδομι xsemel y. διδωμα p*. διδο-
μη xsemel. ὑμειν a. πατην xsemel. ουμι xsem. αδικηση ad
efghklmnpqrsxbis (αδικησει semel) y.   v. 20. εν τουτο xy.
χαιρεται x. ὑποτασσετε e. ὑποτασεται x. –μαλλον abc
defghklmnopqrsxy. –ὑμων ysemel. εγραφει y.   v. 21.
+δε (post αυτη) fg. ηγαλιασατο x. εξομολογουμε hx. σω-
φων exsemel. ουτος x. εμπροσθε x.   v. 22. init. +και
στραφεις προς τους μαθητας (+αὑτου dps) ειπε ab**cde
fhklmnopqrs (g cum Elzev.).   ειπεν ὁ κυριος τοις ἑαυτου

μαθηταις y. μοι παρεδοθη abcdefghklmnoqrsy. μοι παρ-
αδεδοται p. επιγινωσκει hqry. ειμι ὁ υἱος a. ὁ (pro ᾧ) bc
dy. βουλεται cy. v. 24. δε (pro γαρ) g. –ιδειν f. ιδον e.
ακουεται e. v. 25. πειραζων cdy. πιραζων x. +αγαθε
(post διδασκαλε) r**(forsan primâ manu). v. 26. αυτω
(pro προς αυτον) c. –τι s. v. 27. –της prim. c. –εξ
ὁλης της καρδιας σου και x. –και εξ ὁλης της ισχυος σου c.
ισχυως x. fin. ἑαυτον bemnpqrsy. v. 28. +ὁ ιησους (ante
ορθως) g. απεκριθεις s. ζησει cf*. σωζει s. v. 29. αυτον
(pro ἑαυτον) c. μοι (pro μου) c. +ὁ (ante πλησιον) q*r.
πλησιων f*. v. 30. ειπε a. κατεβενεν b. ἱεριχω adhk
lqr. εξεδυσαν cfkoqr. ειμιθανη sy. v. 31. κατεβενεν b.
v. 32. γεναμενος c. –ελθων p. +αυτον (post ιδων) df. αν-
τιπαρηλθε aklmnopqrsy. v. 33. σαμαρειτις e. ελθων
(pro ηλθε) c. εσπλαγχνησθη y. v. 34. ελεον dk. +και
(ante επιβιβασας) d*. επιβηβασας ef*y. επεμεληθει y.
v. 35. αυριον g. διναρια b. το πανδοχει b. ειπων (pro
και ειπεν) ek. επημεληθητι n*. +δ᾽ (ante αν) p. προσδαπ-
ανησεις e. μοι (pro με) psy. v. 36. των τριων τουτων
c. –τουτων b*. πλησιων d. πλησιον δοκει σοι abdefghkl
mnoqrsy. εμπεσωτος c. v. 37. –ουν d. σοι (pro συ)
bd*. v. 38. ὁ ιησους (super εισηλθεν) rubro k**. v. 39.
παρακαθησασα bef*gy. των λογων dfghlmnpqrs. v.
40. πολην x. μελλει acefghpqxy. εγκατελειπε b. εγκατ-
ελιπε k. κατελειπε cd*eo. διάκνειν p. μη (pro μοι) c.
συναντιλαβητε bx. συναντιλαβοιται y. v. 41. ὁ ιησους
ειπεν αυτη cdelmnopxy. τυρβαζει abcf*y. τρυβαζη p.
v. 42. γαρ (pro δε) e*. αφερεθησεται ey. αφερεθησετε x.

Caput XI. v. 1. εγενετο δε (−και) qr. +και (ante ως επαυσατο) g. ειπον οἱ μαθηται x.   v. 2. προσευχεσθε xy. λεγητε f*. −ὁ εν τοις ουρανοις a. ονωμα d*. −σου prim. c. −της p.   v. 3. δος cg. τον (pro το) b*. σημερον (pro το καθ᾽ ἡμεραν) g.   v. 4. αφιομεν cf. αφιωμεν s. παν το οφειλοντι c. +τω (ante οφειλοντι) q. οφειλωμενω y. εισ-ενεγκεις c.   v. 5. εξη b. πορευεται hq*ry?. μεσωνυκ-τιω c. ερει cgpry, ειπει fo (pro ειπη). χρεισον r. χρισον e xy.   v. 6. −μου bdefhklmnoqrsx. μοι (pro μου) cg. παραγεγονεν c. εξολου y. τι (pro ὁ̓) c.   v. 7. −εσωθεν e. ειπει fk**o*x. κεκληστε x. −μου eg. −μετ᾽ εμου c. +μου (post κοιτην) x. εστιν (pro εισιν) c. δυναμε f*.   v. 8. +δε (post λεγω) bd. φιλον αυτου y. αυτον (pro αυτου prim.) ek. δε (pro γε) c. αναιδιαν e. ανεδειαν f. ανεδιαν xy. οσον abcdefghklmnopqrsxy. χρηζη m*. χριζει exy.   v. 9. αι-τειται b. δοθησετε x. ευρησεται d. ευρισητε y. ανοιχθησ-εται bf. ανοιχθησετε k. ανοιγησετε p.   v. 10. λαμβανη y. ευρεισκει p. ευρησκει s. ανοιχθησεται abdefhkp.   v. 11. +εξ (ante ὑμων) egoq*r. −ὑμων h. −τον dg. ὁ υιος αιτησει s. αιτειση c. +αυτου (post υιος) c. η (pro ει) abcdefghk lmnopsy. −και as.   v. 12. αιτησηι d. αιτηση abf**klmn opqrs.   v. 13. η (pro ει) c. οντες (pro ὑπαρχοντες) cdgp. δωματα αγαθα co*. δοματα αγαθα abdefghklmnpqrsy. +ὑμων (post πατηρ) by. fin. αυτω (pro αυτον) c.   v. 14. και εγενετο (−δε) y. εκβληθεντος (pro εξελθοντος) y. v. 15. +τω (ante αρχοντι) dgpry. εκβαλλη cy. fin. +ὁ δε (και ps) αποκριθεις ειπε πως δυναται σατανας σαταναν εκ-βαλλειν ghps.   v. 16. επεζητουν g. εξ ουρανου εζητουν

παρ᾽ αυτου y.   v. 17. ιδων (pro ειδως) c.   τα διανοηματα
αυτων cdp. νοηματα y. διαμερισθεισα εφ᾽ εαυτην y. μερ-
ισθησα c. μερισθεισα fghs.   επ᾽ (pro επι) gp.   v. 18.
ἑαυτων n*. εμερισθη csy. ταθησεται y. λεγεται e. –με y.
v. 19. εκβαλω e. ἡμων (pro ὑμων prim.) e. εκβαλουσι k.
αυτοι κριται ὑμων cgpy (κρηται p*). αυτοι ὑμων lmn. εσον-
ται αυτοι s.   v. 20. +του (ante θεου prim.) d.   +εγω
(ante εκβαλλω) y.   v. 21. ιχυρος y.   καθοπλησμενος be.
καθωπλησμενος f*. καθοπλισμενος y. φυλασσει def*h*ly.
εσται s.   v. 22. απελθων s. νικησει cef*y. πανοπλειαν h.
αἱρει s.   ερει y.   εφ᾽ ἡς s.   επεποιθη l.   επεποθη y.   σκευη
(pro σκυλα) op. fin. διδωσιν g. διαδιδωσι s. διαδωσει y.   v.
24. +δε (post ὁταν) cy.   τω (pro το) d.   –απο p*.   ευρισ-
κων cq*rsy.   +τοτε (ante λεγει) y.   v. 25. ελθων bcdef
m*qs. ευρησκει h. κεκοσμιμενον b. –και secund. y.   v. 26.
ἑτερα ἑπτα p.   αυτου (pro ἑαυτου) bc.   ελθοντα abdefhkl
mnq**s. –εκει y.   χειρωνα των προτων b.   v. 27. εν το
λεγειν x.   εκ του ὁχλου φωνην p.   φωνη y.   βαστασα d.
βαστασασε es*. μασθοι cgy.   v. 28. –αυτον hko.   v. 29.
επαθροιζομενων των οχλων y. +και (ante σημειον prim.) y.
σημειων p*. ζητει ep.   v. 30. –γαρ y. +ὁ (ante ιωνας) c.
νηνευιταις h.   +εν (ante τηι γενεα) d.   αὑτη (pro ταυτη) s.
v. 31. βασιλεισσα f. σολομωνος bis bdegklmnqr. secund.
ch. σολομωννος bis f*.   v. 32. νινευιται adegpq*ry. νη-
νευιτε c. νινευη fk. νηνευη h*.   v. 33. –δε y. κρυπτειν y.
η (pro ουδε) dekqr. αλλ᾽ abcdeghklmnopy. φως (pro
φεγγος) mqr.   το φως βλεπωσι y.   βλεπωσι το φος c.
βλεπωσι το φως d.   v. 34. ει (pro ἡ prim.) py.   –και

prim. emnpq**. φωτινον εστι y*. εσται (*pro* εστιν *se-
cund.*) gop. ει (*pro* ἢ *secund.*) ey. σκοτινον ey. *fin.* +εσται
adegoy. +εστιν c.   v. 35. εστι y.   v. 36. φωτινον ὁλον b.
εχων y. μερος τι cegpy. σκοτινον y. φωτιζει ey.   v. 37.
εν δε το k. +αυτον (*post* λαλησαι) y. ερωτα cg. αριστησει
cy.   v. 38. ὁ φαρισαιος δε d. προτερον af.   v. 39. ιησους
(*pro* κυριος) c. −και *prim.* g. πηνακος b. του πινακος και
του ποτηριου d. τα δε εσωθεν y. γεμη bqy. ἁρπαγης h.
αρπαγιας y.   v. 40. το εσωθεν και το εξωθεν εποιησεν ep.
v. 41. ἁπαντα y. *fin.* εσται oy.   v. 42. αλλα bco. ὑμιν
γραμματεις και φαρισαιοι ὑποκριται y. αποδεκατουται e.
πιγανον y. +το (*ante* παν) e. παρερχεσθαι ep*. +δε (*ante*
εδει) acgp. ποιη y. αφειναι y.   v. 43. και (*pro* ουαι) k
(κ *rubro*). +δε (*post* ουαι) c. προτοκαθεδριαν bf.   v. 44.
εσται f*. −οἱ *secund.* acdefghklmnpqry.   v. 45. ὑμας
(*pro* ἡμας) e.   v. 46. ἡμιν (*pro* ὑμιν) k. φορτιζεται b.
τοις ανθρωποις gy. +βαρεα και (*post* φορτια) eq*r. τω
δακτυλω gh.   v. 47. οικοδομειται g.   v. 48. −ὑμων b*
(*hab. marg.*). ἡμων f*. τα μνημεια αυτων c.   v. 49. σοφηα
f*.' −του θεου c. −και *tertium* c. εκδιωξωσιν c. διωξουσιν
dq*r.   v. 50. εκζητιθη b. μεχρι (*pro* απο) d.   v. 51.
+του δικαιου (*post* αβελ) dgp. −αβελ ἑως του αἱματος y.
απολωμενου k. +του ναου (*post* μεταξυ) e.   v. 52. και
(*pro* ουαι) k (κ *rubro*, cf. v. 43). +γαρ (*post* αυτοι) g.
ησειλθατε c. εισηλθατε p. εισερχεσθε (*pro* εισηλθετε) d.
βουλομενους εισελθειν (*pro* εισερχομενους) p.   v. 53. προς
αυτους ταυτα y. συνεχειν dlmny. αποστομιζειν p.   v. 54.
−και abcef**ghklmnoqry. τι θηρευσαι dp. *fin.* αυτω (*pro*
αυτου *sec.*) k.

CAPUT XII. v. 1. επισυναχθησων defhkq*. αλληλοις
y. ἑαυτους (pro αλληλους) c.   πρωτον jungunt cum præ-
cedentibus degmo alii. αυτοις (pro ἑαυτοις) p.   v. 2. συγ-
κεκαλυμενον h.   v. 3. σκοτεια bh. εν το φωτει x.   πρως p*.
ταμιοις b.   ταμιειοις f.   κηρυχθησετε x.   δοματων by.   v. 4.
αποκτεννοντων adfhkop.   αποκτενοντων bcelmnqry.   τε-
νοντων x.   εχωντων x.   περισσον p.   v. 5. –δε b.   –φοβή-
θητε prim. g.   –φοβηθητε τον μετα ad fin. vers. c. –το y.
αποκτηναι x.   εχοντα εξουσιαν bpy. εμβαλην x.   λεγο x.
v. 6. πωλειτε e.   πολειται x.   επιλελισμενον x.   v. 7.
ηριθμημεναι εισιν x.   ηριθμηντε y.   φοβησθε cqr.   πολλω l.
διαφερεται e.   fin. +ὑμεις adegpq*rxy.   v. 8. ὁμολογησει
(pro -ση) cex.   ὁμολογηση bly,   ὁμολογησηι d (pro -σει).
καγω ὁμολογησω (pro και ὁ υιος του ανθρωπου ὁμολογησει)
x.   fin. του πατρος μου του εν ουρανοις (pro των αγγελων
του θεου) xsemel.   v. 9. εμπροσθεν (pro ενωπιον prim.) a
op.   αρνηθησεται h.   ενωπιων secund. x.   v. 10. το δε εις e
xsemel.   v. 11. προσφερουσιν cx.   μεριμνησητε a.   μερειμ-
νατε x.   μεριμναται e.   απολογησεσθε ahklmn.   απολογη-
σασθε qry.   λαλησεται (pro απολογ.) c.   –η τι απολογη-
σησθε x.   v. 12. –γαρ y.   διδαξη ce.   ἡμερα (pro ὡρᾳ) x.
v. 13. μερισασθε b.   την κληρονομιαν μετ᾽ εμου y.   v. 14.
–ανθρωπε e.   μεριστην η δικαστην c.   v. 15. –της y.   πα-
σης (pro της) cg.   εστιν transfert post ουκ p.   –εστιν g.
αυτω (pro αυτου prim.) abdefhkoqr.   ὑπαρχωντων d.   fin.
αυτω (pro αυτου) defg.   v. 16. ηυφορησεν cefo.   v. 17.
διελογηζετο x.   v. 18. μηζονας x.   μειζωνας y.   +αγαθα μου
και τα (ante γενηματα) p.   γενηματα abdefghklnopqrx.

τους καρπους μου (*pro* παντα τα γεν. μου) y.   v. 19. ετι bd.
v. 20. αφρον adghklmnopqr. απετουσιν x.   v. 21. ουτος x.
θησαυρηζων ἑαυτον x.   *fin.* +ταυτα λεγων εφωνει (–p**) ὁ
εχων ωτα ακουειν ακουετω aefhk**rubrop**rubroq*rxy.
fin. +τελος· ταυτα λεγων b.   v. 22. λεγω ὑμιν dlmnqry.
το σωματι bd. +ὑμων (*post* σωματι) hry.   ενδυσεσθε ahlmn
qr. ενδυσισθε p**.   vv. 22, 23 *desunt in* p* (*habet marg.*).
v. 23. *init.* +ουχι ry. +γαρ (*ante* ψυχη) q.   πλειων adklm
nq. πλιον p**.   v. 24. ἡς (*pro* οἱς) y.   ταμιειον af*g.   απο-
θικη e.   τρεφη c.   διαφερεται e.   πετηνων fk.   v. 25. –δε
d.   προσθηναι bcdef*ky.   πιχυν e.   v. 26. ουτε a.   ουδε c.
λυπων k.   μεριμναται e.   v. 27. νηθη c.   –δε l*mn. +ὁτι
(*ante* ουδε) gq*r.   περιεβαλλετο cq*.   v. 28. σημερον εν
αγρω (–τῳ) cg.   σημερον εν τω αγρω p.   του αγρου (*pro*
εν τῳ αγρῳ) n*y.   αυριον g.   κληβανον a.   βαλομενον p.
ἡμας (*pro* ὑμας) e.   v. 29. και (*pro* η) agy.   v. 30. παντα
γαρ ταυτα y. –του κοσμου p. +και (*post* δε) q*.   χριζετε e.
fin. +ἁπαντων c.   v. 31. ζητει d. –παντα h.   v. 32. ποι-
μνηον x.   ηυδωκησεν c.   ηυδοκησεν f*y. +του (*ante* δουναι) b.
ἡμιν x.   v. 33. πολισατε x.   βαλλαντια ἑαυτοις p.   ἑαυτους
y.   εν αυτοις c.   βαλλαντια ac**dk.   ανεκληπτον eq*y.   δια-
φθηρει ax.   διαφθειρη f*.   v. 34. –εσται c.   *fin.* εστε (*pro*
εσται) p.   v. 35. ἑστωσαν h.   αἱ οσφυες ὑμων p.   οσφυαι c.
v. 36. αυτων (*pro* ἑαυτων) y.   αναλυση y.   v. 37. +αυτων
(*post* κυριος) y.   αυτοις (*pro* αυτους) p*.   διακονισει o.   αυ-
τους (*pro* αυτοις) cxy.   v. 38. +εαν (*ante* εν τη τριτη)
co. –ελθη *secund.* op. +ελθων (*ante* ευρη) op.   ευρηση g.
ουτως adlmnqr.   v. 39. γινωσκεται x.   ἡ (*pro* ει) b.   ηδη

ekm*. ερχετε h. –αν secund. cdgp. διωρυγηναι x. την
οικιαν cgp. v. 40. δωκειτε x. v. 41. –ὁ f. νεοτερος (pro
Πετρος) c. –και g.   v. 42. ιησους (pro κυριος prim.) c.
εσται (pro εστιν) op. ὁ (pro και) ef. φρονημος beg. δουναι
y.   v. 43. ουτως ποιουντα y.   v. 44. +δε (post αληθως)
e. αυτω (pro αὐτου) af.   v. 45. +κακος (ante δουλος) g.
χρονιζη k. μου ὁ κυριος p. ελθειν (pro ερχεσθαι) gp. εσ-
θιην f. μεθυκεσθαι y. μετα των μεθυοντων (pro και μεθυσ-
κεσθαι) c.   v. 46. ηξη c. ἤξει k. ἦ k bis.   v. 47. αυτου
(pro ἑαυτου) acdghlmnopqry.   v. 48. ὡ δε y semel, ὁ f
(pro ᾧ prim.). ζητηθη e. παρεθετο c. αιτησωσιν c. απαι-
τησουσιν ad fpq*r.   v. 49. βαλην b. επι (pro εις) ad fgop.
και τι ; θελω b. η ειδη c. ει ηδει p.   v. 50. –δε c. βαπ-
τισμα τελεσθηναι (pro βαπτισμα δε εχω βαπισθηναι) f.
συνεχωμαι c. ὁτου acd fgp.   v. 51. αλλα (pro αλλ' η) g.
v. 52. διαμερισμενοι f. fin. τρισιν d fp.   v. 53. +γαρ (post
διαμερισθησεται) qr. επι υἱω abcdeghklmnqry. εφ' υἱω
πατηρ και υἱῳ επι f. εφ' υἱω πατηρ p. μητρι (pro πατρι)
y. –την prim. f. –την bis g. vv. 54, 55 desunt in p*(habet
marg.).   v. 54. ἤδητε f. λεγεται y. +ὁτι (ante ομβρος)
fgp**. ουτως ad flmnp**qry.   v. 55. –και prim. d. πνε-
ωντα p**. εστιν (pro εσται) c. γινετε f.   v. 56. +μεν
(ante προσωπον) y. του ουρανου και της γης acd flmnp
q**y. καιρο f.   v. 57. κρινεται fy.   v. 58. ὑπαγης h. δος
εργασιαν εν τη ὁδω απαλλαχθαι ὑπ' αυτου c. κατασυ-
ρησαι προς τον κριτι f. παρδω f. πρακτορ g. πρατωρ y.
βαληι d. βαλη acefghkopr. βαλειy. βαλη σε lmn. βαλλη

σεq**. +την (ante φυλακην) r.   v. 59. εξελθεις f. τον (pro
το) bcefhkpq*r. αποδος f.   [Hiat s : vid. Prolegomena].

CAPUT XIII. v. 1. εκεινω (pro αυτω prim.) fp. απαγ-
γελοντες g. +ταυτα (ante περι) c. αυτου (pro αυτων) c.
v. 2. −οτι τοιαυτα πεπονθασιν g. πεποθασιν o. v. 3. μετα-
νοησητε adfgp. μετανοεισιτε c. μετανοειτε y. παντως g.
ομοιως (pro ωσαυτως) y.   v. 4. init. οι (pro η) qr. εκεινοι
c, αυτοι p (pro ουτοι). +τους (ante ανθρωπους) a. −εν
secund. y.   v. 5. μετανοησητε agpy. μετανοειτε ce. παν-
τως g. ωσαυτως (pro ομοιως) cg. απολεισθαι h.   v. 6. την
παραβολην ταυτην p. τις ειχεν p. −αυτου e. ζητων καρ-
πον abc (ζητουν c) defhklmnopqry.   v. 7. ελεγε (pro ειπε)
g. +ουν (post εκκοψον) c. καταργη bceo.   v. 8. ειπεν (pro
λεγει) cy. εως ου c. περι αυτης c. κοπριαν c.   v. 9. init.
και εαν c. με (pro μεν) y. ποιησει en*. −γε c. εκκοψης
bcehk. fin. +ταυτα λεγων εφωνει ο εχων d (sic). fin.
+ο εχων ωτα ακουειν ακουετω e. Jungit utrumque f. v. 10.
+ο ιησους (post διδασκων) efk**rubro o.   v. 11. εχουσα
πνευμα a. −ασθενειας h. ετι x. −και secund. c.   v. 12.
προσεφωνη y. τη ασθενεια y. v. 13. ανορθωθη ex. v. 14.
αρχησυναγωγος x. τω σαββατον c. το σαββατον g. το
σαββατω o. −δει y. αυταις (pro ταυταις) c. −ουν p. θερα-
πενεσθαι eq. v. 15. −ουν d. −αυτω y. ιησους (pro κυριος)
cf. υποκριται abeghkmn. −υποκριτα c. οινον (pro ονον) p.
v. 16. θυγατεραν acdegxy. ουσαν αβρααμ ην k.   v. 17.
init. −και o. κατισχυνοντο be. εχερεν επη x. v. 18. εστιν
ομοια g*. των ουρανων (pro του θεου) c. v. 19. ωμοιωθη (pro

ὅμοια εστι)x. ὁν (pro ὁ)bcdefghklmnopqrxy. κηππον g.
κειπον x. +τον (ante κηπον)qr. αυτου (pro ἑαυτου)opq*ry.
πετηνα kx.　v. 20. init. −και abcdefghklmnopqr (hiat s)
xy.　v. 21. εκρυψεν acdghlmnpqr. ἀλευρου g.　v. 22.
ποριαν xy.　εν (pro εις) p.　v. 23. −κυριε b*(hab. mar.).
αυτον (pro αυτους) g.　αυτοις (pro προς αυτους) x.　v. 24.
αγωνιζεσθαι e. αγονιζεσθε y. ποιλης x. πολοι x. ζητησω-
σιν c. ζητουσιν g. ζητισουσιν x.　ελθειν (pro εισελθειν
secund.)b. ισχνουσιν g.　v.25. αποκλησῃ a*. αποκλησει e.
αποκλεισει cf*qr. −την θυραν secund. c. −ποθεν εστε d. fin.
εσται f*.　v.26. αρξησθε cefpx. εφαγωμεν b. επιωμεν s*.
v. 27. +αποκριθεις (ante ερει) d. αποχωρειτε (pro αποστη-
τε) g. −οἱ bf. ανομιας (pro αδικιας) x.　v. 28. οδωντων f*.
ισσαακ h*? οψεσθε ah**lmns. οψισθε b.　v. 29. −απο se-
cund. abcdefghklmnopqrsxy.　ανακληθησονται bdef*kxy.
v. 30. οἱ (pro εισιν prim.) c.　v. 31. ταυτῃ (pro αυτῃ) go.
+δε (post αυτη) c.　−τῃ s*. +αυτω (post προσηλθον) ap.
οἱ μαθηται (pro τινες φαρισαιοι) x.　−αυτῳ p. θελη c. θε-
λησαι (pro θελει σε) b.　v. 32. init. ὁ δε (pro και) g. +ὁ
ιησους (post αυτοις) x. −αυτοις p. ἀλωπεκι dh. αλωπεκη
f*. αλωπεκει x. +εγω (post ιδου)q*r. εκβαλλο b. εκβαλῶ
cx. ιασης x. τελιουμαι e. τελιουμε x.　vv. 32, 33. αὐριον
g. −και τῃ τριτῃ usque ad αυριον b*(hab. mar.)p.　v. 33.
init. αλλα δει με προσευχεσθαι ὁτι ουκ ενδεχεται x. μαι
(pro με) y. τη ερχομενη g. εξω Ἱερουσαλημ απολεσθαι x.
v. 34. αποκτενουσα aclmnqrxy. αποκτεννουσα dhks. επι-
συναγαγειν gx*. +επισυναγει (post τροπον) q*x. ορνης
f*x. νοσιαν f*ky. τα ἑαυτης νοσσια adgop. +αυτης (post

πτερυγας) c.   v. 35. –ιδου *usque ad* ερημος g. αφιετε bx.
–ὑμιν *prim.* c.   –ερημος bcdef*hkop. λεγω δε (–αμην) ab
cdefghklmnpqrsy (x *non habet*). ιδητε με cp.   –ηξη οτε
g. ηξει bcehlmny. +μοι (*post* ειπητε) p.

CAPUT XIV. v. 1. εισελθειν (*pro* ελθειν) g.   v. 2. ην
ανθρωπος (–τις) c.   –ην a.   ὑδροπικος efl.   v. 3. +τους
(*ante* φαρισαιους)g.   +εν (*post* εξεστιν)c. τω σαββατονh.
ησυχασαν h.   v. 5. και ειπεν προς αυτους (–αποκριθεις) p.
υιος ὑμων y.   υιος (*pro* ονος) bcefhklmnqrsx.   πεσειται
bop.   πεσειτε c.   –εν pqy.   v. 6. αυτον (*pro* αυτῳ) c.
v. 7. προτοκλησιας b.   πρωτοκλησιας ef*hoxy.   v. 8.
κληθεις bf*s*y.   κλιθης q.   κατακληθης beh*x.   κατακλη-
θεις y.   προτοκλισιαν b.   πρωτοκλησιαν eho*s*xy.   εν-
τημοτερος f*.   εντημωτερος x.   εντιμωτερος hy.   ει (*pro* ῇ)
ey.   v. 9. ερει· συ δος (*pro* σοι) lmn.   δως x.   τουτο bqx.
αρξει μετα εσχυνις c.   μετα bdhox.   εσχυνης x.   v. 10.
κληθεις y.   αναπεσε abcdefghklmnopxy.   αναπεσαι qrs.
ειπει fy.   προσαναβηθη x.   ανακειμενων g.   v. 11. ὁ δε
ταπεινων (–και) cpxy.   –και ὁ ταπεινων *ad fin. vers.* s.
v. 12. –και (*post* δε) bd.   κεκλικοτι y.   κεκληκωτει αυτω c.
ποιεις ey.   ποιησεις c.   φωνη ag.   –μηδε τους αδελφους
σου f.   σοι αντικαλεσονται c.   γενησεται σοι ανταποδωμα e.
v. 13. αλλα y.   ποιεις cef?y.   –αναπηρους χωλους p.   αναπει-
ρους y.   –τυφλους g.   v. 14. εχωσιν c.   αναστασῃ b.   v. 15.
+αυτω (*ante* ταυτα) e.   –ταυτα g.   φαγηται s*.   αριστον
(*pro* αρτον) abcdfghklmnopqrsy (e *cum Elzev.*). των ουρα-
νων (*pro* του θεου) d.   v. 16. *init.* ὁ δε ιησους g.   εποιεισεν x.
μεγαν cqry.   εκαλλεσε e.   v. 17. τους δουλους c.   ερχεσθαι

ex. ηδει x.   v. 18. ηρξατο s*x. παρετεισθαι x. ηγωρασα
a. εξελθην x. παρητημενων p*.   v. 19. ζευγει x. πορε-
νομε x.   v. 20. δυναμε x. εξελθειν c.   v. 21. παραγενα-
μενος c. -εκεινος cp. ειπεν (pro απηγγειλε) c. αναπειρους
by. και τυφλους και χωλους cglmnp. χολους cy.   v. 22.
προσεταξας cf.   v. 23. εισελθην x.   v. 24. γευσητε c.
γευσειται x.   fin. +πολλοι γαρ εισι (εισει h**) κλητοι
ολιγοι δε εκλεκτοι ab**cdefgh**p**rubro sxy.   v. 25.
τω ιησου (pro αυτω) f**marg. στραφης b.   v. 26. μιση by.
αυτου (pro εαυτου primo) abcdefgklmnopqrs.   -την
secund. c. ειναι μαθητις c. ειναι μαθητης lmnop. ειναι μου
μαθητης g.   v. 27. Deest in gp. βαστασει f. εαυτου cy.
ακολουθει (pro ερχεται) d. ειναι μου abcfklmny.   v. 28.
+ο (ante θελων) fgk**rubro lmnqrs. πυργον θελων p.
μελων o**(μ rubro). καθησας ef.   -τα g. εις (pro προς)
cefghk.   v. 29. μηπωτε m**y. ισχυσαντος c. ισχυσανταy.
αρξονται εμπεζην αυτον c. αυτω εμπαιζειν py.   v. 30.
-οτι a.   v. 31. -βασιλευς r. πορευομενος συν βασιλει
ετερον του δουναι αυτο πολεμον c. καθησας ef. πρωτον
καθισας py. συμβουλευεται p. ενδεκα(-εν) s. απαντισαι y.
v. 32. -ετι h. πορρω αυτου abcdfghklmnopqrsy. οντως
ek*p*.   +εις (ante πρεσβειαν) d. πρεσβιαν y.   -τα p.
εις (pro προς) p.   v. 33. αποτασεται y. τοις υπαρχουσιν
αυτω ap. τοις υπ. αυτου g. τοις αυτου υπαρχ. b. -εαυ-
του s. ειναι μου y.   v. 34. αλλας f*.   +και (ante το
αλας) y. +και (ante εξω) c. βαλουσιν g. αυτον h*y, αυτω
bc (pro αυτο).

CAPUT XV. v. 1. init. εισαν f. αυτω εγγιζοντες gp.

8

–οἱ *secund.* deosy.   v. 2. εγγογυζον y.   προσδεχετε b.
δεχεται g.   v. 4. ανθρωπος τις (–εξ ὑμων) x.   ουχι xy.
καταλειπη c.   καταλιπει e?l.   καταλιπον x.   ενενηκοντα εν-
νεα adeghklmnpqrsxy. ενενικοντα εννεα bcf. –και *secund.*
x. επι τα ορη πορευθεις ζητει το απολωλως x. +οὐ (*post*
ἑως) acgpx. αυτω (*pro* αυτο) bcx.   v. 5. ευρον x.   των
ωμων x. αυτου (*pro* ἑαυτου) flmnpqrsxy.   v. 6. +αυτου
(*post* οικον) d. συγκαλειται cgqr. +αυτου (*post* φιλους) y·
γειτωνας x. –μου y. ὁπερ απολεσα (*pro* το απολωλος) c.
v. 7. –ὁτι x. οὑτως adlmny. γινεται e, εστιν x (*pro* εσ-
ται). η επι τοις εννεα x. +τοις (*ante* ενεν.) gs. ενενηκοντα
εννεα adefghklmnopqrsy. ενενικοντα εννεα bc. *Sed* –εννεα
cf. χριαν x. εχωσιν c.   v. 8. +εστι (*post* τις) d. δραγμας
be. δραγμην bx. ἁπτη c. επιμελος x. ευρει f*?   v. 9.
συγκαλει ahxy. συγκαλειτε k. τους (*pro* τας *secund.*) gs.
γειτωνας x. δραγμην b. απολεσα x.   v. 10. ουτως adlmny.
–των αγγελων g.   v. 11. +ὁ ιησους την παραβολην (*post*
δε) c**rubro.   v. 12. επιβαλλων ey. διηλεν y.   v. 13.
συναγων c. συναγαγον x. διεσκορπησεν by. ασωτος x.
v. 14. –δε g. λειμος x. +του (*ante* ὑστερεισθαι) b.   v. 15.
πορευθης e. παρευθεις y. πολητων x. χυρους e.   v. 16.
επεθυμη γεμησαι y. ισθιον e. χωροι p*. επεδιδου y. *fin.*
αυτον x.   v. 17. πως οἱ (*pro* ποσοι) ey. αρτου g. αρτον x.
απολυμαι x. v. 18. πορευσωμαι c. –αυτω g.   v. 19. –και
bcfhkpx. v. 20. αυτου (*pro* ἑαυτου) acdegopq*ry. ιδεν
ex. ευσπλαγνισθη x. επεσεν dry. τραχιλον y. –και
quartum y.   v. 21. –και *secund.* c. *fin.* +ποιησον με ὡς
ἑνα των μισθιων σου d*q*r.   v. 22. –την *prim.* p. +αυτω

(*post* δωτε) c. *fin.* +αυτου dpq*s.   v. 23. ενεγκοντες q.
εξενεγκοντες r.   v. 24. ὁ υἱος μου οὑτος p. −και *secund.*
degp. απολωλος abcdefgl*oqrsxy. απωλωλως k. −ην *se-
cund.* f. −και *tertium* c. ηὑρεθη bcex.   v. 25. ηγγηξεν c.
ηγγιζε g. χωρων el*.   v. 26. συγκαλεσαμενος q*r. +αν
(*ante* ειη) df. ηει c, ει y (*pro* ειη). τουτο (*pro* ταυτα) p.
v. 27. ελαβεν y.   v. 28. οργισθη y. ηθελησεν f*g. δε
(*pro* ουν) f. παρεκαλη x.   v. 29. +αυτου (*post* πατρι)
ahrx. ετι h. −ουδεποτε εντολην σου παρηλθον και εμοι
p. εδοκας b. εριφον εδωκας y.   v. 30. καταφαγον bh.
αυτον (*pro* αυτω) cq.   v. 31. τα εμα παντα y. εστι d.
v. 32. δη (*pro* δε) c. χαριναι e. δη (*pro* εδει) c. ανεζησαι
p*. −και *secund.* d. απολωλος abcdef**gl*oqrsxy. −ην
secund. y. ηὑρεθη x.

Caput XVI. v. 1. −και *prim.* abcps. οικονομων y.
διασκορπιζον l*.   v. 2. −αυτον f. −σου *secund.* fgkp. δυνη
cfy. δυνησει ετη e.   v. 3. αφαιρειτε b. αφαιρειται με της
οικονομιας (−απ᾽ εμου) p. επιπτωχειν (*pro* επαιτειν) n**.
ου δυναμαι (*pro* αισχυνομαι) d.   v. 4. εγνον b. +εκ (*post*
μετασταθω) gy. δεξονται c. *fin.* ἑαυτων y.   v. 5. χρεοφει-
λετων bfos**. χρεοφιλετων c. χρεωφιλετων dh. αυτου
(*pro* ἑαυτου) acegh*oqry. ειπεν (*pro* ελεγε) dgopy. οφι-
λεις e (*sic* v. 7). οφειλης aq*. ωφειλεις συ y.   v. 6. κα-
δους (*pro* βατους) b. γραψον ταχεως c. πεντικοντα b.
v. 7. −και *prim.* cg. ειπεν (*pro* λεγει) p.   v. 8. εποιησεν
(*pro* επηνεσεν) c. +αυτου (*post* κυριος) d. φρονημως y.
−οἱ bf. την γενεαν αυτων gp. +ταυτην (*post* γενεαν) c.
v. 9. λεγω ὑμιν g. ἑαυτους (*pro* ἑαυτοις) d. ινοταν c. εκ-

λειπητε bekl*m*noq*y. εκλειπη c. δεξοντε c.   v. 10.
ελαχειστω *secund.* x. ἄδικως *prim.*h. πολω *secund.*k. *fin.*
εστι y.   v. 11. −ουν e. εγενεσθαι f*. αληθηνον x. ὑμιν
τις y. πιστευση x. δωσει (*pro* πιστευσει) d.   v. 12 *deest*
in d. εγινεσθε e.   v. 13. οικετις e. δυνατε ksx. ει γαρ
f*. +του (*ante* ἑνος) cgp. δυνασθαι ex.   v. 14. −παντα
b. +οἱ (*ante* φιλαργυροι) y. −και *secund.* cg. εμυκτηριζον
p. εξεμυκτηρειζον x.   v. 15. ἡμων (*pro* ὑμων) e. τον (*pro*
το) c. ουρανοις (*pro* ανθρωποις) p. −εστιν abdeklmnops
y.   v. 17. ευκοποτερον dy. καιρεαν y. παρελθειν (*pro*
πεσειν) c.   v. 18. απωλυων y. μοιχαται (*pro* μοιχευει) *bis*
gy, *primo* kps (μοιχατε c), *secundo* e*k*. −γαμων *secund.*
g.   v. 19. ενεδυδυσκετο p. λαμπρος x.   v. 20. εις (*pro*
προς) c. πυλονα x. εἱλκομενος cx. ἡλκομενος e. ἡλκομενος
o.   v. 21. απελιχον ceqrx. ἑλκει bf*x.   v. 22. αποθανην
x. −του abcdefhkopqrsx.   v. 23. ἀδει m*. ὁρα h. μα-
κρωθεν ex.   v. 24. τον (*pro* το) y. του (*pro* αυτου) c.
καταψυξει x. οδυνομε x. φλογη bx.   v. 25. −ὁτι y. −συ
prim. gp. −ὁμοιως p. −ὁδε d. ὡδε (*pro* ὁδε) abefghkoq*
rsy. παρακαλειτε b. παρακαληται x. παραλειται y. οδυ-
νασε x.   v. 26. εστηρηκται x. ενθεν (*pro* εντευθεν) bdef
ghklmnoqrsxy (p *cum Elzev.*). ἡμας (*pro* ὑμας) eq. −μη
δυνωνται *usque ad* ἡμας p. δυνανται e. δυνονται x. ὑμας
(*pro* ἡμας) n. διαπερωσι y.   v. 27. πεμψεις f*.   v. 28.
διαμαρτυρητε f. διαμαρτυρειται x.   v. 29. +δε (*post* λεγει)
abdhpy. μωϋσεα d.   v. 30. +των (*ante* νεκρων) go. με-
τανοησωσιν ex.   v. 31. ακουσουσιν f**. ακουσωσιν x. ουδ᾽
g. απο (*pro* εκ) k. πισθησονται ex. πεισθησωνται m*q*r.

Caput XVII. v. 1. +αυτου (*post* μαθητας) adgpy.
+του (*ante* μη) abdefghklmnopqrsy. εισελθειν y. v. 2.
λυσιτελη y. −ει y. −περικειται b*y. περιτεθη g. ειναι
λιθος μυλικος y. μυλως p*. ερειπται p. ερριπτε d. σκαν-
δαλισει e. −ένα e. v. 3. προσεχεται e. αμαρτηση q*r.
αμαρτησει y. μετανοησει eq*y. v. 4. αμαρτηση df*qr.
αμαρτησει y. −επτακις *usque ad* εις σε και e. +ό αδελ-
φος σου (*post* εις σε) y. +εαν (*ante* επτακις *secund.*) p.
επιστρεψει fy. −επι σε abdefghklmnopqrsxy (*hiat* c).
αφησης xy. v. 6. εχετε abd. εαν εχητε g. συκαμηνω
f*x. εκριζωθητε e. εκριζοθητι y. εις την θαλασσαν a.
επηκουσεν n. ύμων (*pro* ύμιν) d. v. 7. αρωτριωντα ή
ποιμενωντα x. εισελθοντα bd. αναπεσε abdefghklmnop
sxy. v. 8. αλλα ουχ g. δειπνισω y. +αν degp, +ού s
(*post* έως). πιωι d. σοι (*pro* συ) f. v. 9. −αυτω abdefgh
klmnopqrsxy. v. 10. ουτως adlmnq**. αχρειοι δουλοι
ao. οφειλομεν x. v. 11. εν (*pro* εις) ek. ιεροσολυμα f.
ην διερχομενος g. μεσους e. v. 12. του ιησου (*super* αυ-
του) k** *rubro*. υπηντησαν g. έστησαν dg. v. 13. λε-
γονταις x. −επιστατα c. v. 14. υποδειξατε d. δειξατε
o. εαυτοις (*pro* εαυτους) n. εκαθερισθησαν x. v. 16. του
ιησου (*pro* αυτου) x. σαμαρητης e. v. 17. ουχ' g. εκαθερ-
εισθησαν x. +ούτοι (*post* δεκα) dp. −δε *secund.* cy. v. 20.
επερωτιθεις bfhs. v. 21. −η bn. εν τοις (*pro* εντος) c.
εστι s. v. 22. +αυτου (*post* μαθητας) cfgh. επεθυμησε-
ται e. επεθυμησετε k. επιθυμησητε s*. −του υιου py.
v. 23.−η abcpy. και (*pro* η ιδου) g. +ό χριστος (*post* εκει)
gop. διωξηται gh*. v. 24. −ή *secund.* cfpy. +τον (*ante*
ουρανον) *bis* c. −εις την ύπ' ουρανον egy. ούτω και (−εσ-

ται) g. εστε d. –και abdefhklmnopqrsy.   v. 25. πολλα
παθειν αυτον p.   v. 26. εγενοντο c. –του *prim.* abcdef
hklmnopqry (*hiat* s, g *cum Elzev.*). –ουͺτως *usque ad fin.*
versús g. +του (*ante* υἱου) acdefhklmnopqry.   v. 27.
ἠσθιον d. +και (*ante* επινον) y. εγαμιζοντο gh. +και (*ante*
εγαμ.) h. απολεσεν y*. ηρεν (*pro* απωλ.) g.   v. 28. –ωͺς
y. εγενοντο d. ηγωραζον a*. εφυτευων h.   v. 29. +ὁ
(*ante* λωτ) c. +και (*ante* εβρεξε) ek. θειον και πυρ cgp.
–και θειον f*. απολεσεν ef*.   v. 30. κατα τα αυτα apy.
+ὁταν (*post* ἡμερα) e.   v. 31. δοματος e. σκευει e. κα-
ταβαινετω g.   v. 33. ζητησει ce. απολεση (*pro* απολε-
σει) dky. ὁς αν απολεσει f. απολεσει (*pro* απολεση) eh
qr. αυτον (*pro* αυτην secund.*) f**. –και ὁς εαν απολεση
ad fin. vers. c. ζωογονισει e. ζωγονησει k*. σωσει (*pro*
ζωογ.) f.   v. 34. +γαρ f, +δε gqr (*post* λεγω). εν αυτη
(*pro* ταυτη) c. δυο εσοντε c. δυο εσονται glmnpq**y. επι
κλινης μιας δυο d. –ὁ *primum* abcdeghklmnopy. –ὁ *se-*
cund. o*. παραλαμβανεται f. παραλαφθησεται q*.   v. 35.
αληθυσαι e. επι τω αυτω c. –ἠ *bis* b. –ἠ *prim.* acdefg
hklmnopqry. παραλειφθησεται b.   v. 36. *Deest in* ab
cdefgklmnopqr(s *hiat*, x *non habet*) y. –εσονται h. –ὁ
prim. h.   v. 37. ειπον (*pro* λεγουσιν) g. πτωμα (*pro*
σωμα) f**g. +και (*ante* οἱ αετοι) lmny. και οἱ αετοι συν-
αχθησονται y.

CAPUT XVIII. v. 1. –δε και g. δει e. +αυτους (*post*
προσευχεσθαι) abcdfhopq*r.   v. 2. –τις c*o. πολη x.
v. 3. –τις abcdeghklmnopqrxy. ηχετο y. –τουp*. αντη-
δικου x.   v. 4. ειθελεισεν x. ηθελεν cfmn. –ευ ny. +λεγων
(*ante* ει και) x.   v. 5. με (*pro* μοι) c. κοπους cfs*y. χηρα

pxy. ὑποπιαζη abdefghm*ps*xy. ὑποπιεζη ckoqr*?. μαι
(pro με) c.   v. 6. ηκουσατε f*y. τη (pro τι) x. αδικειας x.
v. 7. ποιηση adfgklmnqr. εκδικεισιν x. βοοντων e. νυκτος
και ημερας c. μακροθυμι c. μακρωθυμων x.   v. 8. init.
+ναι g. –ότι f*. ποιεισι c. αυτον (pro αυτων) h. –αν-
θρωπου r.   v. 9. –και prim. adefklmnoqrs. εφ᾽ εαυτους
a. εφ᾽ εαυτης p. –και secund. g. εξουθενουντες dg. τοις
λοιποις p. –την παραβολην ταυτην c.   v. 10. –ό prim.
g.   v. 11. προσηυξατο p. ὡς (pro ὡσπερ) p. λιποι l*.
ανθρωπον x. μυχοι h. ὁ τελωνης ουτος aop.   v. 13. ὁ δε
τελωνης (–και) f. +απο (ante μακροθεν) p. μακρωθεν x.
ειθελεν x. ετυπτε (–εις) ap. στιθος fp. –αυτου y.   v. 14.
+γαρ (post λεγω) d. +ότι (ante κατεβη) dp. δεδικαιομεν-
ος d. +γαρ (post η) acdefghklmnopqrsxy. εαυτων prim.
p*. –ὁ δε ταπεινων ad fin. vers. g* (hab. marg.).   v. 15.
και ιδοντες (–δε) y. +αυτου (post μαθηται) dgp. επαιτιμ-
ησαν b. επετιμων f.   v. 18. ανθρωπος τις προσηλθεν τω
ιησου πειραζων αυτον και λεγων x. επερωτησε s. –τις f.
τις αυτον των αρχοντων πειραζον αυτον και λεγων c.
+αγαθον (post τι) x. κληρονομεισω x.   v. 19. ει μι f.   v.
20. μοιχευσεις e. φονευσεις e. ψευδομαρτυρησεις e. τημα
x. –σου secund. cdfg.   v. 21. παντα ταυτα p. νεοτιτος
x. fin. +τι ετι υστερω; x.   v. 22. –δε y. ότι (pro ετι) k.
συ λιπει x. λειπη q*. +ὑπαγε (post λειπει) d. πολησον x.
δος bgosy. +τοις (ante πτωχοις) f. εξης desy. δευρω fxy.
ακολουθη x.   v. 23. –ην γαρ πλουσιος σφοδρα h.   v. 24.
–ὁ ιησους h. περιλοιπον c. εισελευσωνται x. των ουρανων
(pro του θεου) g.   v. 25. ευκοποτερον xy. καμιλον cу.

διελθειν (*pro* εισελθειν *prim.*) cfqrx.   πλουσιος y.   βασι-
λιαν l*.   εισελθην x.   v. 27. *init.* ὁ δε ιησους y.   εισι y.
—τῳ f.   v. 28. —ὁ abcdefghklmnopqrsy.   *fin.* +τι αρα
εσται ἡμιν; ce.   v. 29. +ὁτι ὑμεις οι ακολουθησαντες μοι
(*ante* ὁτι ουδεις) e.   +η αδελφας (*post* αδελφους) fs.   ἑνεκα
g.   ἑνεκε y.   v. 30. λαβη c.   απολαβει y.   πολαπλασιονα
y.   πολλωπλασιονα p.   ἑκατονταπλασιονα c.   τουτο (*pro*
τουτῳ) b.   επερχομενω c.   v. 31. ἰλῆμ y.   τελειωθησεται
y.   v. 32. +εν (*post* γαρ) p.   εμπεχθηναι c.   —και ὑβρισ-
θησεται dsy.   v. 33. μαστηγωσαντες e.   αυτον αποκτε-
νουσι s.   τη τριτη ἡμερα cdefgq*rsy.   εγερθησεται (*pro*
αναστησεται) y.   v. 34. κεκαλυμμενον f.   παρακεκαλυμμεν-
ον h.   εγινωσκων h.   v. 35. —δε d.   τον ιησουν (*pro* αυ-
τον) ck** *supra, rubro.* ιεριχω abdfhkloqrs.   +δε (*ante*
τις) b.   προσετων x.   v. 36. +αν (*ante* ειη) cdfp.   ηει c.
ταυτα ey.   v. 37. ναζωραιως p*.   v. 39. *Deest in* s.   παρ-
αγοντες p.   σιωπιση be.   σιωπισει c.   ανεκραζεν λεγων f.
εκραζε λεγων gx.   +ιησου (*ante* υιε) e.   δαυιδ o.   v. 40.
επιρωτησεν x.   v. 41. *init.* +ὁ ιησους (*ante* λεγων) y.
v. 42. αναβλεψων p*.   πιστης e.   v. 43. ηκολουθη by.
οχλος (*pro* λαος) xy.   —και πας ὁ λαος *usque ad fin.* g.

CAPUT XIX. v. 1. ὁ ιησους διηρχετο εις ιεριχω(—την)g.
+ὁ ιησους (*post* διηρχετο)cek**rubrox.   ιεριχω abdghkloq
rs.   v. 2. οὑτος (*pro* αυτος) f.   αυτος (*pro* οὑτος) fp.   —ην
secund. fp.   v. 3. εζητη b.   εδυνατο aop.   —του g.   —τη g*.
v. 4. δραμων kq*rsy.   προσδραμων fxy.   +εις το (*ante* εμ-
προσθεν) f.   συκομωραιαν adgprs**x.   συκομοραιαν beflmn
oy.   συκομωρεαν hkq (c *cum Elzev.*).   ιν' f*.   ιδει y.   τον ιη-

σουν (pro αυτον) f. —δι᾽ abcef*hklmnopqsxy. εμελλε adg
hopq*ry. διηρχεσθαι n.   v. 5. ιδεν e.   καταβηθη x.   δη (pro
δει) b.   μαι y.   v. 6. καταιβη p*.   χαιρον x.   v. 7. +αυτον
(post ιδοντες)fg.   παντες abcehklmnoqrsx.   διεγγογιζον y.
ἁμαρτολω e.   v. 8. +ὁ (ante Ζακχαιος) gy.   ιησουν (pro
κυριον) adghops.   τα ἡμισυ g.   μοι (pro μου) hqrsxy.   δι-
δομη x.   διδομι y.   —τοις g.   εσυκοφαντισα s.   v. 9. —ὁτι g.
τουτο (pro τουτῳ) bx.   v. 10. ζητεισαι h.   v. 11. —αυ-
των def.   —ταυτα g.   +εις (ante Ἱερουσαλημ) g.   αυτοις
(pro αυτους) dp.   —παραχρημα d.   μελλη c.   αναφενεσθαι
ἡ βασιλεια του Θεου c.   v. 12. +εν (ante ἑαυτω) s.   v. 13.
δε c.   αυτου b*e.   ἑαυτοις (pro αυτοις) y.   αυτοις (pro προς
αυτους) c.   πραγματευεσθαι ce.   πραγματευεσθε g.   +ἑαυ-
τοις (post πραγματ.) y.   ἑως εν ω p.   εν ω (pro ἑως) fy.
εν ὁ c.   ερχωμαι e.   v. 14. —και d.   ὁπισω b.   θελωμεν cy.
v. 15.   λαβειν αυτον (pro επανελθειν αυτον λαβοντα) g.
—και secund. ehklmnqrsy.   αυτου (pro τουτους) d.   οὑς
(pro οἱς) c.   δεδωκε fgsy.   διεπραξατευσατο n.   v. 16. ἡ
μνας σου (sic vv. 18, 20) cefghpqry.   προσηργασατο dy.
εποιη (pro προσειργ.) g.   v. 17. —αυτω y.   δουλε αγαθε
gkq*r.   ησοι (pro ισθι) y.   v. 19. τουτο (pro τουτῳ) g.
ισθι εξουσιαν εχων (pro γινου) q*r.   v. 20. +ὁ (ante
ἑτερος) oy.   σουδαρειω ef*.   v. 21. ερεις y.   εδωκας (pro
εθηκας) g.   θεριζης y.   fin. +και συναγεις ὁθεν ου διεσκορ-
πισας hy.   v. 22. —δε cfgy.   σου (pro σε) p.   κρινῶ σαι f.
ηδης y.   η ειδης c.   fin. +και συναγων ὁθεν ου διεσκορπισα
hy.   v. 23. init. —και c.   μου το αργυριον f.   επι τρα-
πεζης c.   —την abdefghkopqrsy.   ελθων εγω eq*ry.   αυτω

(*pro αυτο*)by. *fin.* ελθων εκομισαμην αν το εμον συν τοκω f.
v. 24. δωτε n*. το τας b. τω εχοντι τας δεκα μνας y.
—τας g. v. 25. ειπαν g. v. 26. τω εχοντι παντι y.
δοκει εχειν (*pro* εχει) b. v. 27. τουτους (*pro* εκεινους)
gp. θελοντας bm. +αυτους (*post* κατασφαξατε) y. v. 28.
εμπροσθεν μου(!) y. αναβαινον h. v. 29. ως (*pro* εις)k**
rubro. βηθσφαγη adghlmnpqrs. βιθσφαγην c. βηθσφαγ-
ην f*. +των (*ante* ελαιων) d. v. 30. απεναντι d. πολιν
(*pro* κωμην) g. εφ᾽ ω f. πωτε c. ανθρωπων πωποτε g.
εκαθησεν b. αγαγετε αυτον dp. —αυτον e. *fin.* +μοι ef.
v. 31. ὑμιν q*r. ὑμιν ειπη (*pro* ὑμας ερωτᾳ) c. —οὑτως a.
v. 33. αυτων (*pro* αυτου) g. v. 34. +ὁτι (*post* ειπον)
cdgp. v. 35. επιριψαντες ο. τα ἱματια αυτων c. αυτων
(*pro* ἑαυτων) efh. επιβηβασαν a*h. v. 36. ὑπεστρων-
νιον a. ὑπεστρωννυων p. v. 37. —ηδη g. ηρξατο ao.
χαιρωντες h. χαιρον y. ιδον e. v. 38. —βασιλευς f*. επι
γης (*pro* εν ουρανῳ) d. v. 39. ειπαν f. αυτω (*pro* προς
αυτον) y. *fin.* +ινα σιωπησωσιν q. v. 40. —ὁτι ac. σιω-
πισωσιν d. σιωπησουσιν q. κραξονται b. κεκραξωνται
pqr. v. 41. ιδειν c. επ᾽ αυτην cgoy. v. 42. —ει c. —σου
prim. cgy. v. 43. σον (*pro* σοι) y. —σε *tertium* e. v. 44.
εδαφιουν y. αφησωσιν c. αφισουσιν df. αφησουσι y. επι
λιθον cp. λιθον επι λιθον εν σοι y. v. 45. ηρξαντο k*.
εκβαλειν de. v. 46. +ὁτι (*post* γεγραπται) gp. κληθη-
σεται (*pro* εστιν) cf. εποιησατε αυτον afy. σπηλαιων k*.
ληστων; k. v. 47. —το g. —οἱ *secund.* d. απωλεσαι y.
v. 48. ηὑρισκον c. —το ac. ποιησουσιν aghlmnopqrs.
πας c. εξεκρεμμᾶτο y. ακουειν g. ακουων αυτου y.

Caput XX. v. 1. —εν τῳ ἱερῳ g. +αυτω (post επε-
στησαν) c. ἱερεις (pro ἀρχιερεις) abcdehklmnopqrs (fgy
cum Elzev.). —οἱ secund. f. v. 2. —εστιν y. v. 3. ειπεν
αυτοις (—προς) c. ερωτισω y. καγω ὑμιν c. καγω ὑμας py.
λογον ἑνα gp. fin. +καγω ὑμιν ερω εν ποια εξουσια ταυτα
ποιω f. v. 4. +ποθεν ην; (post ιωαννου) f. v. 5. —δε h*.
συνελογησαντο be. διελογισαντο y. διελογιζοντο c. εν
ἑαυτοις (pro προς ἑαυτους) y. αυτους e. —ὁτι h. ειπομεν
(sic v. 6) f*sy. αιρει e. —ουν befghklmnoq*s. v. 6. κατα-
λιθασῃ c. πεπισμενος fsy. πεπισμενοι γαρ εισιν c. v. 8.
init. ὁ δε (—και) g. v. 9. και ηρξατο (—δε) c. —τις abcefg
hklmnopqrs. v. 10. +τω (ante καιρω) f*y. απο τους καρ-
πους y. δωσει e, δωσουσιν cf*y (pro δωσιν). ινα λαβῃ απο
του καρπου του αμπελωνος (—δωσιν αυτῳ) g. δηραντες ch*
lmnqry. καινον f. v. 11. +αυτοις (post πεμψαι) f. —δου-
λον p. δηραντες celmnqr. καινον bf. Post δουλον habet y:
οἱ δε και τουτον τραυματισαντες εξεβαλον, et post τριτον
v. 12, κακεινον δηραντες και ατιμασαντες εξαπεστειλαν
κενον, clausulas transponendo. v. 12. τριτον πεμψαι
δουλον f. κακεινον (pro και τουτον) dp. τραυματησαντες
f*. v. 13. ποιησωι d. —ιδοντες e. εντραπησωνται q.
v. 14. αυτον prim. s. διελογισαντο p. αλληλους (pro ἑαυ-
τους) f. —δευτε acf*p. αποκτεινομεν f*p. v. 15. εκβαλ-
λοντες e. —αυτον clmnq**. —αυτοις g. αυτους (pro αυτοις)
d. v. 16. απωλεσει hy. —τους γεωργους g. γενοιται y.
v. 17. απεδωκιμασαν f. γονειας b. γονιας py. v. 18.
επι τον λιθον εκεινον y. πεσει cy. v. 19. οἱ γραμματεις
και οἱ (—οἱ g) αρχιερεις cfg. επιβαλλεῖν d. τας χειρας

επ' αυτον d. −τον λαον abdehklmnoqrs. ειπεν την παρα-
βολην ταυτην f.   v. 20. επιλαβονται bdy.   λογον dfy.
ωστε (pro εις το) y.   ἡγεμωνος e.   v. 21. επηρωτισαν y.
λαμβανης h.   v. 22. φορους hy.   v. 23. πονηριαν (pro
πανουργιαν) q*?   v. 24. δειξατε afgy. +οἱ δε εδειξαν·
και ειπε (post δηναριον) adfgq*y. επιγραφειν b. και απο-
κριθεντες (−δε) f.   v. 25. init. ὁ δε ιησους ειπεν προς αυ-
τους f. ουν (pro τοινυν) f.   v. 26. αποκρισῃ y.   v. 27.
λεγοντες y. επηρωτισαν y.   v. 28. μωϋσης aefghkoqrs.
τις (pro τινος) gq*r. αποθανει bis in versu b. −εχων γυ-
ναικα και οὑτος ατεκνος αποθανῃ dp* (p** habet γινεκα,
ἀτεκνος). −οὑτος e. και αυτος η ατεκνος (−αποθανῃ secund.)
f. αποθανει secund. k. ὁ αδελφος αυτου λαβῃ lmnq**.
λαβει y. αναστησῃ g. εξαναστησει ef*h*oy.   v. 29.
+παρ' ἡμιν (post ησαν) g.   v. 30. ὁ δευτερος ελαβε y.
v. 31. ὡσαυτως· ὡσαυτως δε και bkqrs. −και tertium ab
efhklmnq**sy. τεκνον f.   v. 32. −δε efhks. −παντων a.
v. 33. αυτον (pro αυτων) e. εσται (pro γινεται) g.   v. 34.
ὁ ιησους ειπεν αυτοις n. γαμησκονται (sic v. 35)y. εκγαμ-
ιζονται adp.   v. 35. επιτυχειν h. −και της αναστασεως
της εκ νεκρων h. των (pro της εκ) y. εκγαμιζονται abdef
hklmnopqrs.   v. 36. ουδε y. −γαρ f. οἱ υἱοι bis y. −εισι
secund. dp.   v. 37. −δε d. μωϋσης abdfghlmnpy.   v. 38.
init. ὁ θεος δε f. ὁ θεος (−δε) y. ζοντων d. αυτων (pro
αυτῳ) e.   v. 39. γραμματαιων (sic v. 46) ey.   v. 40. αυ-
τον επερωταν y. −αυτον e.   v. 41. +τινες (post λεγουσι)
adgp. δαυιδ o?   v. 42. +των (ante ψαλμων) gy.   v. 44.
−ουν b*. αυτον κυριον cgpry. καλη c. αυτου υἱος p.   v. 46.

+καί (*ante* των θελοντων) o. θελωντων nx. εν στολαις
περιπατειν cfh. πρωτοκαθεδριαις qry. πρωτοκλισιαις q?ry.
πρωτοκλησιας abeg.   v. 47. +καί (*post* οἱ) y. χειρων b*c.
μακρᾶ q. προσευχομενοι (*pro* προσευχονται) cf.

Caput XXI. v. 1. −ειδε y. ιδε ex. −τα p. γαζοφυ-
λακειον b.   v. 2. ιδεν ex. οιδεν y. −δε καί c. −καί xy.
τινα καί abdefghklmnopqrs. πενηχραν bhxy. βαλουσαν c.
v. 3. πλειω qr.   v. 4. περισσευματος g. εβαλλον b. *fin.*
+ταυτα λεγων εφωνει (εφωνη g**x) abfg**xy. +ὁ εχων
ωτα ακουειν ακουετω abefg**p**xy.   v. 5. λεγοντων τι-
νων y.   v. 6. αφαιθησεται r. επι λιθον clmns.   v. 7. επε-
ρωτησαν s. μελλει ar. μελει c. γενεσθαι y.   v. 8. +αυ-
τοις (*post* ειπεν) c.   πλανηθειτε y*semel.* +προσεχετε δε
απο των ανθρωπων (*post* πλανηθητε) s. εν (*pro* επι) p.
πλανηθητε x, πλανηθειτε (*pro* πορευθητε) y*semel.*   v. 9.
ουν (*pro* δε) m. πτωηθητε em*x. πτωηθειτε y. δη (*pro*
δει) y.   v. 10. εγερθησετε γαρ y*sem.* επ᾽ εθνος y*sem.* επι
ενος r.   v. 11. σισμοι c. −τε cf. −καί *prim.* f. −καί λοι-
μοι y.   v. 12. *init.* πρωτον δε τουτων παντων c. −ἀπαν-
των d. παντων abefghkopqry. προσεχεται απο των αν-
θρωπων επιβαλουσι γαρ x (*initio pericopes*). επιβαλλου-
σιν f. +γαρ (*post* επιβαλουσιν) e. διωξωσι y. παραδιδωων-
τες x. +τας (*ante* συναγωγας) d*. αγωμενους qy. ἑνεκα g.
v. 13. −ὑμιν y*sem.*   v. 14. θετε r p. −εις dgp. απολογιθηναι
y*sem.*   v. 15. δοσω e. αντιπειν ey. η (*pro* ουδε)lmnp. −ὑμιν
secund. y*sem.*   v. 16. παραδωθησεσθε x. −καί αδελφων h.
καί συγγενων καί φιλων καί αδελφων abcdegklmnoqrsxy
(p *cum Elzev.*).   v. 17. −δια το ονομα μου k. δια το ονομα

μου ὑπο παντων o.   v. 18. ἡμων p*. απωληται q. απολει-
ται c. απωλειται f.   v. 19. κτισασθε xy. –ὑμων secund.
c. ἡμων e.   v. 20. ηδητε b. την ιερουσαλημ ὑπο στρατο-
παιδων y. στρατοπαιδων h?. +των (ante στρατοπ.) qr.
ερημοσης b. ερημωσης h.   v. 21. εκχωρητωσαν bfy. –και
οἱ εν μεσῳ αυτης εκχωρειτωσαν a.   v. 22. εκδηκισεως b.
εκδικησεως ἡμεραι f. πλησθηναι ab*ehkoq*rs*.   v. 23.
+τοτε (ante αναγκη) y. –της d?k. –εν tertium gpy.   v.
24. +εν (ante στοματι) ce. στοματα o. αχρις οὑ fg. –αχρι
ad fin. vers. s.   v. 25. +εν (ante σεληνη et αστροις) c.
–της c. συνοχαι g. +εξ (ante εθνων) o.   v. 26. αποψυχ-
ωντων f*h.   v. 27. νεφελαις ck. επι των νεφελων του
ουρανου f. δυναμεως πολλης και δοξης q.   v. 28. γενεσθαι
c. τους οφθαλμους (pro τας κεφαλας) h. απολυτρωσης h.
v. 29. παλιν (pro παραβολην) h. ιδε d.   v. 30. προβαλ-
λωσιν dk*lmnqr. +τον καρπον αυτων (post ηδη prim.) s.
εφ᾽ ἑαυτων b. αφ᾽ ἑαυτω y. γιγνωσκετε b. –ὁτι s. –ηδη
secund. ap.   v. 31. ουτως ab. –γινωσκετε ὁτι d.   v. 32.
–ὁτι g. παν y. +ταυτα (post παντα) q.   v. 33. παρε-
λευσεται lp. μοι (pro μου) d. παρθωσιν c.   v. 34. –δε f.
αυτοις (pro ἑαυτοις) e. βαρηθωσιν aefhklmnpqrs. κρεπα-
ληbe. αιφνιδιωςadk*pqr. εφνιδιως c. εφνιδιος efns. εφιδ-
νιος b. επιστη εφ᾽ ὑμας a. επι την ἡμεραν εκεινην (–επι-
στη) c.   v. 35. ελευσεται p. –επι παντας τους καθημενους
dg. καθιμενους q. της γης πασης p.   v. 36. αγρυπνητε
c. καταξιωθειτε s. παντα ταυτα b. –ταυτα acdefgklm
npqrs. –τα h*. γενεσθαι c.   v. 37. init. ην δε ὁ ιησους
ds. –τας ἡμερας d*. εν τω ιερω τας ἡμερας y. προς (pro

εις) y. —το *secundum* c.   v. 38. οχλος (*pro* λαος) c. ορ-
θριζε de. ωρθροιζεν p. ορη (*pro* ιερω) y.

CAPUT XXII. v. 2. των λαον y**.   v. 3. —ο abdefg
kopy. λεγομενον (*pro* επικαλ.) g.   εισκαριωτην x.   v. 4.
—τοις *secund*. abcegklmnpqrsx. στρατιγοις s*. αυτοις
παραδω αυτον depx.   —αυτοις b*.   v. 5. εχαρισαν gxy.
αυτον (*pro* αυτω) ex.   αργυρια adglmnopqrxy.   v. 6.
εξομολογησε dehqrsxy.   εζητι x.   —αυτοις e.   ατερ d.
—ατερ οχλου g.   v. 7. —η f*. τω πασχα d.   v. 8. απεσ-
τειλεν ο ιησους g.   ειπον x.   ετυμασαται x.   φαγομεν cy.
v. 9. —αυτω p.   θελης q.   ετοιμασομεν bhlm**nqrs*.   v. 10.
εισελθωντων xy.   πολην συναντηση ημιν x.   συναντισει y.
απαντησει g.   κεραμεον x.   βασταζοντα y.   ακολουθεισατε
h.   +εαν cdf*px, +αν s (*post* ου).   εισπορευηται dx.   v.
11. ερητε bx.   ερει p.   οικοδεσποτει r.   οικειας f.   —σοι h.
v. 12. δειξη cey.   αναγεον bk.   αναγαιον flmno.   ανογαιον
e.   ανωγαιον pqsy.   ανωγειων g.   —μεγα e.   εστρομενον y.
v. 13. απελθωντες (—δε) x.   +και (*ante* ευρον) c.   ειπεν
(*pro* ειρηκεν) gx.   τω πασχα x.   v. 14. —η g.   ανεπεσον e.
v. 15. —τουτο g.   παθην x.   v. 16. ο (*pro* οτι) x.   v. 17.
+το (*ante* ποτηριον) cgp.   +και (*ante* ευχαριστησας) dx.
διαμερησατε x.   εις εαυτους (*pro* εαυτοις) fp.   v. 18. +απο
του νυν (*post* πιω) efgo.   γενηματος abdfghkloprsxy.   v.
19. λαβον x.   +τον (*ante* αρτον) c.   ημων (*pro* υμων) ce.
διδωμενον h.   v. 20. ωσαυτος x.   —μετα το δειπνησαι
usque ad ποτηριον x.   δειπνισαι y.   κενη x.   διαθικη e.
+εστιν (*post* διαθηκη) eq*rx.   ονοματι (*pro* αιματι) f*y.
το υπερεκχυννομενον (—υμων) g.   εκχυννομενον o.   v. 21.

−ιδου g. επη της τραπεζεις x.   v. 22. πορευετε x. ωρισ-
μενον d. ὁρισμενον e. ορεισμενον x. ωρισμενων p. γεγραμ-
μενον (pro ωρισμ.) c.   παραδιδοτε dx.   παραδιδωται f*.
v. 23. ζητειν y.   εξ αυτων ειη a.   η c,   εστιν f*,   ην qr (pro
ειη). μελλων τουτο e.   v. 24. −και f.   φιλονικια ey.   φιλο-
νεικεια n.   φιλωνικια x.   v. 25. καλουντε x.   v. 26. ὑμειν f.
γινεσθω eh.   νεοτερος ny.   διακονον x (sic v. 27 bis).   v. 27.
ουχ cdl. ουχ΄ n.   v. 28. διαμεμικοτες e.   διαμεμενικοτες
hr.   −μου g.   v. 29. διατιθημοι c.   διατιθεμε x.   −μοι ch*.
−μου g.   v. 30. εσθιετε p.   −εν τη βασιλεια μου bhko
q*rsy.   καθισεσθε abdefghlmnpqrsx.   καθησεσθε ckoy.
+δωδεκα (ante θρονων) ceg.   v. 31. −του g.   +σε (post
σινιασαι) sx (σαι).   v. 32. init. καγω (−δε) y.   εδεειθην x.
εκλιπη ahlm**npqrs.   εκλιπηι.d.   εκληπη x.   εκλιπει y.
v. 34. ειπεν αυτω g.   φωνηση afghklmnqrsx.   φωνησηι d.
αλλεκτωρ d*.   ἀλεκτωρ g.   ἑως ου (pro πριν η) opx.   τρεις
es*y.   απαρνησει cxy.   απαρνισει e.   v. 35. απεστι-
λα x.   ἁτερ g.   βαλλαντιου ad**gk.   −και ὑποδηματων
bg.   ὑστερεισατε x.   ουθενος adfhq*ry.   v. 36. −ειπεν
ουν αυτοις c.   εχον x.   βαλλαντιον adgkps.   αρατο x.
πωλησει beghklmnoqrsy.   πολησει c.   πολησατω x.   αγορ-
ασει bcfhklmnoqrs.   αγωρασει ey.   αγορατω p.   αγορα-
σατο x.   v. 37. δη τελεισθηναι x.   πληρωθηναι p.   v. 38.
ειπων αυτω c.   μαχαιρε b.   v. 39. +ὁ ιησους (post εξελ-
θων) qr.   εθως x.   ορως n*.   −και secund. bck.   v. 40.
ορους (pro τοπου) y.   προσευχεσθαι ex.   δε μη εισελθητε
y.   πηρασμον x.   v. 41. απεσπαθη n.   ὡς εις g,   ὡς ἡ x
(pro ὡσει). γωνατα f.   v. 42. η βουλη cx.   παρενεγκε

cdgpx. παρενεγκαι e. παρελθειν qr. γινεσθω bdhkop.
vv. 43, 44 *obelo notantur in* d (*rubro*) o.   v. 43. −αυ-
τω y. αγλος f. +κυριου (*post* αγγελος) q*r. εξ (*pro*
απ') y. ενισχυον xy. ενισχυοντα o.   v. 44. αγονια sx
semel. και εγενετο c. −δε cd. το ιδρος c. ιδρος qxy.
καταβαινονταις x*semel.*   v. 45. −αυτου abcdfghklmnop
qrsy. ηυρεν y. κοιμουμενους x.   v. 46. λεγει (*pro* ειπεν)
g. +το λοιπον (*post* καθευδετε) f. προσευχεσθαι e. ινα
μι *et* πιρασμον x.   v. 47. −δε apy. +ὁ (*ante* οχλος) y.
προηγεν dpx. προσηρχετο f*. αυτους abdeghklmnopqrsx,
αυτοις cfy (*pro* αυτων). φιλισαι y. −και ηγγισε *ad fin.*
vers. g. *fin.* +τουτο γαρ σημειον δεδωκει (δεδωκεν y) αυτοις
ὁν αν φιλησω (φιλισω y) αυτος εστιν f** (*marg.*) hlmnsy.
v. 49. −οἱ περι p. −το εσομενον g. −αυτω g. η (*pro* ει)c.
παταξωμεν cefghqr.   v. 50. −τις cg. αφιλεν xy. +απ'
(*post* αφειλεν) g. το οὑς αυτου f.   v. 51. οτιου x.   v. 52.
−ὁ ιησους c. κυριος (*pro* ιησους) s. παραγινομενους e. προς
(*pro* επ') defglmnpqry. λιστιν x. λιστην y. εξηλθατε cx.
εξηλθετε dgpq*. *fin.* +συλλαβειν με c.   v. 53. ὁντως p.
εν τωι ιερω μεθ' ὑμων h. +και (*ante* ουκ) y. εξετινατε x.
αλλα abchklmnqry. εστιν ὑμων py. εστιν ἡ ωρα ὑμων c.
−ἡ *secund.* g.   v. 54. ηγαγον b (*sic* xxiii, 1). −και ει-
σηγαγον cg. −αυτον *secund.* aclmnpq**. την οικιαν p.
v. 55. ηκολουθη αυτω cef*. ηκολουθησεν αυτω g. ηκολου-
θη μακρωθεν x. +απο (*ante* μακροθεν) cg. +αυτων (*ante*
πυρ) cg. συγκαθησαντων bsx (συνκ. x). −εκαθητο *ad fin.*
vers. x.   v. 56. αυτων (*pro* αυτον) l. πεδισκη b. εις (*pro*
προς) c. εν μεσω (*pro* προς το φως) g. −και *prim.* oq*r.

9

ατενησασα e. αυτον (*pro αυτῳ*) x. εκει και ουτος x.
+των (*ante συν*) f.   v. 57. −αυτον prim. acgopx. τι λεγ-
εις (*pro αυτον secundum*) e.   v. 58. εφη (*pro ειπεν*)
cpx.   v. 59. −ωσει h. αλλ᾽ οστις bdfs. ισχυριζετο c.
μετ᾽ αυτον c.   v. 60. ον (*pro ὁ*) f*. −ετι c. του πετρου
(*pro αυτου*) cdgpx. −ὁ (*ante αλεκτωρ*) abcdefghklmnop
qrsx (y *non habet*).   v. 61. ιησους (*pro κυριος*) ch. ανε-
βλεψε acg. −του secund. g. ιησου (*pro κυριου*) c. +ση-
μερον (*post φωνησαι*) adfgopx. απαρνησει c. τρεις bs. *fin.*
+μη ειδεναι g.   v. 62. −ὁ πετρος acdglmnopq**. ᾽κλασεν
c.   v. 63. οἱ συνεχοντες ανδρες y. ενεπεζον bx. επαιζον
h*? αυτον (*pro αυτῳ*) y. δαιροντες lmnqr.   v. 64. −αυτον
ετυπτον p. αυτου (*pro αυτον prim.*) x. −και secund. p.
επηρωτον b. επερωτον x. −αυτον secund. p. +οἱ οχλοι
(*ante λεγοντες*) x. +ἡμιν (*post προφητευσον*) cg. της
εστιν ὁ παισσας σαι x.   v. 65. −πολλα y. αυτω (*pro εις
αυτον*) s?y.   v. 66. +ἡ (*ante ἡμερα*) s. συνιχθη e. −τε ab
eghkoqrsx(*semel*). ανιγαγον xsemel. απηγαγον lmnq**.
τον ιησουν (*pro αυτον*) gxsemel. −ἑαυτων fy. αυτων (*pro
ἑαυτων*) abcdeghklmnopqrsx.   v. 67. ειπε ἡμιν ει σοι ει c.
πιστευσειτε c.   v. 68. *init.* και εαν ερωτησω ὑμας (−δε) f.
−και dg. επερωτησω d. ερωτισω y. απολυσεται c.   v. 70.
ειπαν f. ειπον ουν (*pro δε*) gp. −ουν bs. λεγεται x.   v. 71.
−ετι x. εχωμεν χρειαν y. χριαν x. μαρτυρων cdq*r. μαρ-
τυριαν q**.

Caput XXIII. v. 1. εθνος (*pro πληθος*) ysem. ηγαγον
abefhklmnpxy. εις c, προς ysem. (*pro επι*). πηλατον b.
v. 2. +ἡμων (*post εθνος*) acdefl**pqry. κωλυοντι g. κολυ-

οντα x. φορον ep. δουναι c.   v. 3. επιρωτησεν f.   –ὁ se-
cund. x.   v. 4. εὑρεισκο x.   v. 5. ανασιει ex.   ανασειη q.
διδασκον l*x.   γαληλαιας x.   v. 6. η (pro ει) c.   –ὁ cs.
v. 7. γνους x.   ταις ἡμεραις ταυταις (–εν) f.   πασαις (pro
ταυταις) g.   v. 8. εξ ἱκανου χρονου θελων y.   +χρονου (post
ἱκανου) afgp.   ακουην x.   –γινομενον y.   v. 9. –αυτον y.
ουκ (pro ουδεν) p.   αυτον (pro αυτῳ) x.   v. 10. ευτονος x.
v. 11. –ὁ c.   εμπεξας περιβαλον x.   –αυτον secund. b*.
αυτωι (pro αυτον sec.) f.   ἐσθητα dfhk.   επεμψεν c.   –τῳ
cp.   προς πιλατον g.   v. 12. φηλοι x.   ταυτη (pro αυτη) d.
ὡρα (pro ἡμερᾳ) o.   εν αυτη τη ἡμερα ὁτε πιλατος και ἡρω-
δης c.   ὁτε ὁ πιλατος y.   –ὁ secund. ckqrsy.   μετα f.   –μετ᾽
αλληλων x.   –γαρ e.   αυτους (pro ἑαυτους) y.   v. 14. προσ-
ενεγκατε c.   διαστρεφοντα dq*ry.   αιτιον εν τω ανθρω-
πω τουτω f.   τουτο (pro τουτῳ) b.   αιτιαν y.   ὁν (pro ὡν)
x.   κατηγορειται e.   v. 15. ἡρωδεις x.   ανεπεμψε γαρ αυ-
τον προς ἡμας adgp.   αυτον (pro ὑμας) x.   –ιδου e.   +εν
(ante αυτω) cqrx.   v. 17. γαρ (pro δε) c.   ειχε κατα ἑορ-
την απολυειν αυτοις ἑνα δεσμιον cg.   +ὁν ηθελων (post δεσ-
μιον) c.   αυτοις κατ᾽ ενιαυτον ἑνα δεσμιον (–ἑορτην) r.   –αυ-
τοις q*.   ἑωρτην x.   v. 18. παμπληθη ex.   παμπληθι f.   παν
το πληθος c.   –τον abcdefghklmnopqrxy.   βαραβαν g*.
v. 19. ὁς (pro ὁστις) a.   γινομεννην h*?.   πολη x.   βεβλημε-
νον d.   +την (ante φυλακην) fk.   v. 20. απολυσε x.   v. 21.
εφωνουν g.   σταυρρωσον n*.   v. 22. ειπε δε προς αυτους
(–ὁ et τριτον) y.   τη (pro τι) x.   v. 23. αρχιεραιων x.   –και
κατισχυον ad fin. vers. y.   v. 24. απεκρινε p.   επεκριναι rx.
γενεσθε b.   αιτιμα x.   v. 25. –αυτοις bcehklmnoqrsxy.

+τον βαραββαν (ante τον δια) dfg (βαραβαν g*). εν τη
φυλακη y. −την h. ἠτουντο (vid. v. 52) h. το θεληματι be.
θεληματη x.   v. 26. απηγον cf. σιμονος b. σημωνος d. τις
(pro τινος) o. κυριναιου befl*xy. −του prim. abcdefhklmn
opqrsxy. ερχομενον dy. φερων y. οπισθε x. −του secund.
f.   v. 27. ηκολουθη qrxy. τω ιησου (pro αυτῳ) g. πολλυ
x. −και secund. cf*. αιθρηνουν e. −και εθρηνουν d.   v. 28.
ὁ ιησους ειπεν προς αυτας c. ὁ ιησους προς αυτας ειπεν y.
επ᾽ εμοι gx. κλαυσατε (pro κλαιετε secund.) x. επι τοις
τεκνοις g.   v. 29. −ιδου h. ἡμεραι ερχονται g. +αἱ (ante
ἡμεραι) y. στηραι a. αἱ κυλιαι f. αἱ κοιλιαι s. εκοιλιαι y.
μασθοι c.   v. 30. αρξωνται r. πεσατε g. πεσεται q.   v.
31. −ει xy. οι (pro ει) s. γενησεται g. γενεται p. γινεται
y. −ποιουσιν ad fin. vers. c.   v. 32. +συν τω ιησου (post
δε) e. −συν αυτῳ k. συν το ιησου ανερεθηναι xsem.   v. 33.
τοτε (pro ὁτε) y. απηλθεν e. λεγομενον (pro καλουμενον)
xsemel. ὁν μεν (pro ὁν δε) c. εξαρειστερων xsem. εξευωνυ-
μων py?. fin. +ινα ἡ γραφη πληρωθη το μετα ανομων ελο-
γισθη s**marg.   v. 34. ειπε (pro ελεγε) dp. αυτους (pro
αυτοις) y. ποιωσιν c. διαμερηζομενοι xsem. εβαλλον dfhx
semel. κληρους c.   v. 35. ἱστηκει e (ἱσ.) k. εξεμοικτηριζον
xsemel. εξεμυκτειριζον y. +αυτον (post δε) d. −και se-
cund. p. αρχονταις s. σεσωκε ap. σωσατο xsemel. ουτως
xsemel. +υἱος (ante του θεου) c.   v. 36. ενεπεζον cxy*.
αυτον (pro αυτῳ prim.) c.   v. 37. −εἰ y.   v. 38. +ἡ (ante
επιγραφη) doqrxy. −γραμμασιν f. −και secund. et tert. f.
+ιησους (post εστιν) xsemel.   v. 39. +τις (post εἰς δε) k.
κρεμμασθεντων ysem. εβλασφημη cgxsem. ysem.   αυτω

(*pro αυτον*) ckysem. αυτον (*pro σεαυτον*) xsemel.   vv. 39,
40, 41 *obelo notantur in* c *marg. rubro.*   v. 40. επετημαx
semel. ουδεν qrysem. φοβει s. −τῳysem.   v. 41. δικεως x
semel. −ὼν y*sem. απολαμβανωμεν xsemel.   v. 42. −κυ-
ριε p. −ὁταν ελθης c. ελθεις xsemel.   v. 43. −αμην λεγω
σοι ysem. εσει y.   v. 44. ὡς ἡ ὡρα c. −ὡσει y. ενατης ab
cdef**kmnopsxsem. ἑνατης h.   v. 45. εσκοτησθη x. το
καταπετασμα του ναου εσχισθη f. μεσων a.   v. 46. −φω-
νῃ b. −ὁ ιησους e. παρατιθεμαι ap. παρατιθημι cgy. παρα-
θησωμε *et* παραθησωμαι x. τουτο δε (*pro και ταυτα*) g.
τουτο p. ειπον xsem. εξεπνευσε r.   v. 48. συμπαραπορευο-
μενοι g. συμπαραγινομενοι qr. συνπαραγενομενοι y. −θεω-
ρουντες τα γενομενα x. γινομενα ks. αυτων (*pro ἑαυτων*)
chxy. ὑποστρεφων x.   v. 49. εἱστηκησαν y. μακρωθεν x.
απομακροθεν f. συνακολουθησαι b.   v. 51. συνκατατιθε-
μενος c. συγκατατεθημενος q*r. αυτων και τη πραξει e.
ὁς και αυτος προσεδεχετο (−και *semel*) aegop. −και (*post*
ὁς) dflmnqr.   v. 52. οὑτως c. −τῳ c. ἡτησατο h.   v. 53.
αυτω (*pro αυτο prim.*) b. (*pro tertio*) p. αυτου (*pro αυτο
prim. et secund.*) e. (*pro prim. et tert.*) f. (*pro secund.*) s.
−αυτο *secund.* fp. ενετυληξεν e. σινδονα f. μνημειω eg. εν
ᾡ (*pro ου*) g. ουδεις ουδεπω p. −ουδεπω d.   v. 54. −και
secund. abcdefghklmnopqrs(xy *non habent*).   v. 55. −και
prim. abcdefghklmnoqrs*. δαι αἱ γυναικες p. του ιησου
(*pro αυτου*) fg.   v. 56. ὑποστρεψασε b. −και μυρα c.
−μεν s. ἡσυχασαν d.

Caput XXIV. v. 1. Τε (*pro δε*) e (T *rubro*). βαθεως
b*cdefn*p*xy. +γυναικες (*post* ηλθον) be. μνημειον c.

v. 2. αποκεκυλεισμενον x. αποκεκοιλισμενον y.   v. 4. δια-
πορισθαι e. –και secund. y. ἡδου p. ανδρες δυο abcdefghkl
mnpqrsxy. ἐσθησεσιν dhk.   v. 5. εν φοβων x. εν φοβω y.
κληνουσων x. τα προσωπα adp. ειπε (pro ειπον) ey.   v. 6.
ἠγερθη ds. –ὑμιν h*. –ετι ων y.   v. 7. δη (pro δει) y.
(sic v. 44).   v. 9. ὑποστρεψασα e. παντα ταυτα bfhko
x. –ταυτα e. ἐνδεκα h.   v. 10. init. ην df*. –ησαν δε
ghxy. μαγδαλινη eg*y. ἡαννα s. +ἡ (ante ιακωβου) elno.
λυπαι ef. –αἱ f**ghoxy. v. 11. ἡπιστουν a.   v. 12. Jun-
git απηλθεν προς ἑαυτον p. γεγονως hy.   v. 13. εισαν b.
ἑξηκοντα h. v. 14. ωμηλουν f*. ὁμιλουν y.   v. 15. ὁμηλην
x. εγγησας x. v. 17. αντηβαλετε x. εσται σκοιθρωπο x.
v. 18. κλεωπας bcdg. –εν prim. abcdef**hklmnoqrs*xy
(g cum Elzev.). εν ταυταις ταις ἡμεραις m.   v. 19. ναζο-
ραιου b. ὡς (pro ὁς) admnqr.   v. 20. ἀρχηερεις x.   v. 21.
ελπιζωμεν c. ηλπηζομεν x. ελπιζομεν y. μελλον x. –ταυ-
την g. εγεναιτο x.   v. 22. εξ ὑμων m. εξεστισαν x. –ἡμας
y. γεναμεναι f. τω μνημειον x.   v. 23. εορακεναι beko.
v. 24. απηλθων x. –επι το μνημειον ck. ουτως adlmnqry.
οὗτος x. –αυτον δε ουκ ειδον k.   v. 26. παθην x.   v. 27.
μωυσεως p. διερμινευεν c. διερμηνευεν xy. –τα y. ἑαυτου
(pro αὐτου) abdefhklmnopq**?rx (g cum Elzev.).   v. 28.
κομην m*. προσεποιητο b. προσεποιειτω fs. πορροτερω b.
v. 29. κεκληκεν bceqr*xy.   v. 30. κατακληθηναι f*xy.
v. 32. ελαλη exy. διηνυγεν cy. fin. ἡμων τον νουν του
συνιεναι τας γραφας (–ἡμιν) c. v. 33. ἑνδεκα dh. fin. και
τοις συν αυτοις ef.   v. 34. οντος y. σιμωνη p*. v. 36. –δε
p (initio pericopes). αυτου λαλουντος g. Supra αυτων

habet των μαθητων αυτου krubro. λεγοντων αυτοις (*pro* λαλουντων) c. +και (*ante* αυτος) ehklmnoqrs. ἐστη dg. *fin.* ἡμιν s. v. 37. πτωηθεντες xy. v. 38. ἡμων (*pro* ὑμων) e. v. 39. –μου *prim.* s. ειμη x. ψηλαφισατε d. ψηλαφησετε p. v. 40. ειπον p*. ἐδειξεν acgpq*rx. v. 41. θαυμαζωντων y. v. 42. απεδωκαν y. μερους s. μελισσειου adhlmnqr*. κηριον o. v. 44. ἡμιν (*pro* ὑμιν) cdeps. ὀτη x. μωυσεως dp. μωσαιως x. μωμωσεως y. v. 45. –αυτων c. v. 46. οὑτως *bis* dlmnqry. –εκ νεκρων g. v. 47. το (*pro* τῳ) b. v. 49. αποστελῶ cky. καθησατε gy. πολη x. ἑωσσου x. v. 50. βιθανιαν b. v. 51. ανεφερε (–εις) x.

Subscriptiones. Τελος το κατα Λουκαν ευαγγελιου ae (του *pro* το e). ευαγγελιον κατα Λουκαν (το κατα Λ. ευαγ. kps) εξεδοθη (εξεδωθη δε c) μετα χρονους (χρονον p) ιε της του (–του pv) Χριστου αναληψεως ckpsv. (+κυριου ἡμων Ιησου *ante* Χριστου s). *Sic fere* lmn (*qui addunt* στιχοι βω) qr (+ἀγιου). *Nil habet* g. *Legit* d κοσμα ινδικοπλευστου εις Λουκαν παραγραφη· ιστεον ὁτι το κατα λουκαν ευαγγ. ὑπηγορευθη ὑπο Πετρου εν Ῥωμη· ἀτε δε ἱερατικου χαρακτηρος ὑπαρχοντος απο Ζαχαριου του ἱερεως θυμιωντος ηρξατο *auro.*

S. JOHANNIS EVANGELIUM.

Το κατα Ιωαννην (+ἁγιον mnqv) ευαγγελιον a (−το) lmnopqsv. ευαγγελιον κατα Ιωαννην bdghy. ευαγγελιον ἁγιον κατα Ιωαννην k. το κατα Ιωαννην ευαγγελιον ἁγιον t. *Nil nisi* κεφαλαια ef.

CAPUT I. v. 3. χωρεις x. ουδεν (*pro* ουδε ἑν) g. v. 5. κατελαβε y. v. 6. ονοματι (*pro* ονομα αυτῳ) f**. v. 7. μαρτυριον y. μαρτυρησει ce. μαρτυρισει y. μαρτηρηση t (*sic* v. 8). v. 8. μαρτυρησει c. μαρτυρισει ey. v. 9. αληθινον x. v. 12. γενεσθε y. εν τῳ ονοματι (*sic*) y. v. 13. ουδε εκ θεληματος ανδρος ουδε εκ θεληματος σαρκος e. v. 14. μονογενου x. v. 15. +ος (*ante* εμπροσθεν) y. v. 18. ἑορακε fko. ποποτε x. εν τοις κολποις y. v. 19. −του c. +προς αυτον (*post* λευιτας) cdp. ερωτισωσιν y. v. 20. ὁμολογησεν y*bis*. ὁμολογησεν (*prim.*) x. v. 21. ηρωτισαν xy. ἡλιας fkpry (*sic* v. 25). ειμη x. v. 24. φαρισσαιων d. v. 25. ηρωτισαν y. βαπτιζης c. −ουκ c. ουδε *bis* c. ουτε *bis* f. v. 26. −ὁ c. +ὑμας (*post* βαπτιζω) c. βαπτηζω x. ἑστηκεν b. v. 27. γεγωνεν x. ικανος (*pro* αξιος) c. των ὑποδηματων y. *fin.* +εκεινος ὑμας βαπτισει εν πνευματι ἁγιω και πυρι f**g. v. 28. +μεν (*post* ταυτα) d*p. βηθανια abd*efghk*oprsxy. βιθανια cl*. βιθαβαρα l**mnt (q *cum Elzev.*). εγενοντος. +ὁ (*ante* βαπτιζων) y. βαπτηζων x. v. 29. +δε (*ante* επαυριον) h. βλεπη c. ιωανης a.

–ὁ ιωαννης c*dehkopqrs. υἱος (pro αμνος) x. αιρον x.   v.

30. ειπων p*. +ὑμιν (post ειπον) y.   v. 31. ειδειν x. ιδειν y.

–τῳ secund. sx. βασταζων (pro βαπτιζων)t.   v. 32. εμαρ-

τυρισεν xy. +ὁ (ante ιωαννης) emqrx. τεθεαμε bx. κατα-

βαινων by. ὡς (pro ὡσει) bdfhkmnot. περειστεραν x.

αυτω (pro αυτον) c.   v. 33. ειδειν x. ιδειν y. ιδεις (pro ιδης)

x. καταβαινων y. μενων y. –και μενον k. βαπτηζων x.

v. 34. ἑορακα fko. μεμαρτυρικα bfy. –ὁτι t*. βαπτιζων

εν πνευματι ἁγιω (pro ὁ υἱος του θεου) y. fin.+του ζοντος c.

v. 35. –παλιν p. εἱστηκει b. ιστηκει m.   v. 37. init. –και

c. οἱ δυο μαθηται αυτου c. ἡκολουθησαν a.   v. 38. –δε fk.

–ακολουθουντας q*r.   v. 39. ἑρμηνευομμενον a. μεθερμι-

νευομενον c. μενης cxsemel. μενις xsemel.   v. 40. ερχεσθαι

xsem. +ουν (post ηλθον) c. ιδον ef. ιδων xsem. μενη cx.

–δε abcdefghklmnopqrstxy. ὡσει (pro ὡς) y.   v. 41. +δε

(post ην) s. αρδρεας c. σημωνος xsem. ιωανου l. αυτων (pro

αυτῳ) p.   v. 42. εὑρεισκη xsem. +ουν (post εὑρισκει) g.

οὑτως a*xsem. πρωτον ac. –πρωτος k. μεσιαν abcdefgh

klmnpqrstx. κυριον (pro μεσσιαν) y. –ὁ (ante Χριστος)

abcdefhklmnopqrstxy (g cum Elzev.).   v. 43. ουν (pro δε)

c. –δε deghklmnopstx. –ὁ secund. c. κληθησει cy. ἑρμη-

νευετε x.   v. 44. –τη επαυριον c. –ὁ ιησους (post ηθελη-

σεν) abc*dfk*lmnpqrt. εξελθην εις τιν xsem. εὑρεισκει x

sem. +ὁ ιησους (ante ακολουθει) abcdef*gkopq*rsxsem.

ακολουθη xsem. y.   v. 45. –ὁ bc. βιθσαιδα b.   v. 46. εὑ-

ρεισκι xsem. μωϋσης ehp. –του aclmnt. εὑρικαμεν b.   vv.

46, 47. ναζαρετ abcfgklmnop (v. 47) qrstx (at cum Elzev.

semel) y.   v. 47. init. –και g.   v. 48. init. ιδεν eq. ειδε

(pro ιδε) p. ισραηλιτης y. εισραηλιτης xsem.   v. 49. –ὁ

abdfhklmnopqrstxy. −αυτῳ e. φωνησε xsemel. φωνῖσαι
y. ιδον ep.   v. 50. ἰηλ. y.   v. 51. +ὁ (ante ιησους) cgox
sem. +ὁτι (ante ειδον) qr. ιδον ep. ὑπὸ κάτω h. μειζων
ces (cf. ii, 10 ; v, 36). μειζον τουτον xsem. οψη bekxsem.
v. 52. −και λεγει αυτῳ a. ὑμην h. απαρτι abdefghklmn
opqstxy. απαρτη c. ὁψεσθε h. οψεσθαι xsem. ανεογω-
τα xsem. αναβω ωντας ?h. −και καταβαινοντας e.

CAPUT II. v. 1. +εν (ante τη ἡμερα) q*r. γαληλαιας
x. v. 3. εχωσιν c.   v. 4. +και (ante λεγει) adep. συ (pro
σοι) begl*qrsy. ουπω ky. ἡκη c.   v. 5. −αυτου t. ὁ (pro
ὁ τι) y. εαν (pro αν) d. λεγει (pro λεγῃ) bcef*hqrsxy. v.
6. ὑδρειαι b. λιθηναι x. −λιθιναι g. κατα των x. μετριτας
befxy.   v. 7. αυτους (pro αυτοις) n*. γεμησατε ef*xy.
ὑδρειας b. ιδριας y. εγεμησαν xy.   v. 8. οἱ δε (pro και
tert.) dp. v. 9. τω ὑδωρ f. γεγεννημενον c. ἡδη y. εστι s.
ιδησαν y. −οἱ secund. p. εντληκοτες y. φωνη y. ἀρχητρι-
κλινος secund.x.   v. 10. −τον prim. p. τηθησι x. ελασ-
σων ce. +δε ac, +ουν y (post συ). ετηρηκας c. τετηρικας
y.   v. 11. ταυτην την αρχην των σημειων εποιησεν ὁ
ιησους y. των σημειων την αρχην p. σιμειων x.   v. 12. +δε
(post μετα) h. μετα τουτου s. ηλθεν (pro κατεβη) y. και
οἱ μαθηται αυτου και οἱ αδελφοι αυτου p. −και οἱ μαθηται
αυτου eq*r. v. 13. ὁ ιησους εις ἱεροσολυμα x. v. 14. −εν
τῳ ἱερῳ c. −και περιστερας d.   v. 15. φραγγελλιον dp.
φραγγελιον gt. φραγελιον x. σχυνιων ex. σχοινιου g. εξε-
βαλλεν p. −και (post βοας) t. κολυβιστων eky. ανετρεψε
qr. v. 16. περεισπερας x. πολουσιν y. ταυθα t. +και (ante
μη) chm*. ποιητε o. εμπορειου x. v. 17. −αυτου eg. +ὁτι
(ante ὁ ζηλος) t. −του οικου g. καταφαγεται abdefg**hkl

mnopqrstx(cg*cum Elzev.)   v.18. −ουνe. δικνοιειςx. υμιν
mqr.   v. 19. −ο̕ abdefhklmnopqrstxy.   v. 20. ου̕τος y.
v. 22. εγερθηκ. απο (pro εκ) c. +των (ante νεκρων) cm*.
ελεγε (−αυτοις) abcefghklmnoqrstx. ελεγον (−αυτοις)y.
ο̕ (pro ω̕) y.   v. 23. +τοις (ante ιεροσολυμοις) abcdefghk
lmnopqrst. ιεροσωλοιμοις c. εν το πασχα q. −εν τω̕
πασχα c. +και (post πασχα) e. −αυτου secund. q*r.   v.
24. επιστευσεν f*p. α̕παντας c. παντα dgq*r.   v. 25.
μαρτυρησει cde.   περι αυτου (pro περι του) f*. −αυτος
γαρ ad fin. vers. s* (habet margo).

CAPUT III. v. 1. ανθρωπος τις ην y.   v. 2. αυτον (pro
τον ιησουν) abcdekopqr.   τοιαυτα (pro ταυτα τα)g. σι-
μεια x. −η̑ a*. ει (pro η̑) besy.   v. 3. −ο̕ ahlmnpq*stxy.
−και ειπεν αυτω̕ e.   −αμην αμην λεγω σοι d.   +ο̕τι (ante
εαν) a.   δυνατε k.   v. 4. −ο̕ aflmnpt. νικοδιμος x. +ο̕ (ante
ανθρωπος) c. −δευτερον y.   v. 5. αποκριθεις δε ο̕ ιησους
ειπεν αυτω c. −ο̕ adeghklmnopsty. +και ειπεν αυτω (ante
αμην) op. υ̕μιν (pro σοι) y. των ουρανων (pro του θεου) c.
v. 6. γεγεννημενον bis abcdefghklmnptxy (q cum Elzev.).
v. 7. θαυμασεις ey.   v. 8. θεληςcx. πνηc. η (pro και se-
cund.)c. υ̕παγη c. −ου̕τως ad fin. vers. c.   v. 10. −ο̕
prim. abdefghklmnoqrstxy.   v. 11. −ο̕ secund. y. εορα-
καμεν efk.   v. 12. ουκ επιστευσατε (pro ου πιστευετε)
f*g. −υ̕μιν secund. g. fin. πιστευσειτε c. πιστευσητε
bdefkqsxy.   v. 14. μωϋσης e. οφηνx. ου̕τος x sem. δη
(pro δει) y.   v. 15. πιστευον x sem. απολειται c. απωλει-
ται e. απωληται fpqs*ysem. εχει bcefkoqrsxy.   v. 16.
ου̕τως adlmnqrtxy. −γαρ y (initio pericopes). μονογεννη
g. πιστευον px. απολειται c. απωληται fs*ysem. εχει bc

efsxy.   v. 17. κρινει cey. −ινα κρινη τον κοσμον ty*sem.
fin. +αλλ' ινα σωσει τον κοσμον ysem.   v. 18. πιστευον
prim. x. κεκρηται q. −ο δε μη πιστευων ηδη κεκριται t.
πιστευκεν (pro πεπιστευκεν) x.   v. 19. −αυτη δε usque ad
κοσμον y. −το prim. c. αυτων πονηρα cp.   v. 20. πρασ-
σουν f. ερχετε x. ελεχθη y. αυτου τα εργα ahpr.   fin. +οτι
πονηρα εστιν cs**.   v.21. ποιουν x. −την d*. ερχετε x. +τω
(ante θεω) m*q*rsy. εισιν c. εργασμενα cy. εργασμεναι t.
v. 22. −μετα ταυτα e. −ο hkp. εβαπτηζεν x.   v. 23. −και
prim. g. βαπτηζων x. ενων g*. −του p. σαλημ aceghkl
mnoq*txy. ην εκει υδατα πολλα p. παρεγενοντο defq*r.
εβαπτηζοντο x.   v. 24. −την gp. −ο p. ιωανης y.   v. 25.
Ιουδαιου abcdefhklmnoqrstxy(gp cum Elzev.).   v.26.−τον
s. −ραββι c. ον(pro ω̣)y. μεμαρτυρικας by. βαπτηζη x.
v. 27. λαμβανην cx. αφ' εαυτου ουδε εν (pro ουδεν) c. ει
(pro η̣) sy. δεδωμενον y.   v. 28. −μοι abcdf**ghky. μαρ-
τυρητε x. +οτι (ante ουκ) s.   v. 29. εστηκος p. πεπλη-
ρωτε x.   v. 30. δε (pro δει) p. αυξανην x. εμεν (pro εμε)
c.   v. 31. −ο ων εκ της γης ad fin. vers. c. λαλη x. fin.
εστι almnqrst.   v. 32. −ο̈ o. εορακεν efko. +ο̈ (ante ηκου-
σεν) c. μαρτυρη x. λαμβανη h.   v. 33. λαμβανον (pro
λαβων) c. εσφραγησεν a. αληθεις y.   v. 34. −το πνευμα
h*?   v. 36. +την (ante ζωην secund.) afghlmnqrst. μενει̃
ghklmnqrst.

Caput IV. v. 1. ιησους (pro κυριος) clmnt. −ο κυριος
q**. −ιησους c. −και βαπτιζει g. −η̣ f*. ο (pro η̣) c.
v. 2. αυτος ο ιησους c. αυτος ιησους p. εβαπτηζον l*?.   v.
3. +γην (post Ιουδαιαν) dekq*rs. απτηλθεν t. απηλθεν
(−παλιν) abcdefghklmnopqrst (xy non habent).   v. 5.

ερχεται ὁ ιησους y. ερχετε x. +ὁ ιησους (post ουν) c rubro
ef rubro gk**rubro qr. πολην x. σαμαριας x. συχαρ abc
defghklmnopqrstxy. ὡ f, οὐ clmnt (pro ὁ). v. 6. δε
(pro ουν) bf*. καικοπιακος x. ὁδοιπορειας p. ὁδυπτοριας x.
ουτος (pro ουτως) ex. εν (pro επι) l. επη x. πιγη (se-
cund.) e. επι τη γη (pro επι τη πηγη) t. ὡς (pro ὡσει)
b. v. 7. σαμαριας x. +και (ante λεγει) c. fin. +ὑδωρ c.
v. 8. απεληλυθησαν bfl*sx. −εσαν g. −ασιν c. αγωρα-
σωσι dl*. v. 9. σαμαρειτης eg. σαμαρητις x. σοι (pro
συ) b. v. 10. +ὁ (ante ιησους) c. ιδης c. δορεαν f. ἡτη-
σας h. ητισας xy. ητεισας αυτω c. αυτων a. −αν secund. c.
v. 11. ουτε h. −ουν c. v. 12. +τουτο (post φρεαρ) c. v. 13.
−ὁ prim. abdefghklmnopqrstxy. v. 14. πιεῖ x. διψησει
bdep. +εγω (ante δωσω secund.) c. δοσω secund. e. πιγη e.
ἀλλομενου aqry. ἀλομενου d. v. 15. ερχομε x. ερχομαι b?
cdefgq*rsty. v. 16. σου τον ανδρα g. v. 17. +αυτω
(post ειπεν) bcfgxy. καλος x. v. 18. εστην (pro εστι) x.
αληθως t. v. 20. εν τω ορει τουτω abcdefhklmnopqrst
xy. (ὁρει p. τουτο bx). v. 21. +ουν (post λεγει) eq*r.
πιστευσον μοι γυναι g. ὁτι (pro ὁτε) txy. τουτο x. προσ-
κυνησητε e. προσκυνησεσθε p. v. 22. ὑμεις (pro ἡμεις) m*.
εστι s**. v. 23. αληθηνοι x. προσκυνησαντας p*. v. 24.
+εστιν (post πνευμα) e. +ἃ (ante δει) c. v. 25. μεσειας
c. μεσιας adefghklmnpqrstxy. αναγγειλει c. v. 27. επι
τουτο ex. εθαυμαζον p. λαλει (pro ελαλει) t. +και (ante
ουδεις) k. v. 28. ὑδρειαν b. πολην x. v. 29. ειδετε c.
ιδεται e. v. 30. −ουν abcdfhlmnptx. v. 31. εν δε το f
xy. ἡρωτον x. +αυτου (post μαθηται) acelmnqst. v. 32.

ἡμεῖς t.   v. 34. –ὁ ιησους g. –ὁ l*. ποιησω p.   v. 35. ουχ g.
λεγεται e. –ετι almot. τετραμηνος bcdefghklmnoqrstxy
(cum Elzev. p). επαρετε x. θεασασθαι p. χορας y*. fin. ειδη
x.   v. 36. σπιρον x. χαιρει bdefhkm*q*rstx.   v. 37. Deest
in q* (habet marg.) rt. εν γαρ τουτο h. εστιν ὁ λογος p.
–ὁ secund. ab. αλιθινος f*. σπειρον x.   v. 38. απεστιλα x.
απεστειλαν f*? αλλ' (pro ὁ) c. καικοπιακαται x.   καικο-
πιακασι x. αυτον εισεληλυθαται x.   v. 39. πολεος x. –εις
αυτον p. σαμαριτων x. μαρτυρουσεις x.   v. 40. ἡρωτον x.
εμεινε παρ' αυτοις (–εκει) g.   v. 41. πλιους x.   v. 42. δε
(pro τε) cg. ουκετη x. σιν (pro σην) ex. πιστευωμεν h.
+και εγνωκαμεν (post οιδαμεν) p. –αληθως g. –ὁ secund.
g.   v. 43. ταυτας (pro τας) b*? –ἡμερας c.   v. 44. –ὁ
ιησους t. –ὁ abcefp. εμαρτυρισεν f*.   v. 45. εδεξατο c.
ἑορακωτες cf. ἑορακοτες ek.   v. 46. –ουν b*m. Transfert
c ὁ ιησους in locum post γαλιλαιας. –παλιν e. παλιν ὁ
ιησους abdfghklnopqrst. εισθενη x. εις (pro εν) ct.   v. 47.
οὑτως c. +ὁ (ante ιησους) cy. Transfert y ιησους in locum
post γαλιλαιαν. εικει x. +ει (post ἡκει) c. ιασεται b. ιασει-
ται x. τον υιον αυτου p. εμελλε cefhkopqrsx. αποθνη-
σκην x.   v. 48. ειπεν ουν usque ad αυτον rubro c. αυτους
d. ειδητε x.   v. 49. Deest int. βασιλισκος y. καταβηθη b.
αποθανει y.   v. 50. –ὁ ιησους prim. c. επιστευσε δε (–και)
s. ὁ (pro ᾧ) y. +ὁ (ante ιησους secund.) abcdefghlmnop
qrstxy. επορευετω p* x.   v. 51. ὑπηντησαν py. ανηγγειλαν
p. υιος (pro παις) adps.   v. 52. επυνθανετο b. εποιθετο
y. την ὡραν παρ' αυτων p. ἑβδομην b.   v. 53. +ιαθη (post
ὡρα) st. +ταυτα (post ιησους) g. –και (prim.?) y. –και

επιστευσεν *ad fin. vers.* c. ει (*pro* ἡ *ante* οικια) b. −ὁλη g.
v. 54. +δε (*post* τουτο) gs. παλην x. εις την γαλιλαιαν
ελθων εκ της ιουδαιας g.

CAPUT V. v. 1. +δε (*post* μετα) bdqr. +ἡ (*ante* ἑορτη)
adef**hmnpqr. −ὁ afp. v. 2. προβατηκη x. ἑβραϊστη
bef*k*sy. βιθεσδα g. βηθαισδα x. βηθεσδαν y. v. 3.
κεινησιν b. v. 4. *Obelo notatur in* dk *primá manu.* +κυ-
ριου (*post* γαρ) acdp. καταβαινεν g*. εταρασσετο abdef
kpqx. εταρασε h. −μετα t*. εγεινετο c. εγενετο bqrtxy.
κατηχετο bfy. κατιχετο x. νοσσηματι y. v. 5. *init.* +και
c. +και (*ante* οκτω) abdef**gkopqrsx. *fin.* +αυτου s.
v. 6. πολλυνx. χρονον ηδη p. θελης bcd*f*. v. 7. −κυριε
f*. +ναι (*ante* κυριε) cf**g. βαλη abdfghklmnoprstxy.
βαλλει c. βαλει e. ερχωμαι c. ερχομε x. vv. 8, 9, 10,
11, 12. κραβαττον abcdfhko (*nisi forte legendum* τγ : *vid.*
Mc. ii, 12) px : *at* κραβατον c *in* vv. 9, 10, 11 ; f* *in* v. 11;
κραββατον x *in* v. 12. v. 8. εγειρε befgkox. σου τον
κραββατον σου y. περιπατη (*sic* vv. 9, 11, 12) b. v. 9.
σαβατον x. v. 10. −ουν b. εστι adprs**. +και (*ante* ουκ)
abpqr. *fin.*+σου p. v. 11. *init.* +ὁ δε py. v. 12. −ουν p.
+και (*ante* τις) f. ειπον b. αρων b. v. 13. ηδη l*. ειδη x.
ιδει y. οντως ey. v. 14. λεγει (*post* ειπεν) ce. ιδου b.
μηκετη x. χειρων h*. −σοι f*. σοι τι cf**hkoxy. γενητε
x. v. 15. +ουν (*post* απηλθεν) as. απηγγειλε ox. ανηγ-
γειλαι q. ανηγγελε y. ειπεν (*pro* ανηγγ.) s. v. 16. ταυτα
(*pro* τουτο) d. οἱ ιουδαιοι τον ιησουν s. +οἱ ιουδαιοι (*ante*
αποκτειναι) t*. *fin.* +τα ιαματα cg. v. 18. −αυτον c.
v. 19. −ουν y. −ο ιησους c. λεγει (*pro* ειπεν) p. δυνατε y.

αφ᾿ εαυτου ποιειν p. ποιην x. −τι c. βλεπει bcdef*pqrsx
y. −αν a. ποιει (pro ποιη) bdef*hqstxy. −ὰ γαρ αν εκεινος
ad fin. vers. c.   v. 20. μηζωνα x. μειζωνα y. δειξη ce. −αυ-
τῳ secund. c. θαυμαζειται c. θαυμαζεται e. θαυμαζετε y.
v. 21. −ὁ πατηρ p. εγειρη ce. ουτως alty. ουτος d*. −ὁ
secund. y*. θελη bcx.   v. 22. κρινη c. πασαν την κρισιν t*.
v. 24. πιστευον x semel. το πεμψαντι b. προς (pro εις se-
cund.) t.   v. 25. εστι s**. ακουσοντε b. ζησωνται c.   v.
26. ουτως δεδωκε y.   v. 27. ποιην x.   v. 28. θαυμαζητε d.
ακουσωνται c. ακουσοντε x. τῖς (pro της) p.   v. 29. εκπο-
ρευσωνται c. ποιεισαντες x.   v. 30. δυναμε x. ποιειν εγω t.
ποιην x. ζητωι c. −πατρος hop.   v. 31. +γαρ (post εαν)
gt. αληθεις (sic v. 32) y.   v. 32. αληθινη s. +αυτου (post
μαρτυρια) y. μαρτυρι x.   v. 33. ἡμεις t. μεμαρτυρικε y.
v. 34. Transfert y ου in locum post μαρτυριαν. ιωαννου (pro
ανθρωπου) s.   v. 35. +δε (post εκεινος) y. καιομαινος s. κευ-
μενος x. φαινον b. φενων y. προς ωραν αγαλλ. chs. αγαλ-
λιαθηναι a**bcdefghklmnopqrsxy. φωτη x.   v. 36. μει-
ζων cy. −του y. δεδωκε esxy. τελιωσω x. πληρωσω (pro
τελειωσω) qr. −εγω secund. st*. μαρτυρη x. απεστειλε
cgx.   v. 37. μεμαρτυρικε y. ουτε bis y. πωποτε ακηκοατε
p. ποποτε bx. εορακατε efk.   v. 38. μου (pro αυτου) y.
εν ὑμιν μενοντα y. ἡμιν t*. απεστιλεν x. τουτο px, του-
τον y (pro τουτῳ).   v. 39. −αιωνιον ag.   v. 40. θελεται
x. ελθην x. εχειται cx.   v. 41. ανθρωπου p.   v. 42.
εχεται c.   v. 43. ληψεσθαι ex. λειψεσθε y.   v. 44. δυ-
νασθαι e. ανθρωπων (pro αλληλων) mnt. λαμβανωντες x.
v. 45. −εγω py. ὑμας (pro ὑμων) bis c. ὑμιν (pro ὑμων

prim.) sy. μωϋσης ep. ηλπικατε υμεις p. ημεις t.   v. 46.
επιστευσατε *bis* y: (*pro* επιστευετε *secund.*) o. μωσει af*
hlmnoqrt. μωϋση e. μωϋσει p. περι εμου γαρ lmnt.   v. 47.
γραμμασι μη (*pro* ου) t. πιστευεται e, πιστευειτε x (*pro*
πιστευετε). πιστευσεται c, πιστευετε t, πιστευσητε eks
y, πιστευσειτε x (*pro* πιστευσετε).

CAPUT VI. v. 1. −της Γαλιλαιας y.   v. 2. ηκουλουθη e.
ηκολουθη xy. πολλυς x. ετηρων (*pro* εωρων) c? −αυτου
ep.   v. 3. −εκει g. εκαθητο εκει q*r.   v. 4. *Obelo notatur*
rubro in marg. c.   v. 5. −ουν ad*y. δε (*pro* ουν) p. τους
οφθαλμους ο ιησους hop. +αυτου (*post* οφθαλμους) d**y.
πολλυς f*x. αγορασωμεν cefgkpqrstx.   v. 6. ηδη q. ημελ-
λε bcdlmnst. ημελλεν f. ημελε x.   v. 7. διναριων x. αυ-
τους (*pro* αυτοις) c. λαβει f*?   v. 9. ωδε παιδαριον (−εν)
c. ος (*pro* ο) bdy. κριθηνους bx. +τους (*ante* κριθινους) y.
τι εστιν ταυτα d*.   v. 10. αναπεσιν (*pro* -ειν) x. +και
(*ante* ανεπεσαν) c. ανεπεσαν bcfhx. αναπεσον y. −ουν
bcfghkx. δε (*pro* ουν) s. −οι y. +ανθρωποι (*ante* ανδρες)
ap. αρηθμον x.   v. 11. δεδωκε apq*r. εδωκε g. −τοις
μαθηταις οι δε μαθηται p. +τοις οχλοις (*ante* τοις ανακει-
μενοις) d. οσων f*.   v. 12. επλησθησαν s. συναγαγεται e.
περισσευοντα g. των κλασματων glmnt. κλασματων q**.
απολειται c. απωληται fq*s*.   v. 13. εγεμησαν f*x. κω-
φινους k. +πληρης (*post* κοφινους) p. κριθηνων x. ων (*pro*
α) d. περιεσευσεν f. περισσευσε t.   v. 14. −ουν ysem.
init. peric. ιδοντες οι ανθρωποι ysem. ειδοτες ct*. ειδοντες
f*. σημειον εποιησεν g. −οτι h. επι (*pro* εις) ysem.   v.
15. +οι οχλοι (*post* μελλουσιν) y. προερχεσθαι c. αναρ-

10

παζειν p. ἀρπαζην x. ἀρπαζει o. ποιεισωσιν x. −παλιν
abcefghkoq*rsx (ανεχωρησε tamen aq*). −αυτος μονος
d. v. 17. ἠρχοντο d. +εις το (ante περαν) y. οις (pro
εις secund.) p. καφαρναουμ y. σκοτει p. ηδι x. εγεν-
ετο (pro εγεγονει) y. εληλυθη l*y. +εις το πλοιον (ante
ὁ ιησους) p, (post ιησους) do. v. 18. διεγειρετο s*t. v.
19. στασιους εικοσιπεντε t. +και (post ἢ) b. γενομενον cg
ho*sy. −και secund. c. v. 20. φοβησθαι c. φοβησθε r.
v. 21. λαβην x. εγενετο το πλοιον y. −εις ἠν ὑπηγον c.
ὑπειγον s. ὑπιγον x. v. 22. −ὁ secund. c. ἑστηκως d.
ἑστηκος x. ιδεν y? αλλο πλοιαριον d. ειμι f. −εκεινο y.
ανεβησαν s. −ὁτι secund. y. συνηλθεν bs. συνησειλθε e.
συνησηλθεν f*. −ὁ ιησους cy. −εις secund. d*. πλοιον (pro
πλοιαριον secund.) py. εν τω πλοιαριω c. απηλθον οἱ μα-
θηται αυτου y. v. 23. ηλθον gy. +της (ante τιβεριαδος) g.
τηβεριαδος x. οὑ (pro ὁπου) y. ιησου (pro κυριου) o. αυτου
(pro του κυριου) p. v. 24. ιδεν egpy. −ουκ t*. οἱ δε (pro
ουδε οἱ) g. ανεβησαν st. −και prim. abcdefghklmnopqrt
xy. αυτον (pro τον ιησουν) ap. v. 26. −και ειπεν y.
ιδετε defhopxy. εκ των αρτον t. v. 27. εργαζεσθαι ex.
απολυμενην ey. −την βρωσιν secund. f**g. δωσει ὑμιν x
semel. ἡμιν k. τουτο (pro τουτον) ysemel. −ὁ πατηρ t.
εσφραγησεν abexysemel. v. 28. ποιουμεν hqr. εργαζο-
μεθα bcersx. v. 29. −απεκριθη usque ad θεου c. −απε-
κριθη usque ad αυτοις b*. −ὁ ab**defhklnop*qrstxy. πι-
στευοντες y. πιστευσειτε cx. πιστευσηται e. πιστευητε g.
εις ὃ c. v. 30. −ουν g. ποιης c. −συ cgmq*r. ειδομεν s.
ιδοντες και πιστευσομεν (cf. v. 29) y. πιστευσομεν c. εργα-

ζει by.   v. 31. εφαγον το μαννα p. καθ᾽ ὡς k.   v. 32,
λεγο f*. μωυσης εδωκεν p. εδωκεν c. ἡμιν (secund.) e. −εκ
του ουρανου prim. ch. −αλλ᾽ usque ad ουρανου b*e. διδοσιν
n. αληθηνον x.   v. 33. καταβαινον sxy. διδους ζωην p.
v. 34. τουτον τον αρτον t.   v. 35. ειπεν ουν (pro δε) ce.
πεινασει adpy. πινασει e. πιναση k. διψησει cdepy.   v.
36. −και prim. g. εορακατε ef**k.   v. 37. εμε bis k. με
bis p. ἡξη c. εκβαλλω es.   v. 38. −το θελημα prim. y*.
fin. +πατρος cg.   vv. 38, 39. −το θελημα του usque ad
τουτο δε εστι b* (habet marg.).   v. 39. −τουτο usque ad
πατρος g. απωλεσω t. αλλ᾽ adfs. αυτον (pro αυτο) befxy.
αυτον αναστησω s. −εν befghkqr.   v. 40. −δε y init. pe-
ric. γαρ (pro δε) aops. +πατρος (post με) bxy. πιστευον
x. εχει bcef*qxy. +εν (ante τη εσχατη) ahoqr.   v. 41.
+και ελεγον (ante οτι) t*.   +της ζωης (post αρτος) c. ὁ
εκ του ουρανου καταβας st.   v. 42. −ιησους bchq*r. −ὁ
s*.   +ἡ (post ιωσηφ) x**. −ουτος secund. ct.   v. 43. −ουν
p.   v. 44. δυνατε gy. εμε (pro με prim.) g. −ὁ πατηρ qr.
+εν (ante τη εσχατη) acdefghklmnopqrs**txy.   v. 45.
−του prim. abdefghklmnopqrst**. τω θεω c. ακουον c.
ακουων abdefghklmnqrst. +μου (post πατρος) s.   v. 46.
ωτι f*. εορακεν ef**k*. ειμι f. το θεου b. αυτος (pro
ουτος) g. εορακε ek.   v. 49. ἡμων m*.   v. 50. ἀρτο p.
καταβας c. καταβαινον xy. καταβαιννων t. φαγει c.   v.
51. −τις c. ζησετε a. −δε t. −ἡν εγω δωσω ad fin. vers. e.
−του (ante κοσμου) s.   v. 52. οἱ ιουδαιοι προς αλληλους
bg. −προς αλληλους s. δυνατε f*. ἡμιν ουτος t. την σαρκα
δουναι p.   v. 53. −αμην semel h. πιετε g.   v. 54. τρωγον

x. εχη k*. καγωρ. +εν (ante τη εσχατη) adgpst.   v. 55.
−γαρ e. αληθης bis. ag**ps.   v. 56. τρογων x.   πινον x.
μενη b.   v. 57. απεσταλκε s. τρογων x. ζησει p.   v. 58.
ο καταβας εκ του ουρανου a. ημων e. μου (προτουτον) f. +μου
(post τρωγων) aglmnt. ζησει afkoqr.   v. 59. διδασκον
x.   v. 60. ο λογος ουτος op. δυνατε g. ακουην x.   v. 61.
ιδως y.   v. 62. θεωρειτε dehqrstxy. μενοντα (pro ανα-
βαινοντα) t. πρωτερον m*.   v. 63. −το secund.?p. +γαρ
(ante σαρξ) s. οφελει r. λελαληκα ημιν p.   v. 64. πιστευ-
σουσιν t. ηδη q. ειδη x. εξαρχης beflot. fin. εαυτον e.
v. 65. δεδωμενον fy.   v. 66. των μαθητων αυτου απηλθον
pt. +εκ (post απηλθον) x. αυτου x. −αυτου prim. f*. ουκ
ετι dhk.   v. 68. −ουν aep. −αυτω q*r. απελευσωμεθα
fkx.   v. 69. εγνωκαμεν και πεπιστευκαμεν e. −και εγ-
νωκαμεν a. −του ζωντος hx. −του secund. p*.   v. 70.
init. +και f. −ο ιησους bdefhklmnqrt.   v. 71. −δε t.
σημωνος p*. εμελλεν aefgklmnpqrt. εμελλε παραδιδοναι
αυτον o. παραδιδωναι f*. −εκ d.

Caput VII. v. 1. και μετα ταυτα περιεπατει ο ιησους
p. περιεπατη bex. −μετα ταυτα y. οτε (pro οτι) e.
αποκτηναι x.   v. 2. εωρτη x*.   v. 3. μεταβηθη x. −σου
secund. klmnq**s. +συ s, +αυτος g (ante ποιεις).   v. 4.
−ουδεις usque ad ποιει f*. τι εν κρυπτω pt.   v. 6. παρ-
εστι s**. ετιμος t.   v. 7. μησιν (pro μισειν) x. −οτι prim.
y*.   v. 8. −ταυτην prim. ab**p. −εγω usque ad ταυ-
την b*. ουκ (pro ουπω) p.   v. 9. −δε apt. ειπον x. αυτος
(pro αυτοις) apt. γαληλαια x.   v. 10. αυτου x. τοτε εις
την εορτην και αυτος ανεβη apt. φανερος x.   v. 12. πολ-

λυς x. +γαρ (post οἱ μεν) ο. –δε ab (hiat c in hoc capite)
defghklmnopqrstxy. ουχι dpt. v. 13. παρρησιαν p. ελα-
λη y. δια των φοβον f. v. 14. ηδει h. –ηδη x. –ηδη δε y
initio peric. v. 15. οιδε γραμματα s. v. 16. +ουν (post
απεκριθη) abdefhklmnopqrs**xy. –αυτοις ps*. v. 17.
–αυτου d*. ποιην x. γνωσετε x. προτερον p**. v. 18.
ζητη x. δοξαν αυτου (pro δοξ. του) f*. v. 19. μωυσης p.
v. 20. Deest in y. απεκριθησαν οἱ ιουδαιοι και ειπον αυτω
pt. v. 21. –ὁ abdefghklmnoqrstxy. v. 22. μωϋσης dp.
περιτεμνεται gx. ανθρωπος gs. v. 23. +ὁ (ante ανθρω-
πος) p. μωϋσεως pt. εποιεισα x. v. 24. μη κρινεται e.
v. 25. ελεγων x. –ουν f. ἱεροσολυμητων bex. αποκτηναι
x. v. 26. –και prim. g. λαλη x. –αληθως prim. d. se-
cund. p. αρχιερεις (pro αρχοντες) g. v. 27. οἰδαμεν h.
εστι prim. s**. –ὁ δε χριστος ad fin. vers. b*. ερχηται a
b**defhklmnopqrs(txy cum Elzev. ερχεται). ελθη g. v.
28. εκραζεν e (ζ rubro) s. αληθηνος x. fin. οιδαται x.
v. 29. –δε abdefhklmnoqrsxy. v. 30. πιασε x. ουπω
ks. εληλυθη bs. εληλυθεν gy. v. 31. εκ του οχλου ουν
πολλοι (–δε) pt. μη (pro μητι) pq**r. τουτων σημεια ds.
–τουτων hlmnopq**t. εποιησε ο. v. 32. +ουν (post
ηκουσαν) eg**pqr. οἱ αρχιερεις και οἱ φαρισαιοι apt. οἱ
ἱερεις και οἱ φαρ. s. ὑπηρετας (ἡπηρετας k*) οἱ φαρισαιοι
και οἱ αρχιερεις bdefghklmnoqr. v. 33. –αυτοις abd
efghklmnopqrst. v. 34. ζητησατε t*. –ζητησετε με
q*r. δυνασθαι f*. v. 35. εὑρησωμεν s*? v. 36. ὁ λο-
γος οὑτος p. δυνασθαι ef*. v. 37. –εν δε y. εἱστηκει ο.
v. 38. πιστευον x. ῥευσουσιν abdefghklmnopqrstx. ποτ-

αμοι ρευσονται εκ της κοιλιας αυτου ζωντος (–ύδατος)
y.   v. 39. ὸ (pro οὖ) bl. ημελλον bflmnqsy. ήμελλον x.
η (pro ην) y.   –ὁ (ante ιησους) abdefhklmnopqrstxy.
v. 40. των λογων def**hopx.   +τουτον q*r,   +αυτου
dpt (ante ελεγον). ελεγων x.   vv. 40, 41. –οὐτος εστιν
αληθως ὁ προφητης usque ad αλλοι δε ελεγον g*y.   v.
41. +δε (post αλλοι prim.) h.   +αληθως (ante ὁ χριστος) x.
–δε abdefg**hklmnopqrx.   v. 42. –ὁτι gt. δαϋιδ bis o.
βηθλεεν x. ὁπου d.   v. 43. τοις οχλοις d.   v. 44. –τινες
usque ad πιασαι αυτον y*.   εξ αυτων ηθελον s.   πιασε x.
v. 45. ὑπηρετε b.   φαρισσαιους x.   προς αυτους (pro αυ-
τοις) y.   v. 46. απεκρυθησαν t.   ουδεις (pro ουδεποτε) g.
οὑτως ειδομεν τινα λαλησαντα (pro ελαλησεν ανθρωπος)
y*.   v. 47. πεπλανεισθε x.   v. 48. αρχοντον?h.   v. 49.
–ὁ (secundum?) e*.   v. 50. προς αυτους νικοδημος d.   –ὁ
ελθων t*.   προς αυτον νυκτος p.   τον ιησουν (pro αυτον) y.
–εἰς ων εξ αυτων g.   v. 51. –ήμων s*.   κρινη bkx. ακουσει
ey.   πρωτον pt.   ποιη gqr.   v. 52. αυτω και ειπον y.   σοι
(pro συ) x.   εγειρεται aeko.   εγειγερται f*px.   εγειργερ-
ται h.   [v. 53. επορευθησαν fv.   απηλθεν delmnqrs.

Pericope de adultera. Cap. VII. 53—VIII. 11. *Habent
sine ullâ suspicionis notâ:* c (*ut videtur*) defgh*opqrst.
Omnino omittunt a*bxy (*quamvis in mediâ pericope*).
Obelo notant klmn.   *In marg.* a *habet* ζητησον κεφ. εις
τελος του βιβλιου *ubi legitur manu recenti, et parum ac-
curatâ.   In marg.* c. VII. v. 53 h *citat* c. VIII. v. 12 *ma-
nu secundâ.   In* t κεφαλαια *non leguntur.   In* q *desunt sec-
tiones Ammonianæ: in magine* εις τας ἑορτας πελαγιου

μοναχου αιγυπτιου ευδοκιας και θεοδωρου, rubro. του
ζητ^ʊ μ^δ. a**.

Caput VIII. v. 1. *init.* και ὁ ιησους (–δε) deqrs.
επορευετο eks. *fin.* +μονος f.   v. 2. ορθρου βαθεως παλιν
παρεγενετο (–δε) c. παλιν βαθευς (βαθεως ef) ηλθεν ὁ
ιησους εις το ἱερον defs. επορευετο εις q**. οχλος (*pro*
λαος) k. –προς αυτον acgp. αυτοις c, αυτον k (*pro* αυ-
τους). v. 3. –δε g. –προς αυτον ef*kq*rsv*. εν μυχια c.
επι (*pro* εν) defhklmnoqrsv(gp *cum Elzev.*). κατειλλημενην
f. καταλειφθεισαν a. καταλειφθησαν c. καταληφθεισαν
egpt. +τω (*ante* μεσω) dest.   v. 4. ειπον (*pro* λεγουσιν)
deq*r. +πειραζοντες (*ante* διδασκαλε) acf**ghopt. κατε-
λειφθη acf**t. κατεληφθη gp. ειληπται f*hko. επαυτο-
φορω acgkpt. επαυτοφορως f. *Post* διδασκαλε *sic legitur
in* delmnqrsv : ταυτην εὑρομεν επαυτοφορω (επαυτοφωρω
l*mn, επαυτοφωρως e) μοιχευομενην.   v. 5. +ἡμων (*post*
νομω) def*klmnqrsv. μωϋσης defpq*. –μωσης t. ενετειλ-
ατο ἡμιν fs. –ἡμιν deklmnqrv. ὑμιν p. λιθαζειν defkq*
rsv. *fin.* +περι αυτης defhkl**oq*rsv. v. 6. ειπον (*pro*
ελεγον) fk. εκπειραζοντες k. –αυτον ho. αυτῶ (*pro* αυ-
τον) c. σχωσι kv. κατηγοριαν κατ᾽ αυτου defklmnqrsv.
–αυτου t. –ιησους e. κυμψας c. κατεγραφεν acg. *fin.*
+μη προσποιουμενος acdfghlmnopqtv. +προσποιουμενος
r?.   v. 7. επερωτωντες defq*rtv. –αυτον g. ανακυμψας c.
αναβλεψας eq*rsv. ειπεν αυτοις (–προς) ef*kq*rs. –ὑμων
f*. –τον v. πρωτον (πρωτος hko) επ᾽ αυτην (+τον a)
λιθον βαλετω (βαλλετο a, βαλαιτω c)achko. πρωτος
(+τον q**) λιθον βαλετω (βαλλετω df*) επ᾽ αυτην defq*

rs. επ᾽ αυτην τον λιθον gp. επ᾽ αυτην πρωτος τον λιθον βαλετω t.   v. 8. –κατω k.   κυμψας c.   κυψας κατω f.
v. 9. –και ὑπο της συνειδησεως ελεγχομενοι ekq.   απο (pro ὑπο) s.   ελεχομενοι v.   +ἑνος ἑκαστου τας ἁμαρτιας αυτων (post ελεγχομενοι) s**.   καθεις lmnoqr.   +δε (post αρξαμενοι) e.   –ἑως των εσχατων acghkopt.   κατελ ηφθη av.   ὁ ιησους μονος efkq*r.   ουσα (pro ἑστωσα) acdefghk lmnopqrstv.   v. 10. +ειδεν αυτην και ειπεν e (ιδεν) qr (post ιησους).   –και μηδενα θεασαμενος πλην της γυναικος ef*kqr.   –αυτη eqr.   –ἡ γυνη acdglmnpt.   γυναι (–ἡ) efhkoqrsv.   –εκεινοι οἱ κατηγοροι σου ek.   –εκεινοι fhqrv.   –οἱ κατηγοροι σου f*.   v. 11. –αυτη acgpt.   κρινω c.   κρινῶ af**gpt.   –και c.   +απο του νυν (ante μηκετι) def* hklmnoqrsv].

CAPUT VIII. v. 12. αυτοις ὁ ιησους abdefghlmnopt xy.   –ὁ ιησους c.   αυτοις ελαλησεν ὁ ιησους k.   ελαλησεν ὁ ιησους (–αυτοις) s.   ελαλησεν αυτοις λεγων q*r.   αυτοις λεγων ελαλησεν q**.   περιπατηση abdfghklmnqrxx(2)y. σκοτεια gy.   v. 13. μαρτυρεις; dk.   v. 14. +ὁ (ante ιησους) c.   καγω (pro καν εγω) c.   οιδον ποθεν ηλθα t. –ὑμεις δε ad fin. vers. bef*hkxx(2)y.   –δε f**pst.   η που (pro και που secund.) dlmn**opqrt.   v. 15. +δε (post εγω) c.   v. 16. εαν δε κρινω (–και) g.   κρισης x.   αληθεις x δικαια (pro αληθης) c.   v. 17. –δε g.   v. 18. ειμη x. μαρτυρι x.   v. 19. –ουν t*.   –ὁ ιησους x(2).   –ὁ abdefhkl mnopqrtxy.   ουτε ybis.   ειδητε bis e.   ηδητε prim. x(2), secund. g.   bis m*.   fin. οιδατε αν t.   –αν r.   v. 20. +ἁ (ante ελαλησεν) e.   –τῳ prim. y*.   γαζοφυλακειω fy.   γαζοφυ-

λαικιω x. ουπω εληλυθεν y. εληλυθη x. v. 21. μοι (pro
με) e. +και ουχ ευρησετε (post με) r. v. 22. Deest in
x(2). +ὁτι (ante ὁπου) cx. δυνασθαι e. v. 23. −εστε
secund. y. v. 24. αποθανισθε prim. x. −γαρ k. −εαν
γαρ μη ad fin. vers. g. πιστευσειτε c. ειμη p. αποθαν-
εισθαι e. v. 25. −ουν t*. −ὁ h*. ὁτι ab. v. 26. +και
(ante λαλειν) q*r. ἠκουσα (sic v. 40) h. λαλω (pro
λεγω) aopqrt. v. 27. +δε (ante ὁτι) fg. αυτου (pro
αυτοις) ghkr. v. 28. ὑψωσηται x. ποιω d, λεγω g
(pro λαλω). v. 32. γνωσεσθαι x. v. 33. +και ειπον
(post απεκριθησαν) lmnqty. ποποτε x. +και (ante πως)
d. ουν (pro συ) h. γενησθαι c. v. 34. απεκρυθη (sic
v. 54, passim) t. ποιὸν x. v. 35. μενη secund. x. −ὁ
υἱος μενει εις τον αιωνα b*t. v. 36. −ὁ υἱος c. ἡμας
ελευθερωσει e. εσεσθαι x. v. 37. +του (ante αβρααμ) f.
v. 38. ἑορακα ek. −ουν c. νυν (pro ουν) g. ἁ ηκουσατε
(pro ὁ ἑωρακατε) dp. ἑορακατε ef**k. παρα το secund.
x. παρα του πατρος secund. dp. ποιητε c. v. 39. −του
prim.?f. τω (pro του prim.) y. −αν abcehklmnq**xy.
v. 40. αποκτηναι x. ὡς (pro ὁς)f*. ἡ ηκουσα (pro ἡν ηκ.)y.
πατρος (pro θεου)b. v. 41. ποιητε y. ὑμεις (pro ἡμεις) y.
πορνιας ax. γεγενημεθα f*px. γεννημεθα t. v. 42. −ουν
aceghkop. ἡμων (pro ὑμων) cy. ηγαπαται x. αλλα ck.
απεστηλεν x. v. 43. ουκ εγινωσκετε e. γινοσκετε x.
ακουην x. των λογων των εμων dy. v. 44. +του (ante
πατρος prim.) abcdefghkmnptx. +ὑμων (post πατρος
prim.) bd**. ποιην x. απαρχης abeklot. οὑχ ἑστηκεν g.
αληθεια ουκ εστιν fk. λαλει (pro λαλῃ) cdef*qry. ιου-

δαιων (*pro ιδιων*) x.   λαλη (*pro* λαλει) bc.   v. 45. ὁ (*pro*
ὁτι) c.   v. 46. ελεγχη cx.   –δε gp.   +την (*ante* αλη-
θειαν) c.   –ὑμεις g.   v. 47. τα ῥημα e.   δια τι (*pro* δια
τουτο) g.   ακουεται x.   v. 48. –ουν b. ιουδαιοι h. λεγοντες
(*pro* και ε. ον αυτῳ) c. καλος x. ελεγομεν g. σαμαρειτις e.
v. 49. +ὁ (*ante* ιησους) c.   v. 50. ζητον x.   –και y.   +ὁ
(*ante* κρινων) y.   v. 51. –τον λογον y. μου (*pro* τον εμον)
ep. τηρησει e. θεωρησει cdx*semel*. θεορηση x*semel*.   v. 52.
τηρησει ce.   γευσηται abdhklmnopqrtxy.   γευσητε ef.
v. 53. +και (*post* μη) t.   μειζον b.   η (*pro* εἰ) x.   –και οι
προφηται απεθανον g. ποιεις συ d. –συ *secund.* afghpq*r.
v. 54. +ὁ (*ante* ιησους) c.   +και ειπεν (*post* ιησους) b. ἡμων
(*pro* ὑμων) acdefghklmnoptxy.   v. 55. ου γνωκατε y.
–εγω δε οιδα αυτον g. ψεστης x. αλ' ck.   v. 56. ἠγαλ-
ιασατο x. ιδεν ep, ιδε q (*pro* ειδε).   v. 57. +αυτω
(*post* ουν) c (–προς αυτον?). ουδαιοι p. ουπω h. ἑορακας
ef**k.   v. 58. *init.* +και d. ειπε δε g. +ουν (*post* ειπεν)
hpqrty.   –ὁ e*.   –αμην *semel* e.   v. 59. βαλλωσιν c.
εκριβη y. δε (*pro* δια) t. παρειγεν οὗτος x. (*Deficit* s *a*
cap. VIII. *v.* 14).

CAPUT IX. v. 1. –και y (*init. peric.*). παραγον cx. +ὁ
ιησους (*ante* ειδεν) cef**rubro gk**rubro y. ιδεν e. γεννε-
της b. γενητης cx. γεννητης fho. γεννητοις egy.   v. 2.
ἠρωτισαν y. –λεγοντες y. γενηθη c.   v. 3. απεκρυθη t
passim. –ὁ abdefhklmnopqrtxy. +ἱνα τυφλος γεννηθη
(*ante* αλλ') y.   v. 4. δη (*pro* δει) xy.   –τα εργα ad fin.
vers. b*(*habet marg.*).   v. 5. ὡι d. ὡ k. ειμη x.   v. 6.
επεχρησε be. πιλον *secund.* dx.   –τον πηλον y.   v. 7.

νιψε l. −την κολυμβηθραν c. σιλοαμ y. λεγεται (pro ἑρ-
μηνευεται) p. ενηψατο x.   v. 8. γιτονες ex. θεορουντες x.
το προτον x.   προσετων x.   v. 9. −ὁτι prim. a.   εκεινος
(pro οὑτος) y.   αλλοι ελεγον (pro αλλοι δε) g.   −δε t.   −ὁτι
secund. y.   αυτου (pro αυτῳ) c.   +δε (post εκεινος) axy. fin.
ειμιν p.   v. 10. ηνεωχθησαν cefkx(ἠνεωχ.)y.   σου (pro
σοι) bcdefghklmnpqrtxy.   v. 11. επεχρησεν bx.   εχρισε
p.   ὑπαγε νιψαι εις (−και) p.   σηλωαμ x.   σιλοαμ y.
−δε f.   v. 12. −ουν t.   v. 13. φαρισσαιους x.   το (pro
τον) c.   τυφλων x.   v. 14. εποιησε τον πηλον m*.
ανεοξεν x.   v. 15. ηρωτησαν dfgx.   ηρωτισαν y.   −και
prim. gy.   επεθηκε (επεθηκεν cey) μου επι τους οφθαλ-
μους abcdefghklmnopqrtxy.   v. 16. φαρισσαιων x.   εστιν
εκ (pro παρα) y.   −του agpx.   ανθρωπος ἁμαρτωλος δυ-
ναται y.   v. 17. init. λεγουσιν ουν lmnq**t.   περι σεαυ-
του y.   ανεωξε p.   ηνεωξε qr.   ἠνεωξε y.   v. 18. −ουν by.
−περι αυτου c.   ἑωσὁτου lq.   v. 19. ηρωτων d.   αυτων
(pro αυτους) d.   ἡμων e.   ὁ (pro ὁν) e.   ελεγετε fk.   v. 20.
+δε (post απεκριθησαν) abcdefghklmnqrtxy.   −αυτοις
bey.   ὑμων k*.   v. 21. ερωτισατε y.   +τα (ante περι) y.
περι ἑαυτου abcdefhklmnop**qrtx.   v. 22. ηδει eqr.   συν-
ετιθοντο f.   συνετιθεντο ky.   συνετεθηντο x.   −αυτον y.
ὁμολογησει by.   ὁμολογεισῃ x.   ὁμολογησει αυτον c.   ὁμο-
λογησῃ αυτον p.   v. 23. ερωτισατε y.   v. 24. οὑτος ὁ ανθρω-
πος q*.   v. 25. −ουν aehpx.   −και ειπεν p.   v. 26. ουν (pro
δε) p.   εποιεισεν x.   σου (pro σοι) c.   −τι εποιησε σοι y.
ηνυξεν c.   ανεωξεν dy.   ανεωξε lmnpt.   v. 27. +ουν (post
ειπον) k.   επιστευσατε ac, (ου) πιστευετε y (pro ηκου-

σατε). μαθηται αυτου bcfgkpq*ry. v. 28. ελοιδωρησαν bty. ελοιδορεισαν x. −ουν abcdefghklmnopqrtx. γαρ t, μεν y (pro δε). μωσεος x.   v. 29. μωσει abdf**hlmnoqrtx. λελακεν x.   v. 30. εν γαρ τουτο em*q*y.   v. 31. ἁμαρτωλον b*cego. θεοσεβεις px.   ει (pro ἡ) y.   ποιει bef*hoxy. τουτον c.   v. 32. ηνυξεν c.   ηνεωξε t.   γεγενημενου c. v. 33. η (pro ει) x.   εδυνατο aop.   ειδυνατο x.   ποιην x. v. 34. απεκρηθησαν h. ἁμαρτειαις h. εγενηθεις x. εγενηθης f**.   ὁλως lmnq**.   ανομιαις συ ὁλως εγεννηθης y.   v. 35. init. ἡκουσεν δε e. −ηκουσεν usque ad εξω t. εὑρον x*.   v. 36. +αυτω (post ειπεν) c.   +και (ante τις) abcdefghklmnopqrtxy.   v. 37. ἑορακας ef**k.   λαλον x. v. 38. προεκυνησεν y. αυτον (pro αυτῳ) e.   v. 39. +αυτω (post ειπεν) t. γενονται bc.   v. 40. ὑμεις (pro ἡμεις) eqx. v. 41. init. +και q*r.   +δε fgk,   +ουν y (post ειπεν. ειπε g). ηιτε d. ειτε e. −αν dp. ειχεται c. ηχετε e. λεγεται c. ἡμων (pro ὑμων) b. μενη bc.

CAPUT X. v. 1. ὑμην f*. αλα αναβαινον xsem. λιστης xsem.   v. 3. τουτο (pro τουτῳ) bexsem. ανοιγη c. −καλει t. καλη x. κατα ονομα c. κατονομα l. εξαγη h. v. 4. +δε (post ὁτ᾽ἀν) d*p(−και p). εκβαλλη abehlmn qrt. εκβαλει c. +της φωνης αυτου ακουει (post και τα προβατα) t*. αϙολουθη xsem. ὑδασιν b. οιδε g.   v. 5. ακολουθησουσιν dfp. ακολουθησωσι o. ακολουθησασιν y. v. 6. τηνα (pro τινα) xsem. ελαλη bx. fin. +ὁ ιησους c. v. 7. αυτοις παλιν op. −ὁτι agp.   v. 8. Deest in p*. −προ εμου cefhkoqrxy. ηλθων xsem. ηλθον προ εμου abdglmnp**t. ησαν (pro εισι) g.   v. 9. −εγω ειμι ἡ

θυρα p. ειμη x 8emel. −και εξελευσεται l*. v. 10. κλεψει
xy. θυσει em*xy. απολεσει exy. fin. εχωσι k. v. 11. −ὁ
quartum l. ὁ ποιμην ὁ καλος ter t. τηθησιν x. v. 12.
αφειησι y. fin. −τα προβατα p. v. 13. μεισθωτος prim-
um x. μελλει adefhpqy. v. 14. γινωσκωμε x. v. 15.
γινοσκει p. v. 16. δη (pro δει) y. ακουσωσιν bc. ἀκου-
σωσι e. ακουσωσι qty. v. 18. τηθημι x. −παλιν b.
v. 18. εμαυτου (pro εμου) a. θηναι eglx. −θειναι αυτην
και εξουσιαν εχω y. −και εξουσιαν εχω παλιν λαβειν
αυτην e* (hab. marg.). λαβην x. v. 19. εγενετο παλ-
ιν c. v. 20. πωλλοι p. πολλει x. μενεται ahx. ακου-
εται ef*. ακεετε y*. v. 21. δαιμονιων g. v. 22. −τοις
abcdefghklmnopqrtxy. v. 23. −εν τῳ ἱερῳ f. −του
acdefghklmnoqrx(p cum Elzev.). σολομονος b. σολομωνος
defghklmnqrtx. v. 24. εερεις (pro αιρεις) y. v. 25.
αυτω (pro αυτοις) y. ουκ επιστευσατε g. v. 26. αλλα
c. πιστευεται f. ὑμων (pro εμων) p. v. 27. ἀκολουθου-
σιν e (cf. v. 16). v. 28. διδομι exy. οὐ μι x. απολλονται
c. απολοντε x. απολουνται y. απωλωνται fqr. απω-
λονται pt. ουκ ἁρπασει b. ἁρπαση gq. v. 29. εδωκεν c.
δεδωκεν μοι την εξουσιαν y. μειζω f. +αυτα (post ἁρπα-
ζειν) df*? v. 30. +μου (post πατηρ) g. v. 31. −παλιν
f*p*xy. βαλωσιν επ᾽ (pro λιθασωσιν) y. v. 32. εργα
καλα cp. ποιων (pro ποιον) be. εργων (pro εργον) bf*txy.
εργον αυτων g. v. 33. −λεγοντες p. λιθαζωμεν m*.
αλα περι βλασφημειας x. −συ acpry. σου (pro συ) x.
ἑαυτον (pro σεαυτον) hy. v. 34. ειπον bh*?x. v. 35. η
(pro ει) o. v. 36. ἡγιασεν e. −ὑμεις p. ειπεν c. −του c.

v. 38. πιστευετε c, πιστευειτε x (*pro* πιστευητε). –τοις
εργοις πιστευσατε c. +μου (*post* εργοις) d. πιστευετε p,
πιστευσητε y (*pro* πιστευσατε). γνω p. ὁ πατηρ εν εμοι
p. και εγω g.   v. 39. –ουν abdefk. αυτον παλιν p. πια-
σαι αυτον clmnt.   v. 40. –παλιν o. βαπτιζων το πρω-
τον ap (–το p). –το πρωτον co*?.   v. 41. εποιησεν ση-
μειον fp (εποιησε p). –δε d.   v. 42. εκει πολλοι a. εις αυ-
τον εκει cp.

Caput XI. v. 1. –ασθενων b. βιθανιας b.   v. 2. θρηξ-
ιν e. ἑαυτης bdglmnt.   v. 3. προς αυτον αἱ αδελφαι c.
+αυτου (*post* αδελφαι) gqr. –προς αυτον g. –ιδε g.   v. 4.
–του θεου *secundum* f*.   v. 6. –εν c. ἡμερας δυο p.   v. 7.
επιτα x. –μετα τουτο b*. +αυτου (*post* μαθηταις) acdop.
πολιν (*pro* παλιν) y.   v. 8. +αυτου (*post* μαθηται) e. λι-
θασε b.   v. 9. –ὁ abcdghlmnopqrtx. δυο (*pro* δωδεκα) c.
ὡραι εισι achlmnopq**txy. ὡραι εισιν bd. περιπατει dh
l*m*xy. προσκοπτη x.   v. 10. περιπατει dpy.   v. 11.
απερχομαι (*pro* πορευομαι) c. εξυπνησω hoptx.   v. 12.
+αυτω (*post* ουν) d**op. –αυτου op.   v. 13. –αυτου c.
περη *secund.* x.   v. 14. –αυτοις h.   v. 15. πιστευσηται
dt. ημιν (*pro* ημην) x. αλλα abdfklmnopqrtxy.   v. 16.
λεγωμενος x. ἀποθανομεν x. συν αυτω (*pro* μετ᾽ αυτου) cp.
v. 17. ηδη ἡμερας c. εχωντα x.   v. 18. βιθανια b. δεκ-
απεντα b. δεκαπεντες y.   v. 19. εληλυθησαν bl*p*x
(εληλυθοισαν p**). εληλυθεσαν g. εληλυθασιν c. εις (*pro*
προς) t. παραμυθησονται bckty.   v. 20. –ὁ abcdfgklmn
opqrtxy (*hiant* he). αυτον (*pro* αυτῳ) b.   v. 21. –ἡ abfg
klmnqrtxy. κυριον (*pro* ιησουν) y. ὡιδε d. τεθνηκει c. απε-

θανεν p. v. 22. αιτησει rx. −σοι y. v. 24. +η̇ (ante μαρθα)
cdopy.   v. 25. +δε cy, +ουν q (post ειπεν). αποθανει
bx. −καν αποθανη usque ad εις εμε v. 26, g. v. 26. πισ-
τευον x. αποθανει by. v. 27. −ναι κυριε c. πιστευω
(pro πεπιστευκα) ct. +του ζωντος (post θεου) g. v. 28.
−ο̇ c. φωνη x. φωνησαι (pro φωνει σε) t*?y. v. 29.
εικουσεν x, ερχετε x. v. 30. εληλυθη bxy. −ο̇ o. −η̇
c. v. 31. οἱ ουν οἱ ιουδαιοι ty. −οἱ secund. cy. υ̇παγη
n*?. κλαυσει r. v. 32. επι (pro εις) y. αυτου εις τους
ποδας acdeglmnopqrtx. και λεγει (pro λεγουσα) y. −αυ-
τῳ f. v. 33. init. ω̇ς ουν ειδεν (−ιησους) c. ιδεν py. ενε-
βρημησατο ex. ενεββριμησαντο y*. το πνευματι x.
fin. αυτον y. v. 34. τεθηκατε f*xy. v. 37. ελεγον (pro
ειπον) dp. εδυνατο acop. η̇δυνατω b. η̇δυντο y. +μη
(post ἱνα) y. αποθανει b. v. 38. παλην x. εμβριμωσα-
μενος t. επανω (pro επ') c. −επ' f. fin. αυτον x. v. 39.
+αυτοις (post λεγει) y. αυτου (pro αυτω) q*?. η̇δει οζη
e. v. 40. πιστευεις e*. πιστευσεις e**p*y. οψη befkm*?
x. v. 41. ο̇που (pro ου̇) c. τεθνηκος kq*x. −ο̇ τεθνη-
κως κειμενος cp. +αυτου εις τον ουρανον (ante ανω) dpqr
(−αυτου dpq**). v. 42. η̇δην e. ιδην y. απεστιλας x,
v. 43. δευρω x. v. 44. τεθνηκος x. δεδεμενοις l*. τας
χειρας και τους ποδας act. κηριαις efk*xy. οψης b. fin.
ευ̇παγην x. v. 45. −οἱ hp. ο̇σα (pro α̇) d. Transfert
y επιστευσαν εις αυτον a fine versûs in locum post ιουδαι-
ων. v. 46. ο̇σα (pro α̇) lmnpt. v. 47. −ουν y (initio
pericopes). +κατα του ιησου (post συνεδριον) by. ποιωμεν
g. ο̇ ανθρωπος ου̇τος e. v. 48. ου̇τως abdlmnqrty. ου̇τος

ex. πιστευσωσιν bcdxy. ελευσωνται cx. αρουσι b*. —και
tertium op.   v. 49. —ων y.   v. 50. διαλογιζεσθαι x. ὑμιν
(pro ἡμιν) eftxy. αποθανει y. απολειται ey. απωληται f*.
v. 51. αλλ᾽ df. αρχιερεων y. επροφητευσεν a. προεφυ-
τευσεν y. εμελεν k. ημελλεν y. —ὁ bcdefghkopqrx.
ὑπερ του εθνους αποθνησκειν y.   v. 52. διασκορπισμενα
t. συναγη t. συναγαγει y. —εις y.   v. 54. ουκετι k.
επεριεπατει y. αλλ᾽ dfp. —εκειθεν efk. επι (pro εις prim.)
p. —αὐτου hk.   v. 56. ὑμιν δοκει lmnt. ελθοι qr.   v. 57.
δεδωκεσαν g. —και prim. apq*r. —οἱ secund. p. ἱνα (pro
ὁπως) c.

Caput XII. v. 1. ὁ ιησους rubro super ηλθεν k**.
εις dubium f*. βιθανιαν be. fin. +ὁ ιησους cp.   v. 2.
ανακειμενων abcdefhkl**mnopqrtxy(g cum Elzev.). +συν
(ante αυτω secund.) abcdehklmnopqrtxy (non ita fg).
v. 3. λητραν x. ἠλειψε g. ειληψε x. τους ποδας αυτου
ταις θριξιν αυτης c.   v. 4. —ιουδας c. σιμων cfy. +ὁ
(ante ισκαρ.) cgy. ισκαριοτης y. αυτων (pro αυτον) x.
v. 5. διναριων xy.   v. 6. ὁτη x. εμελλεν acdefhl*opqrty.
γλωσοκομον y.   v. 7. τετηρικεν y. fin. αυτω b.   v. 9.
πολυς οχλος t. πολλυς e. πολλοις x. —εκ prim. y. ηλθεν
f*. ηλθων x.   v. 10. ουν (pro δε) a. αποκτηνωσιν x.   v.
11. δι᾽ αυτων x. αυτον (pro τον ιησουν) ac.   v. 12. επαρ-
ιον p*. πολλυς x. ιησους ερχεται q. —ὁ ιησους y. —ὁ
secund. bcdfghkopqrx.   v. 13. ελαβων x. συναντησιν a.
ἀπαντησιν d. απαντησιν glmnpty. αυτου (pro αυτῳ) fo.
ελεγον (pro εκραζον) ax. +λεγοντες (post εκραζον) p.
ὡσἀννα efghlmp. —ὁ secund. abcdefghklmnoqrtxy.   v. 14.

εκαθησεν abexy. επ᾽ αυτω af*lmntx.   v. 15. +σοι (post
ερχεται) q*r. πολου (pro πωλον) y.   v. 16. −αλλ᾽ οτε
εδοξασθη ὁ ιησους e. ὁταν g, ὁτι t (pro οτε). −ὁ bdf**
hopx. −επ᾽ αυτῳ y. v. 17. εμαρτυρι xsemel. ὁ οχλος bis
k*t. −ὁ ων t. ὁτε (pro ὁτι) bcdefghklmnopqrtxy. v. 18.
−και bc. ηκουσαν agpx. αυτον τουτο y. αυτο e, αυτων
xsem (pro αυτον). πεποιηκενε xsem.   v. 19. init. συμ-
βουλιον εποιησαν οἱ φαρισαιοι κατα c (+του ιησου και
ελεγον προς ἑαυτους c in margine). δε (pro ουν) g. φαρι-
σεοι xsemel. ελεγων (pro ειπον) xsem. προς αυτους g. θεο-
ρειτε c. θεορητε xsem. ωφελειται ao. οφελειτε xy. ὁπισω
d. −οπισω t.   v. 20. −τινες xsemel. ἑλληνες et ἑλλινες y.
−εκ e. αναβαινωντων y. τι (pro τη) xsemel.   v. 21. βιθ-
σαϊδα b. ἠρωτησαν x. ἠρωτισαν ysem. θελωμεν y.   v. 22.
ερχετε xsem. φιλιππος και ανδρεας ysem. −λεγουσι g.
v. 23. −αυτοις e.   v. 24. κοκος h*xsemel. πεσον xsem.
αποθανει bis bf*gy. μενη b. −αυτος μονος μενει εαν δε
αποθανῃ t. v. 25. φειλον xsem. απολεση h. απωλεσει t*.
μησων xsem. απολεσας (pro μισων) ysem. τουτο (pro του-
τῳ) bxsemel.   v. 26. διακονει bis aexsem.y: secundum qr.
τις διακονῃ pxsem. (−νει x). ακολουθητω ntxy. ειμη
xsemel. εστε xsemel, εστω dtxsem.ysem. (pro εσται).
−και (ante εαν secund.) xsemel. τιμισει f*xsem.   v. 27.
−με d. v. 28. +ἀγιε (post πατερ) dg** rubro op. των
ουρανων g. v. 29. −ὁ secundum exsem. ἑστηκως pysem.
ἑστικος xsemel. ελεγον (pro ελεγε) g. βροντη y*semel.
γεγονενε xsem. γεγωνεναι ysem. v. 30. −ὁ ahlmnoqrty.
ἡ φωνη αὑτη r. γεγωνεν ysem.   v. 31. κρισης xsemel.

11

−τουτου *prim.* gp. αρχον x. εκβληθησετε xsemel.   v. 32.
+δε (*post* καγω) ysem.   v. 33. σημενον xsemel. σημαινον
ysem. εμελλεν adefkopqry. ήμελεν x. αποθνισκειν *et* −ησ-
κην x.   v. 34. +ουν (*post* απεκριθη) exsem. −αυτω xsem.
λεγεις συ d. −ότι *secund.* abefhklmnoqrxsem. y. δη yse-
mel, δι xsem. (*pro* δει). −τις εστιν *ad fin. vers.* gysem.   v.
35. −ουν a. −μεθ᾽ ὑμων εστι περιπατειτε ἑως το φως p.
+εστιν (*ante* ἑως) f*. εν αυτω (*pro* ἑως το φως εχετε) xse-
mel. ίνα μι xsem.   +ή (*ante* σκοτια) doxsemel. σκοτεια b
m*ysem. καταλαβει xsemel ysem. περιπατον xsem. εν τη
σκοτεια ysem.   v. 36. ὡς (*pro* ἑως) o. περιπατειτε ἑως
(*pro* πιστευετε εις) ysemel. γεννησθε e. γενησθαι xsem.
v. 37. σημεια αυτου ysem. πεποιεικοτος xsem. επιστευ-
σαν adq*r. −εις g.   v. 38. −του προφητου ysem. ὃ (*pro*
ὃν) e. τι (*pro* τη) xsem. ὑμων (*pro* ήμων) xsem. βραχιον
xsem. y. τινη xsem.   v. 39. εδυναντο ado. ηδυνατο e*.
ειδυναντο xsem.   v. 40. τετυφλοκεν bxsem. −τους οφ-
θαλμους και πεπωρωκεν αυτων p*. πεποροκεν xsem. πε-
πορρωκεν ysem. επιρωσεν p**. τη καρδια συνωσιν (*pro*
νοησωσι) p. επιστρεψωσι ep. επιστρεψουσιν xsemel. ια-
σομαι bdeopy. ιασωμε x.   v. 41. ότι (*pro* ότε) c. ιδε fy
semel.   v. 42. αρχωντων xsem. φαρισσαιους xsem. ὁμο-
λογουν xsem. y. γινονται c. γενονται xsem. y.   v. 43.
ειπερ f*y.   v. 44. εκεκραξεν c. εκραζε (ζ *rubro*) f. πι-
στευον x (*sic* v. 46).   v. 45. *Deest in* cey. θεορι xsem.
αποστειλαντα (*pro* πεμψαντα) dxsem.   v. 46. ελιλυθα x.
fin. μηνει x.   v. 47. ακουσει y. −μη cg. πιστευσει cey.
απαλλαξει (*pro* μη πιστευση) x.   v. 48. ἀθετον. λαμ-

βανον. εχι x. κρινη (*pro* κρινει) cx.   v. 49. ὁ (*pro* ὁτι) x.
−εγω b. μοι (*pro* με) h. δεδωκε emx.   v. 50. εγω λαλω
ex. ειπε (*pro* ειρηκε) g. +μου (*post* πατηρ) d. οὑτως ab
dlmnqr. οὑτος (*pro* οὑτω) tx.

Caput XIII. v. 1. +δε (*post* ειδως) b. οτη x. ηλθεν
(*pro* εληλυθεν) aepx. ἡ ὡρα αυτου e.   v. 2. −ηδη p.
−ιουδα x. ἱν᾽ c. καρδιαν ιουδα παραδω αυτον ιουδας σιμω-
νος εισκαριουτου (*sic*) e.   v. 3. *init.* +και g. ιδως f.
+δε (*post* ειδως) k** *rubro* xsemel.   v. 4. τηθησι xsemel.
v. 5. βαλει e*. εβαλεν g. νηπτηρα h. λεντιο xsemel,
το λεντιω xsemel. ὁ (*pro* ᾧ) by.   v. 6. νιπτης xsem.   v.
7. +ὁ (*ante* ιησους) d. απεκριθη αυτω ὁ ιησους (−και ειπεν)
y. −και ειπεν αυτῳ h. γνωσει hn*xsem. y.   v. 8. +δε
(*post* λεγει) y. +ὁ (*ante* πετρος) cegqry. νηψεις c. νιψεις
dfty. μου τους ποδας e. −αυτῳ *secund.* xsemel. −ὁ (*ante*
ιησους) gxsemel.   v. 9. −πετρος c. −μου cg. την κεφαλην
και τας χειρας μου c.   v. 10. χριαν εχη x. −ἦ c. νιψασθε
xsem. ὁλως b.   v. 11. ηδη f*l*qy. παραδιδουντα fxy.
v. 12. ενιψεν ὁ ιησους τους ποδας των μαθητων αυτου b.
ενηψεν xsemel. των μαθητων (*pro* αυτων) dfkqr. −και
(*ante* ελαβε) y. +και (*ante* αναπεσων) y. αναπεσον xsemel.
v. 13. φωνητε xsemel. ὁ κυριος και ὁ διδασκαλος cfg. κα-
λος hx.   v. 14. αλλιλων xsem.   v. 15. ὑποδιγμα xsemel.
−γαρ c. δεδωκα dlmnptxy. −εγω flmnt. ποιω (*pro* εποι-
ησα) d. −ὑμιν *secund.* a. *fin.* ποιειτε dfghknpxsem. y.   v.
17. εσται x. ποιειτε xy. ταυτα (*pro* αυτα) cy.   v. 18.
ὑμιν (*pro* ὑμων) m*. +γαρ (*post* εγω) adpqr. μου (*pro*
μετ᾽ εμου) b. −τον c. πτερνα (*pro* την πτερναν) g.   v.

19. απαρτι adfhklopqt. −προ του γενεσθαι g. πιστευ-
σηται l.   v. 20. λαμβανων secund. bis scriptum t.   v. 22.
δε (pro ουν) mnt. −ουν q**. προς (pro εις) lmnt.   v. 23.
−δε f. +εκ (post εἰς) ad. −του f*k. εν τω κολπω του
ιησου εἰς εκ των μαθητων αυτου p.   v. 24. ανευει p. του-
το b, αυτω p (pro τουτῳ).   v. 25. αναπεσων p. +οὑτως
(post εκεινος) abcfgh(οὑτος)koq*r.   fin. +ὁ παραδιδους
σε c.   v. 26. απεκρινατο b. εμβαψας (pro βαψας) dp.
v. 27. ποιης c. ταχειον fh*.   v. 28. συνανακειμενων q*r.
προς τινα c**. ειπον t.   v. 29. δε (pro γαρ) t. +ὁ (ante
ειχεν) c. −ὁ (ante ιουδας) gt. αγωρασον t.   v. 30. εξηλθε
(pro -εν) et −ην δε usque ad εξηλθε v. 31. g.   Jungunt
ην δε νυξ ὁτε εξηλθε (−ουν) abcfklmnopqrt.   v. 31. −ουν
tantum dh. −ὁ prim. bh.   v. 32. −ει ὁ θεος εδοξασθη
εν αυτῳ co. δοξαση (pro δοξασει prim.) y. δοξασω (pro
δοξασει secund.) y.   v. 33. +χρονον (post μικρον) by.
ζητεισετε r. ζητησατε y. εγω ὑπαγω agopqr.   v. 34.
διδομι y. −καθως ηγαπησα ad fin. vers. d. −ἰνα secund.
p. ἡμεις (pro ὑμεις) t.   v. 35. εχετε bfgy.   v. 36. +εγω
(ante ὑπαγω) dflmnpqrt.   v. 37. −ὁ bcdfghklmnopqrt.
νυν ακολουθησαι (−αρτι) d.   v. 38. −αυτῳ a. −ὁ a. μου
(pro σου) t. φωνηση afghklmnqrt. ἑωσοῦ l. απαρνησει cy.
τρεις c.   (Hic ἀλεκτωρ g, contra morem).

Caput XIV. v. 1. παρασεσθω ntysem.   v. 2. οικεια y.
semel. πολλαι μοναι g. εισι y. +ὁτι (ante πορευομαι)
dp. πορευομε j. ἑτοιμασε j.   v. 3. ἑτοιμασαι (pro και ἑτοι-
μασω) cgpqrxy. −και secund. d**fhko. τοπον υμιν fjp.
ερχομε j. παραλημψομε j. παραλειψομαι y. ειμη p.

+εκει (*post* εγω) ad. ὑμις j. ειτε (*pro* ητε) y.   v. 4. –εγω
ag. ὑπαγω εγω cysem. –και την ὁδον οιδατε c.   v. 5.
+ὁ (*ante* Θωμας) c. ὑπαγις j. δυνομεθα j.   v. 6. ειμει j.
αληθια j. ουδις j.   v. 7. εγνωκητε *bis* y. απαρτι abdf
hklpqty. γινωσκεται j.   –και ἑωρακατε αυτον d. ἑορα-
κατε c. εορακετε j. ἑορακατε f**k.   v. 8. διξον j. *fin.*
ὑμιν ysem.   v. 9. απεκριθη (*pro* λεγει) j. ειμει j. ἑορακως
cf**k. ἑορακεν cf**k. εωρακεν j. σοι (*pro* συ) j. διξον j.
ὑμιν (*pro* ἡμιν) ysem.   v. 10. εστιν fjpx. –εστι ysem.
λεγω (*pro* λαλω *prim.*) j. αφεμαυτου j. μενον bx.   v. 11.
εν εμοι; h. –εστιν acdfghklmnopqrtx*bis* y*bis.*   v. 12.
πιστευον x. –εις ysem. ἁ ποιω εγω g. ποιῆση *prim.* c.
μειζωνα af*y. ποιειση *secund.* xsemel. πορευωμε c.   v. 13.
αιτισητε y**semel. αιτησειτε ysemel. +και (*ante* τουτο) c.
ποιησει (*pro* ποιησω) ysem. δοξασθει ysemel.   vv. 13, 14.
–τουτο ποιησω *usque ad* εν τῳ ονοματι μου q* (*hab. marg.*).
v. 14. τη (*pro* τι) xsem. –τι ysemel. αιτισειται c. αιτη-
σειτε ysemel: *at* ει τι αν αιτισητε ysemel. +με (*post* αιτη-
σητε) bcfhkysem. ποιεισω xsem.   v. 15. –εμας y*semel. τι-
ρησητε ysemel, *at* τηρησητε *semel.*   v. 16. καγω f. ερωτισω
y. δοσει xsem. μεθ᾽ ὑμων μενει ysemel. μενει qry.   v. 17.
δυνατε k. αυτω *prim.* f*:*secund.* xsemel: *tert.* xsemel. –ουδε
γινωσκει αυτο cysemel. γινωσκη xsem. –δε a. γινεσκετε t.
παρ᾽ ἡμιν b. μενη cxsem. *fin.* και ὑμιν εστε (–εν) ysem.
v. 19. ουκετι l. ὑμης (*pro* ὑμ. *prim.*) l*? –ζω ty*semel.
ἡμεις (*pro* ὑμ. *secund.*) ysem.   v. 20. και εγω bxsem.   v.
21. τηρον xsemel. –ὁ δε αγαπων με a*. αγαπηθησετε x
semel. εμφανησω xy. *fin.* αυτον εμαυτω y: *at semel* αυτω

ἐμ᾽ αυτον.   v. 22. +και (ante τι) abcdfghklmnopqrtxy.
μελλης c. μελεις x.   v. 23. –ὁ prim. abdfghklmnopqrt
xy. τηρηση fkl*. –μου secund. g. αγαπηση f. ελευσω-
μεθα qr. επελευσωμεθα y. παρ᾽ (pro εν) y. ποιησωμεν bd
f*rxy.   v. 24. αγαπῶν x. τον λογον y. –πατρος bcy.
v. 25. –ὑμιν prim. p. μενον x. μενω y.   v. 26. διδαξει
ὑμας am.   v. 27. αφιειμι ysemel. –ειρηνην την εμην δι-
δωμι ὑμιν t. διδομι xy(bis). –ου καθως usque ad εγω
διδωμι ὑμιν g. διδοσιν ysemel. δηλιατω xsemel.   v. 28.
αγαπατε t. ειγαπατε xsem. –αν ysem. –ειπον secund. o.
πορευομε xsem. ὁτι tertium? d*. μειζον b. –μου secund.
y*sem.   v. 29. γενεσθε b. γενητε ysem.   v. 30. ουκετι l.
–τουτου abdfghklmnopqrtxy (hiat c). +ὁ (ante αρχων)
n. αρχον x. εὑρησει (pro ουκ εχει) dp. ουκ εχει rubro y**
sem.   v. 31. +μου (post πατηρ) d. οὑτως abdlmnqty.
αγομεν ysem.

CAPUT XV. v. 1. αληθηνη x. –μου f*.   v. 2. φερων
bis y. prim. opq. secund. a*. αυτω (pro αυτο) bis xsem.
καθερει xbis. fin. φερει dy.   v. 3. ηδει ysem.   v. 4. δυνατε
xsem. φερει (pro φερειν) ysem. τω (pro τη) t. και (pro
ουδε) y. fin. μηνητε xbis.   v. 5. μενον bxbis. ουτως p*y.
πολλυν xsemel. χωρεις xbis. δυνασθαι xsemel. ποιην xbis.
v. 6. εις (pro ὡς) t. αυτο ag, αυτω ysem. (pro αυτα). +το
(ante πυρ) adfhklmnopqrtxy. καιετε h*. κεεται ysemel.
v. 7. εν μοι y*. θελησητε f. θελειτε xsemel. αιτησασθε f
hoqr. αιτησεσθαι xsem.   v. 8. εν τουτο bxsemel. πολλυν
xsemel. φερηται t*. γενησθε ap. μοι (pro εμοι) xsem.   v.
9. μηνατε xsemel.   v. 10. μενητε bx. μενῶ bfhkqr. –τη

secund. y.   v. 11. μηνη xsemel.   v. 13. μειζωνα f*. μη-
ζωνα xsem.   v. 14. εσται x. ποιειτε xsem. y. α (pro όσα)
q**.   v. 15. ουκ ετι k. και τι (pro ουκετι) c. οιδεν fjkpx.
ειδε t. ποιη c. ο κυριος αυτου dj. όσα (pro ά) h. εγνωρησα
bx.   v. 16. εξελεξασθαι j. εξαιλεξασθε xsemel. εξελεξα-
μιν xsemel. ύμις secund. j. υπαγηται jxsem. φερηται j.
φερειτε x. μεινη apq*r. μεινηι d. μενει bfjtxy. αιτησηται
jxsem. ονοματη xsemel. δωη a**bcf**gjlmnqrtxsemel.
δωση f*oxsemel. δωσει d**y.   v. 17. αγαπαται xsem.
v. 18. μισει ύμας j. μησει xsemel. γινωσκεται j. fin. εμιση-
σεν j. μεμησηκεν xsemel.   v. 19. ηι d*, ειτε xsem. ysemel
(pro ητε). εφιλη xsemel. εσται j. μησει xsemel. ήμας t.
v. 20. μνημονετε y*. +μου (post λογου) bk. -εγω t. εσ-
τιν jpxsem. μιζων j. -μειζων t. ή (pro ει secund.) xsemel.
-μου y*. ήμετερον t. τηρησωσιν c.   v. 21. -παντα g.
ποιησωσιν cysem. ύμας ysem. οιδασιν j.   v. 22. ειχοσαν
(pro ειχον) j. περη xsem.   v. 23. μησων x. fin. μιση b.
μησει xsemel.   v. 24. εποιησεν (pro πεποιηκεν) p. -και
prim. g. εορακασι f**k.   v. 25. εμησησαν xsemel.   v. 26.
+μου (post πατρος prim.) adp. εκπορευετε b. μαρτυρισει
ysem.   v. 27. -δε ysemel. μαρτυρητε cxsemel. απαρχης
αλοτysemel.

CAPUT XVI. v. 1. σκανδαλεισθητε xsemel.   v. 2. ποιη-
σωσιν cxsemel. ysemel. ήμας t. αποκτηνας xsemel. δοξει n.
λατριαν l*xsemel.   v. 3. ποιησωσιν ysem. -ύμιν bcdfhklm
noqrtxy. ύμας g. οιδασι (pro εγνωσαν) c.   v. 4. +παντα
(post ταυτα) bx.   +αυτων (post ώρα) p. μνημονευεται c.
μνημονευετε kysem.   μνημονευσητε t*.   -ειπον prim. t.

−ὑμιν secund. ysemel. ἐξαρχης blot. εξαρχεις pxsemel. μεθ᾽ ημων t. fin. ημιν x.   v. 6. −ταυτα g. ἡμων t.   v. 7. ἀ λεγω (pro αλλ᾽ ἐγω) c. ὑμιν λεγω p. ἰν᾽ απελθω (−εγω) t*. +εγω (post γαρ) abcdfghklmnopqrtxy. ελευσετε x semel. ἡμας prim. t.   v. 8. ελλεγξει ysemel. −και secund. qr. −περι secund. n*.   v. 9. πιστευωσιν ysemel, at επιστευσαν semel.   v. 10. μεν (pro δε) t.   vv. 10, 21, 25. οὐκέτι l.   v. 11. −ὁτι ysem.   v. 12. −ὑμιν ysem.   v. 13. −δε dysem. κακεινος (pro εκεινος) g. ὡς αν ακουσει (pro ὁσα) ysemel. εαν (pro αν) dp. λαλησῃ secund. kxsem.   v. 14. εμοι p, μεν ysemel (pro εμε). το (pro ὁτι) p. αναγγελη p.   v. 15. +γαρ (post παντα) qr. εχη xsemel. λαμβανει (pro ληψεται) abcghklmnqrtxy. (λαβαννει ysemel). αναγγελη xsemel.   v. 16. −εγω abcdghklm**nopqrtxysemel. fin. +μου c.   vv. 16, 17. Desunt in xsemel verba ὁτι εγω ὑπαγω v. 16 usque ad οψεσθε με v. 17.   v. 17. −ουν y semel. −και (ante ὁτι) ysem. −εγω apq. fin. +μου c.   vv. 17, 18. Desunt in t verba ὁ λεγει v. 17 usque ad τουτο τι εστιν v. 18.   v. 18. −ελεγον ουν g. −ουν ysem. −τι prim. c. εστι το μικρον (−ὁ λεγει) g. εστι ky. −το μικρον ysemel.   v. 19. δε (pro ουν) p. περι τουτο c. ζητητε xsemel. μετα ysemel. επ᾽ αλληλων p. +ὑμιν (post ειπον) pq*. οψεσθαι h.   v. 20. θρηνησεται xsem. χαρισεται by sem. χαρησετε ptxsem. λυπηθησεσθαι xsem. αλλα ck. ἡμων k*.   v. 21. τικτει cgqry. τηκτη x. εχη xsemel. γεννησει chqy. γενηση xsemel. ουκετη xsemel. θληψεως x.   v. 22. ἡμεις tysem. −ουν ysemel. ουν (pro νυν) k. εχετε λυπην (−μεν νυν) ysemel. ἑξετε opysemel. χαρισεται y.

ερει (*pro* αιρει) x*semel.*   v. 23. ερωτησατε c. ερωτισητε y
sem. ὁ (*pro* ὁσα) adp. εαν (*pro* αν) dp. αιτησειτε x*semel.*
αιτισητε y*semel.* −τον πατερα y*semel.* δωη y*semel.*   v. 24.
ητισατε x*semel.* αιτητε p*. ληψεσθαι x*semel.* λειψεσθε
y*semel.*   v. 25. λελακηκα ὑμιν εν παροιμιαις y*semel.* −ὑμιν
secund. y*semel.*   v. 26. αιτησεσθαι x*semel.* αιτισεσθε y*se-*
mel, at αιτησασθε *semel.* ερωτισω y*semel.*   v. 27. φιλη b.
−εμε n*. *fin.* +και προς τον θεον ὑπαγω t*.   v. 28. αφει-
ημι y*sem.* πορευομε x*semel.*   v. 29. −αυτου f*k. ιδου x.
−παροιμιαν t*. οὐδὲ μίαν dhk.   v. 30. χριαν x*sem.* επε-
ρωτα (*pro* ερωτᾳ) g. εν τουτοις c. εν τουτο x*sem.*   v. 31.
απεκριθει y*semel.*   v. 32. ερχετε x*sem.* ερχετω p*. −και
νυν εληλυθεν c. αφειτε y*semel.* +μου (*post* πατηρ) fkq.
v. 33. εχειτε (*pro* εχητε) dx*semel.* Pro ἑξετε *habent* εχετε
abd**ghklmnoprtx (q *cum Elzev.*). ἑξεται c. εχητε y. θαρ-
σητε x. νενηκηκα f*.

Caput XVII. v. 1. λελαληκεν y*semel.* επαρας y*semel.*
δοξασει (*pro* δοξασῃ) ghq*y.   v. 2. εδωκας (*pro* δεδωκας)
adhx. δωσει abdghklmnpqrtx*semel* y.   v. 3. εστην x*semel.*
αληθηνον x. −αληθινον m*? απεστιλας x*semel.*   v. 4.
−επι της γης p.   v. 5. παρα σεαυτον c.   v. 6. σου το
ονομα σου y*semel.* συ (*pro* σοι) xy*semel.* εισαν y*semel.* εδω-
κας (*pro* δεδωκας *secund.*) ap. τετηρικασι y*semel.*   v. 7.
εγνωσαν adn*pqry*semel?* εδωκας a. παρα σοι y. παρου t.
εστι k.   vv. 7, 8. −παρα σου εστιν· ὁτι τα ῥηματα ἁ δε-
δωκας μοι b* (*habet marg.*).   v. 8. ὁσα (*pro* ἁ) p. εδωκας
(*pro* δεδ.) ap. +αληθως (*post* επιστευσαν) c.   v. 9. περι
αὐτὸν x*semel.* −ου περι του κοσμου ερωτω t. συ (*pro* σοι)

dxsem. ysem.   v. 10. −τα prim. y*sem.   δεδοξασμε dy.
v. 11. ουκετι l. εν τω κοσμω ειμι p. ερχομε xsem. τηρισον
y. μου (pro σου) ysemel. ὁ oxsemel. ysemel, ὦ bdfghklmn
ptxsemel.ysemel (pro ους). εδωκας p. ὡσιν d. +και (post
καθως) ysemel.   v. 12. init. ὁτε ἡμιν xsemel. απολετο x.
ει μι h. απολιας xsemel. απολειας m*xsemel. ysemel. απω-
λιας ysemel.   v. 13. ερχομε xsem. −εν τῳ κοσμῳ ysemel.
fin. εν εαυτοις p.   v. 14. ἐμησησεν x. fin. εκ του κοσμου
ουκ ειμι y. v. 15. αρεις y. v. 17. −ὁ λογος ὁ σος t*. σου
(pro ὁ σος) y. v. 18. init. καθως συ πατερ εμε yinitio pe-
ricopes. −καγω απεστ. ad fin. vers. p. αυτους απεστειλα
m.   v. 19. −εγω g. ἐμ᾽ αὐτὸν d. ωσιν και αυτοι p. ωσι
ὑγιασμενοι ysemel. v. 20. μονων d. −και ysemel. περι παν-
των των πιστευ. p. πιστευοντων abdfghklmnopqrtxy (hiat
c). v. 21. συ (pro σοι) xsemel. −εν ἡμιν d. ὡσιν secund. h.
+και (ante ὁ κοσμος) f. πιστευσει ysemel.   v. 22. ἦν (pro
ἦν) d. ἧ εδωκας μοι εδωκα p. ἐν ωσι ab?. +και (ante ἡμεις)
a. v. 23. ἱν᾽ ωσι ysemel. γινωσκει bdf*hk*qxsemel y. v.
24. ἡμι (pro ειμι) xsemel. εγω ειμι ysemel. και εκεινοι p.
−ἰνα k. δεδωκας (pro εδωκας) fghmnqrtxysemel. v. 25.
οὗ p*. οὗτι p**. v. 26. εγνωρησα xsemel. ηγαπησες g.
εἶ (pro ἦ) y.

CAPUT XVIII. v. 1. ὁ ιησους super εξηλθε rubro k**.
χειμαρου g. χειμαρρους y. κενδρων o. εισηλθον dh**k.
v. 2. ηδη bdk*q. −τον b. πολλακης b. +και (post συν-
ηχθη) bcdfgky. v. 3. σπηραν f*y. −εκ g. φαρισσαιων x.
v. 5. οἱ δε ειπον (pro απεκριθησαν αυτῳ) y. ναζωραιων
px. εἱστηκει bo. εἱστικει x. −δε c. μετ᾽ αυτους c. v. 6.

ὁ ιησους (*pro* αυτοις) c. επεσω y.   v. 7. αυτοις (*pro* αυ-
τους) x. επερωτησε at. επηρωτισε y*.   v. 8. −ὁ abdfg
hklmnopqrtxy. ζητιτε x.   v. 9. πληρω c. απολεσα ο?.
εξ αυτων ουκ απολεσα c.   v. 10. ηλκυσεν y. επεσε bxy.
επεσει f*. −και *secund.* d*. δεξιων b.⁛   v. 11. το πετρω
b. −σου bcdlmnpty.   +αυτης (*post* θηκην) y.   *fin.* αυτω
p*x.   v. 12. σπηρα y. ὑπηρετε b. ιουδεων x**.   v. 13.
−και απηγαγον αυτον x*.   v. 15. ηκολουθη f*y.   −δε
prim. pt.   −ὁ *prim.* c.   συνησηλθεν b.   v. 16. την θυρα
cx.   την θυραν y.   εκεινος (*pro* ὁ αλλος) g.   τω (*pro* τη
secund.) t.   θυρορω y.   v. 17. ἢ (*pro* εἰ) g.   v. 18. εἰστη-
κησαν by.   ανθρακειαν f.   εθερμενοντο x.   θερμενομενος
bx**.   v. 19. ἠρωτισε y.   τω ιησου t.   −περι των μαθη-
των αυτου και d.   −και περι της διδαχης αυτου t.   v. 20.
+εν (*ante* τω κοσμω) p.   εν συναγωγαις c.   −τη abcdfghk
lmnopqrtxy.   εν συναγωγη εδιδαξα b.   −και *prim.* t.   παν-
τες p,   παντοτε abcdfghklmnoqrtxy (*pro* παντοθεν).   v.
21. επερωτισον y.   ακηκοῶτας by.   υδασιν b. οιδασι y. *fin.*
αυτοις (*pro* εγω) y.   v. 22. ειπωντος y.   δεδωκεν c.   απο-
κρινει bdry.   v. 23. −ὁ bo.   μαρτυρισον y.   δαιρεις lmnq
rt.   v. 24. απεστιλεν x.   −ουν bcdfghklmnoqrtxy (p *cum*
Elzev.). καϊαφα t.   v. 25. −δε d.   −σιμων b*.   ἑστος x.
θερμενομενος x.   −ουν d*.   ἢ (*pro* εἰ) gk.   +ουν (*post* ηρνη-
σατο) abcdfghklmnoqrtxy.   v. 26. +ουν (*post* λεγει) q*.
κηππω g.   v. 27. −ὁ cdfkpt.   v. 28. αγουσι pqrxy.
−ουν cgopqrxy.   πραιτοριον b iskx *bis*: *secund.* x *semel*. −ην
δε *usque ad* πραιτωριον q*r*.   πρωι bhlmnq**r**xy. −εις
το πραιτωριον *secund.* gt.   μηανθωσιν x *bis*.   αλλα k. −ἱνα

secund. k.   v. 29. +εξω (*post* πιλατος) afkp. φερεται k.
v. 31. λαβε xsemel. δε (*pro* ουν secund.) ap. αποκτιναι x
semel.   v. 32. −σημαινων b*. σημαινον b**. σημενων m*x.
εμελλεν afhklmnopqrty.   v. 33. πραιτοριον bkxsemel.
παλιν εις το πραιτωριον g. λεγει τω ιησου (*pro* εφωνησε
τον ιησουν και ειπεν αυτω) xsem.   v. 34. απεκρινατο
(−αυτω) ap. −ὁ g. −συ c. αλλος σοι ειπε ag. συ (*pro*
σοι) xsemel.   v. 35. ἠμῖ (*pro* ειμι) xsemel. εμον (*pro* σον)
y. σοι (*pro* σε) g.   v. 36. −ὁ abdfghklmnopqrtxy. εμι
(*pro* εμη) xsemel. ἠγονιζοντο xsemel, *at* ἠγυνιζωντο semel.
ἠγονιζοντο y. παραδωθω f*htxsemel.   v. 37. −ουν t. −αυ-
τῳ m. ουκ ουν dq. −ὁ secund. bdglmnptxsem. y. γεγενη-
μαι b. γεγενημε f. γεγεννημε x. −πας f. με (*pro* μου) f.
v. 38. εστι f. ειπον xsemel.   −προς τους ιουδαιους g. ουδὲ
μίαν d.   v. 39. ἠμιν (*pro* ὑμιν prim.) l**mnt. −ὑμιν ινα p.
απολυσω ὑμιν (*post* ἑνα) fp. −εν τω πασχα k. βουλεσθαι
t. +ινα (*post* ουν) f. απολυσω ὑμιν (*post* ουν) f pq*r. απω-
λυσω secund. t.   v. 40. −παλιν almnpq**t. −παντες g.
−λεγοντες f. τον βαραββα y. βαραβαν g*t. βαραβας g*t.

Caput XIX. v. 2. επι την κεφαλην αυτου xsemel. περι-
εβαλλον p. *fin.* αυτω (*pro* αυτον) gm*ptxsemel.   v. 3.
init. και ηρχοντο (ἠχοντο f) προς αυτον και ελεγον afp.
αυτον (*pro* αυτῳ) l.   v. 4. *init.* και εξηλθε p. −ουν py. ὁ
πιλατος παλιν εξω r. −εξω prim. py. ειδε y. αυτον ὑμιν
ap. −αυτον f. τουτον (*pro* αυτον) y. ουδὲ μίαν (*sic* v. 11) d
k.   v. 5. εξω ὁ ιησους fp. φορον x. ακανθηνον xsemel. ειδε
y.   v. 6. ἰδον αυτο f. ειδων xsemel, ιδον semel. −και οἱ ὑπηρ-
εται g. αρον αρον (*pro* σταυρωσον prim.) xsemel.   +αυτον

(*post* σταυρωσον *secund.*) abd*f*gh**klmnopqrtxy.　ευρει-
σκω x.　ετιαν xsem.　v. 7. εχωμεν xsem. y. οφιλει xsemel,
αποθανην x.　εποιεισεν xsemel. θεου υιον (−του) bhkprx.
−του ad*f*glmnoqty.　v. 8. τον λογον τουτον bpt*. μα-
λον xsem.　v. 9. *init.* παλιν (+ουν b) ὁ πιλατος λεγει bx
sem. εισηλθε παλιν εις το πραιτωριον y. ὁ πιλατος *super*
πραιτ. *rubro* k**. πραιτοριον k.　v. 10. −ουν gy. λαλης
xsemel. −εχω *prim.* y.　v. 11. −ὁ *prim.* abd*f*ghlmnopq
rtxy. εχεις (*pro* ειχες) p. ουδεμιαν εξουσιαν *f.* −ουδεμιαν
p. δεδωμενον ysem. μειζον g. μειζωνα xsem. μειζων y.　v.
12. εζητη l*xsemel. απολυσαι αυτον ὁ πιλατος p. τον ιη-
σουν (*pro* αυτον *prim.*) g. εκραυγαζον dhop. εκραζων x
semel. −λεγοντες g. απολυσεις y. κεσαρος xsemel. +ουν
(*post* πας) h. ἑαυτον (*pro* αὐτον) abd*f*ghklmnopqrtxy. πο-
ων xsemel. καισαρει x.　v. 13. τουτων των λογων abdhk
opqrx. εκαθησεν xysem. −του p. −λεγομενον ysemel. λι-
θοστροτον xsem. ἑβραϊστη y. γαβαθα abd*f*lmnqrty.　v.
14. +ην (*post* ὡρα) *f*mnopq**txsem. y. −δε *secund. f*lmn
optxsem. y. ὡς (*pro* ὡσει) bcdhkop.　v. 15. +λεγοντες
(*post* εκραυγασαν) xsemel. −βασιλεα *prim.* y. σταυρωσαι
(*pro* σταυρωσω) d*. απεκρυθησαν t*passim.* εχωμεν cyse-
mel. κεσαρα xsemel.　v. 16. −ουν g. ουν (*pro* δε) a. πα-
ρ：λαβοντες δε τον ιησουν ηγαγον xsem. ysemel. ἡγαγον *f.*
ηγαγον abcdghklmnopqrtxy. *fin.* +εις το πραιτωριον bx
semel ysem.　v. 17. −και y. βασταζοντες t*. βασταζον d.
αυτου τον σταυρον p. ἑαυτου b. εξηλθον t*ysem. εις τοπον
(*pro* εις τον) abcdghoqr. ὃ (*pro* ὃς) xsem. y. λεγετε x.
ἑβραϊστη y.　v. 19. επεθηκεν p. −ην δε γεγραμμενον a*d*

fin. vers. ysemel. ναζωρεος xsemel.   v. 20. ὁ τοπος της πολεως abcdfghklmnopqrtxy. *–*ὁ ιησους ysemel. ῥωμαϊστι ελληνιστι qr. ἑβραϊστη ἑλληνιστη ῥωμαϊστη ysemel. v. 21. *–*των ιουδαιων *primum* d. *–*μη γραφε ὁ βασιλευς των Ιουδαιων b*. γραφαι b**. εκεινος ειπεν ὁ βασιλευς g. ειμη xsemel. v. 22. *–*γεγραφα *primum* p*. v. 23. χιτονα g. αραφος abcdghkoptxy. διολου gklqrt. v. 24. σχησωμεν αυτο y. *–*ἡ (*ante* γραφη) g. κλῆρους p. *–*οἱ μεν ουν στρατιωται ταυτα εποιησαν b* (*habet marg.* στρατιοτε b**). v. 25. εἱστηκεισαν ysemel, *at* εἱστηκησαν *bis.* *–*της μητρος t*. μαρια του (*–*ἡ) f. κλοπᾶ akqrxter y. μαγδαλινη ybis. v. 26. *–*ουν f. *–*ὸν ηγαπα ysemel. ἰδε fxsemel, ιδε aghlmnoqrtxter y (*pro* ιδου). v. 27. ιδε k. ἡμερας (*pro* ὡρας) gmxy. ὁ μαθητης αυτην acdfghklmnopqrt. +εκεινος (*post* μαθητης) bxy. v. 28. μετα ταυτα x. ιδων bdghkoxbis ysem., ιδως ysem. (*pro* ειδως). ηδη παντα f (ἠδη) lmn. ιδει ysemel. *–*ηδη dgtysemel. τετελεσθαι (*sic* v. 30) c. +περι αυτου (*post* τετελεσται) bd. πληρωθη (*pro* τελειωθη) y. v. 29. ὑσσω h*. περιτιθεντες c. το στοματι bd. το στομα y. v. 30. δε (*pro* ουν) p. κλῃνας xsemel. v. 31. επη (*pro* επι) xsemel. *–*τα σωματα ysem. μεγαλη ἡμερα (*–*ἡ) acdfgxbis ysemel. εκεινου acdfghklmnoqrxy sem. (p *cum Elzev.*). του σαββατου εκεινου t. ἡρωτισαν y sem. κατεαγωσι f. v. 32. προτου xsemel. *–*του (*ante* ἀλλου) f. αλου xsemel. v. 33. *–*ελθοντες c. ιδον ybis. ηδει ybis, *at* ειδη semel. τεθνηκωτα ysemel. *fin.* +και του αλλου του συσταυρωθεντος t**eras.* v. 34. ὑνυξεν p. ενοιξε ybis. ενοιξεν xsemel. ευθεως abfghlmnpqrtxy.   v. 35.

ἑορακως k. ἑωρακος xbis. μεμαρτυρικεν bxsem. y. μεμαρ
τυρεικε xsemel. αληθηνη xter. εστιν αυτου aghkoq*rxbis.
εστιν ἡ μαρτυρια αυτου cf lmnq**txsemel y.　 ειδεν (pro
οιδεν) fr. αληθει ysemel. +και (post ἱνα) pysemel. πιστευ
σειτε xbis.　 v. 36. δε (pro γαρ) q*r. +απ᾽ (ante αυτου)
fglmnqrt. v. 37. οψοντε x. εξεκεντισαν xy. v. 38. –δε
primum abcdfghklmnopt. πηλᾶτον b. –ὁ prim. acfghl
mnopqrty. αριματθαιας g. ριμαθαιας o. αριμαθιας p. ὁν
μαθητης ιησου (–του) t. και κρυμμενος x. κεκρυμενος y*.
ἱνα αρει b. αυτου (pro του ιησου secund.) py. –και επε
τρέψεν ad fin. vers. dq. v. 39. νυκτος προς τον ιησουν g.
συρμης c. σμυνης n*. σμιρνης r. αλωης a*cg*m*y. ὡς (pro
ὡσει) bcdfghklmnopq*rtxy. λητρας x. v. 40. αυτω bx.
αυτωι h*. +εν (ante οθονιοις) abcdfghklmnoqrtxy (ωθω
νιοις y*, p cum Elzev.). αρρωματων t. καθ᾽ ὡς k. καθος qy.
v. 41. κηππος g. τοπω (pro κηπῳ) g. ουδεποτε (pro ουδε
πω) y.　 v. 42. εκη (pro εκει) p*. +ὁπου (ante εθηκαν) y.
τεθηκαν t. αυτον (pro τον ιησουν) g.

Caput XX. v. 1. μαγδαλινη by. ειρμενον y. v. 2.
πετρων p*. πρως secund. l*. εφιλη b. +ὁτι (ante ηραν) y.
οιδα ty. v. 3. –ὁ prim. p. v. 4. ουν (pro δε) kl*? ταχ
ειον p*. v. 5. τα ὁθονια κειμενα y. οθωνια a*t*. v. 6.
ερχετε bx. αυτον (pro αυτῳ) c. fin. +μονα p. v. 7. –της
a. εντετυληγμενον d*. v. 9. ηδεσαν g. ιδησαν y. δη (pro
δει) y. v. 11. εἱστεικει a. προς τω μνημειω bf hklmno (το)
pq**. v. 12. +και (ante καθεζομενους) t. προς την κεφαλ
ην c. ἑκειτο σωμα (–το) f. +κυριου (ante ιησου) y. v. 13.
–ὁτι p. +εκ του μνημειου (post κυριον μου) y. v. 14. ὁπι

σω b. ιδη (pro ηδει) y. –ὁ abcdfghklmnopqrty.   v. 15.
+ουν (post λεγει) k. –ὁ prim. b**. –τινα ζητεις t. ζητης
y. κηππουρος g. κηπωρος t. –που t*. εθηκας αυτον abcd
flmnpqrty.   vv. 15—17. –αυτον. εθηκας usque ad ουπω
γαρ αναβεβηκα g*.   Habet margo, ubi v. 16 sic legitur :
μαριαμ· λεγει αυτω ἑβραϊστι (pro μαρια· στραφεισα εκει-
νη λεγει αυτῳ).   v. 16. στραφησα cy. +δε (post στρα-
φεισα) bc. –αυτῳ p. ῥαβουνι ; b. ῥαβουνι clmnqrt.   v. 17.
–μου secund. d. fin. θεον ἡμων t.   v. 18. μαγδαλινη y.
απαγγελουσα t. ὁτε (pro ὁτι) t. ἑορακε k.   v. 19. ουσης
y. –ουν cm*py. καικλεισμενων x. +αυτου (post μαθηται)
p. –συνηγμενοι ko*. ἑστη d (sic v. 26) g.   v. 20. ειπον x.
–τας χειρας r*. εχαρισαν by. οὖν y.   v. 21. ὑμην f. απο-
στελλω (pro πεμπω) p.   v. 22. το (pro τουτο) c. ενεφυ-
σισε x. ενεφυσεισε y. λαβεται f.   v. 23. αφειτε y. κρα-
τειτε bx. καικρατηντε x.   v. 24. εἰς y.   v. 25. ἑορακαμεν
k*. –τον τυπον prim. c. –και βαλω usque ad ἡλων c.
χειραν c.   v. 26. –αυτου c. λεγει αυτοις (pro ειπεν) c.
v. 27. ὧδε h. ειδε (pro ιδε) p. φεραι τας χειρας σου c.
v. 28. –ὁ prim. abdfghklmnopqrty.   v. 29. ἑορακας c.
ἑορακας k. μοι (pro με) m. –Θωμα abcdfghklmnopqrt
xy.   v. 30. σησημηα f. –αὑτου dgko.   v. 31. –ὁ prim.
abcdfghklmnopqrtxy. +ὁτι ιησους ἑστιν ὁ χριστος ὁ υἱος
του θεου (post πιστευοντες) f*. εχειται (pro εχητε) c.

Caput XXI. v. 1. +δε (post μετα) qr. –παλιν fmn
q**t. +αυτου qr, +αυτου εγερθεις εκ νεκρων cf lmnty
(post μαθηταις).   v. 2. +υἱοι (post οἱ) a**cy. –του c.
ἁλλοις f.   v. 3. +ὁ (ante σιμων) y. ενεβησαν abdfghklmn

pqrty. νυκτῇ b.   v. 4. γινομενης ghko. ἐστη dg. –ὁ o.
επι (pro εις) dy. ηδησαν bq*. ειδησαν y.   v. 5. –αυτοις c?.
ἐχητε f. εχητε y.   v. 6. εὑρησητε y. οὐκέτι l. αυτω d*.
ἑλκυσαι αυτο p. ισχυον aop.   v. 9. επεβησαν y.   v. 11.
εις την γην p.   v. 12. +ουν (post λεγει) d. –συ τις ει c.
ιδοτες y.   v. 13. ερχετε b. –ουν c. διδοσιν y. –και διδωσιν
αυτοις g. fin. +ουδεις δε ετολμα το λυπων c.   v. 14. του-
τον t. ειδη (pro ηδη) y. εφανερωσεν cgxy (pro εφανερω-
θη). +εαυτον (post εφαν.) gxy.   v. 15. +και (ante λεγει)
a**. σιμονι t. –ὁ ιησους oqr. πλειων b.   v. 16. ποιμενε b.
v. 17. –το prim.? f. –λεγει αυτω ὁ ιησους ad fin. vers. c.
–ὁ (ante ιησους) y.   v. 18. ὁτι (pro ὁτε) y. ῆς k. νεοτε-
ρος b. ἑαυτον (pro σεαυτον) cgoqry. περιεπατης bl*qr.
γηρασις b. εκτεινειεις c. –σου a*. ζωση ch*k. εισυ c, οἰση f,
εισοι x, οισε y (pro οισει). –ου (ante θελεις) f. θελης c.
v. 19. σημενων x. δοξαση c. ἀκολουθη x. ἀκολουθη y.   v.
20. ὡς (pro ὁς) x. –εν τω δειπνω ct.   v. 22. ερχωμαι k**.
v. 23. –οὑτος c? y. ερχωμαι ckx.   v. 24. –ὁ μαθητης t*.
περη τουτου c. –δαμεν ὁτι usque ad μαρτυρια αυ c* (habet
margo). ιδαμεν ysemel. αληθεις by. αληθις εστην xsem.
fin. αὑτου x.   v. 25. +σημεια (ante πολλα) c. εποιεισεν x
sem. +ενῶποιῶν των μαθητων αυτου (post ιησους) c. ἁτινα
d. γραφητε bky. καθεν lmnqrty. οιμε xsem. χωραισεν c.
χορησαι ysemel, at χορισαι semel. γραφωμενα ysemel.

SUBSCRIPTIONES.   Hiant es.   Nil habent abcfght.
Eras. in o. Τελος του κατα Ιωαννην ευαγγελιου d. το κατα
Ιωαννην ευαγγελιον εξεδοθη μετα χρονους (χρονον p) λβ

της του (−του p) Χριστου αναληψεως klmnp. +εν Πατμω τη νησω l. +στιχοι βτ. lmn. τελος του κατα Ιωαννην συν Θεω ἁγιου ευαγγελιου ὁπερ εξεδοθη και αυτο μετα χρ. λβ. της Χ̅υ̅ αναληψ. q.   *Sic fere* r.

ΤΩι ΘΕΩι ΔΟΞΑ.

For EU product safety concerns, contact us at Calle de José Abascal, 56–1°,
28003 Madrid, Spain or eugpsr@cambridge.org.

www.ingramcontent.com/pod-product-compliance
Ingram Content Group UK Ltd.
Pitfield, Milton Keynes, MK11 3LW, UK
UKHW010341140625
459647UK00010B/737